本书出版受北京印刷学院学科建设与研究生教育专项资助

清朝末年的法治思想

韩丽雯 著

当代世界出版社

图书在版编目（CIP）数据

清朝末年的法治思想/韩丽雯著．--北京：当代世界出版社，2021.11（2023.2 重印）
　ISBN 978-7-5090-1590-2

Ⅰ．①清… Ⅱ．①韩… Ⅲ．①法律-思想史-研究-中国-清后期 Ⅳ．①D909.252

中国版本图书馆 CIP 数据核字（2021）第 209668 号

书　　名：	清朝末年的法治思想
出版发行：	当代世界出版社
地　　址：	北京市地安门东大街70-9号
网　　址：	http://www.worldpress.org.cn
邮　　箱：	ddsjchubanshe@163.com
编务电话：	(010) 83907528
发行电话：	(010) 83908410
经　　销：	新华书店
印　　刷：	北京一鑫印务有限责任公司
开　　本：	710 毫米×1000 毫米　1/16
印　　张：	18.75
字　　数：	210 千字
版　　次：	2021 年 11 月第 1 版
印　　次：	2023 年 2 月第 2 次
书　　号：	978-7-5090-1590-2
定　　价：	68.00 元

如发现印装质量问题，请与承印厂联系调换。
版权所有，翻印必究；未经许可，不得转载！

目 录

1 | **第一章　清朝末年法治思想研究的缘起**
　　第一节　清末法治思想研究的缘起和意义 / 1
　　第二节　清末法治思想的研究现状 / 6

18 | **第二章　清末政体、民权、法治的渊源与移植**
　　第一节　政体理论的渊源和移植 / 18
　　第二节　民权理论的渊源和移植 / 41
　　第三节　法治思想的渊源和认知 / 61
　　小　结 / 75

77 | **第三章　清末立宪人士君主立宪政体的构想**
　　第一节　立宪人士的民权与法治思想 / 79
　　第二节　立宪人士的政体选择构想及与革命人士的论争 / 104
　　第三节　立宪人士对清廷政体选择的影响 / 119
　　小　结 / 126

129 | **第四章　清末革命人士民主共和政体的构想**
　　第一节　革命人士的民权和法治思想 / 131

1

第二节　革命人士的政体选择构想及与立宪人士
　　　　的论争 / 145
第三节　革命人士对清廷预备立宪的回应 / 155
小　结 / 159

161 | 第五章　清政府官员政体选择的思考和实践

第一节　政体选择的先声和酝酿 / 161
第二节　政体考察中关于民权和法治的认识 / 189
第三节　立宪政体的确定和预备 / 234
小　结 / 269

273 | 第六章　结论

281 | 参考文献

第一章
清朝末年法治思想研究的缘起

第一节 清末法治思想研究的缘起和意义

清末十年是清廷崩溃的前夜,是中国专制政体走向解体的酝酿期。时人曾有评论:"五千年来专制帝王之局,于此十年中为一大结束;今后亿万斯年之中华民国,乃于此时开幕。则非十年以来之小变,实五千年以来之大变,而不可以常例论矣。"[1] 这十年确实不能以"常例"来论,它是"转型"的关键时刻,各种新思想、新观念、新变化次第涌进,让人目不暇接。人们的各种行为举措也次第更张。当新世纪钟声敲响的庚子年(1900年)正月,清廷还在底气十足地悬赏十万两严令通缉因变法而流亡的康有为、梁启超师徒;同年,清廷利用义和团排外和民众反洋教的力量对抗西方列强,当局面失控、冲突升级时,竟豪气十足地向西方列强公开宣战;当八国联军攻陷天津大沽口,进军北京之时,慈禧太后终于认识到时局的严峻而挟德宗仓皇出逃西安;当

---

[1] 杜亚泉等著:《辛亥前十年中国政治通览》,周月峰整理,中华书局2012年版,第1页。

列强要求严惩罪魁祸首时,清廷已无力保护为它出力的王公大臣,保守派势力于是土崩瓦解。庚子国变对清廷和广大士大夫们心灵造成的震颤和惊恐是无可比拟的。清廷上下普遍感觉到不改革中国将只有死路一条。穷途末路的清廷不得已于庚子年十二月,即1901年初颁布变法谕旨,由此拉开了变法图强的序幕。

清末十年不仅在中国历史上是古今思想变迁、政体转移的关键时期,而且在世界历史上,也是东西两洋文化交流的迅猛发展期。"盖十年以前,欧洲之文明,输入我国者,仅物质科学之一小部分;精神科学,殆付之等闲。至政治上之思想与学说,尤为守旧者之所嫉视。虽仇洋之气焰,既因巨创而渐消;而革新之精神,犹未群顽所阻遏。……鼓荡之而消融之,使欧洲政治上之原理,得移植于东亚大陆之上,则固自近十年始也。"[1]可见,这十年是西方政治思想观念传入中国的关键时期。正如有学者所指出的,"儒家伦理退出公共领域所导致的一系列巨变:先是公共领域组织原则的真空,接着是自主性观念的确立,随之而来的是社会契约论变成个人权利和国家权力之间的桥梁。"[2]中国人在学习建立现代民族国家的过程中,西方的自由、平等、民主、法治、宪政等思想观念逐渐被国人所接受。在西方帝国主义的猛烈冲击下,古老的中国终于发生了巨变,这次巨变的实质"是'天朝意象'的世界观的彻底破碎;是以儒家思想为基底的'价值系统'的根本震裂;是传统的思想与结构的大规模的解组。"[3]

---

[1] 杜亚泉等著:《辛亥前十年中国政治通览》,周月峰整理,中华书局2012年版,第1—2页。
[2] 金观涛、刘青峰:《观念史研究:中国现代重要政治术语的形成》,法律出版社2009年版,第133页。
[3] 金耀基:《从传统到现代》(卷1),法律出版社2010年版,第59页。

第一章 清朝末年法治思想研究的缘起

清朝末年，古老的中国拉开了学习西方、变法图存的序幕。变法千头万绪，其关键是什么？变法的方向是什么？清廷在变法的道路上到底会走多远？学习西方的哪些东西？这些问题无疑尖锐地摆在了全体中国人的面前。时人有日记记载："我国之谈国政者，动曰欲振作自强，非上下一心，实事求是不可。然苟不改政体，何由而能上下一心，实事求是？盖专制政界内，上下之情隔绝不通，一欺蔽蒙混之天下也。惟其不通，所以不能一心；惟欺蔽蒙混，所以不能实事求是。今欲通之，惟有改专制为立宪，设上下议院，万机决于公论，庶几朝野君民之间，无雍闭隔阂之患，人人自能实力奉公矣。"[1] 可见，"改专制为立宪"的政体选择的重要性已经被时人充分认识到。也正如杜亚泉所总结的，"茫茫政海中，固有二大潮流，荥洄澎湃于其间。此二大潮流者，其一为革命运动，其二为立宪运动。革命运动者，改君主国为民主国；立宪运动者，变独裁制为代议制。其始途径颇殊，一则为激烈之主张，一则为温和之让步，及其成功，则殊途同归。由立宪运动而专制之政府倾，由革命运动而君主之特权废。民主立宪之中华民国，即由此二大政潮之相推相荡而成。"[2] 立宪人士和革命人士在形成和发展法治思想的过程中，思想观念冲突不断，相互论战激烈，各自形成对时局的不同认识和政体选择的构想。立宪人士主张实行英国式的君主立宪政体，而革命人士主张建立民主共和政体，在关于清政府是否继续执政、是选择民主立宪还是君主立宪的问题上，两派展开了激烈的论争。由于选择的政体类型不同，两派对待清廷的态度也不同。立宪人士通过影响和说

---

[1] 孙宝瑄：《忘山庐日记》，上海古籍出版社1983年版，第488页。
[2] 伧父（杜亚泉）：《十年以来中国政治通览》，载《东方杂志》1913年1月第9卷第7期。

服清廷官员的方式间接影响清廷的决策，清廷迫于形势实行了预备立宪的政策；而革命人士通过激烈的革命手段暴力且批判地对待清廷，志在推翻清廷的统治建立汉人的民主共和政体。立宪人士和革命人士虽然各自为营而又相互激荡，共同对中国政局的发展起到了不容忽视的作用。"日胜俄败，俄国人民，群起而为立宪之要求。土波诸国，又闻风兴起。吾国之立宪论，乃亦勃发于此时。且当此之时，国民之中，主张激烈之革命论者日益蔓延。清政府欲利用立宪说，以消弭其患。其采用君主立宪制之本意，尤以此为多。故吾国立宪之主因，发生于外界者，为日俄战争；其发生于内部者，则革命论之流行，亦其有力者也。二主因以下，则疆吏之陈请、人民之请愿，皆立宪发动之助因，有足纪者。"[1]可见造成清廷立宪时局的是多方力量的合力。

民权和法治是立宪政体的核心价值。在清末立宪人士和革命人士唇枪舌剑、激烈论争的政体选择过程中，两派的有识之士关于民权和法治的认识起着决定性的作用。民权和法治这两个外来词移植到中国来之后，被不同阶层的知识分子接纳的同时，他们对其涵义的理解发生了极大的差异，因而导致他们对中国政体和实现路径的选择产生了分歧。知识分子们依据其对西方政体、民权和法治概念的理解，对中国传统相关理念的解读，参以对中国时局的感观和人生境遇的体验，从而对民权和法治作出了独特的解释。因此即使同一个知识分子在不同的场合和时间对民权与法治的解释和运用也可能会出现差别。这些汇集成中国近代独特的民权理论和法治思想。正如有学者指出："鼓荡之而消融之，使

---

[1] 伧父（杜亚泉）：《立宪运动之进行》，载《东方杂志》1913年1月第9卷第7期。

欧洲政治上之原理,得移植于东亚大陆之上,则固自近十年始也。他日者,因两文明之接合,辟伟大之境域于精神界上,故不能不以此十年为孕育胚胎之时代矣。"〔1〕这无疑是本书重要的思想价值。

清末立宪人士坚持君主立宪的政体选择,革命人士坚持民主共和的政体选择,二者不同政体构想的思想根源都是意在保障民权和实现法治,让中国人过上幸福的生活。然而他们关于民权和法治的认识和理解却存在差异,而正是这种差异造成了他们政体构想的不同。此外,清朝末年的清政府迫于内外局势,不得不推行改革,并最终无奈地做出了政体选择,即由君主专制政体向君主立宪政体转变。清廷做出与立宪人士相同的政体选择曾让立宪人士和舆论界的其他人士欢欣鼓舞,无论是清廷还是立宪人士都对国家的前景充满了希望和期待,然而时局的发展让他们都失望了,清廷的皇位没有"永固",而立宪人士也没有实现他们期望的立宪政体下的国家富强。造成这种结果的思想根源在于清廷对立宪概念的理解与立宪人士不同,虽然他们选择的政体名称都是君主立宪政体,但是其中的民权和法治的思想内涵却差别很大,正是这些差别使他们渐行渐远,清廷最终失去了立宪人士的支持,成了孤家寡人、众矢之的,从而走向了最后的崩溃。立宪人士、革命人士和清政府三者在清朝末年的政体选择构想都与民权和法治思想有着密切的关联,本书就是以民权和法治思想为中心来解读和勾画三者政体选择构想的内涵和实现的路径。在思想谱系中,民权和法治是从西方移植过来的外来词,词语移植本身就

---

〔1〕 杜亚泉等著:《辛亥前十年中国政治通览》,周月峰整理,中华书局2012年版,第2页。

会产生误解和误读，何况民权和法治在西方的思想渊源中本来就不是铁板一块，而是有许多的涵义。当这两个词语移植到中国来之后，接受的人要从原有的思想谱系中去寻求接洽点，而中国思想谱系的接洽点又是多姿多彩、众说纷纭的，这更加剧了两个移植过来的词语涵义的多样性。本书则是要解读清朝末年民权的涵义发生过怎样的演变，知识分子们如何理解法治，它们曾经激起过怎样的思想论辩，民权和法治在清廷崩溃的前夜怎样参与了复杂而激荡的政体选择，以此为基础去勾画清朝末年立宪人士、革命人士和清政府如何开展他们各自的政体选择构想，在此过程中他们有过怎样的合作、论争和相互影响，是什么最终决定了他们的发展趋势。带着这些疑问，本书将次第展开论述。

第二节 清末法治思想的研究现状

根据本书的研究主题，研究综述将包括三部分的内容，即关于清末新政和预备立宪的研究、关于清末民权思想的研究以及关于清末法治思想的研究。下面将分类评述：

一、关于清末新政和预备立宪的研究

（一）关于清末新政的研究

关于清末新政，有两本英文著作较早对其进行过研究。1931年，美国学者卡梅伦（Merrbeth E. Cameron）著《1898—1912年中国的改革运动》（The Reform Movement in China, 1898-1912），该书是较早系统研究清末改革史的著作。1993年美国学者任达

（Douglas R. Reynolds）著《新政革命与日本：中国，1898—1912》，1998年被译成中文。该书从日本对中国的影响这一角度研究清末新政，认为日本的影响是"关键"，它在新政期间起着"核心作用"。

关于清末新政方面的研究，大陆学界的著作主要有：1992年，赵军著《折断了的杠杆——清末新政与明治维新比较研究》，该书是一项较为宏观的比较研究，并重点从国家权力与近代化运动的关系的角度考察了这个问题。在作者看来，"国家权力是推动一个社会走向变革、走向新生的一个巨大的、不可替代的历史杠杆"[1]，而清末新政的失败，主要是由于清政府没有足够的力量领导这场近代化变革运动。1994年，张连起著《清末新政史》，该书是第一部全面系统讲述清末新政史的著作。1997年，郭世佑著《晚清政治革命新论》，该书以占全书约1/3的篇幅系统地论述了清末新政，并力图揭示其"革命性"意义，把清末新政看作晚清政治革命的一部分，立意颇新。1998年，吴春梅著《一次失控的近代化改革——关于清末新政的理性思考》，该书是一部系统论述清末新政的研究性著作，作者从近代化的角度切入，力图揭示清末新政的近代意义。1999年，萧功秦著《危机中的变革——清末现代化进程中的激进与保守》，该书是一部研究中国早期现代化的著作，作者充分肯定了清末新政在中国近代历史上的地位，认为"就变革的深度和广度而言，就其对中国此后的历史的影响而言，更为重要的是，就这一全国性的变革运动对于现代化宏观研究理论价值而言，新政的重要性均已超过19世

---

[1] 赵军：《折断了的杠杆——清末新政与明治维新比较研究》，湖南出版社1992年版，第2页。

纪后期的洋务运动和19世纪末的戊戌变法运动"[1]。

(二) 关于清末预备立宪的研究

关于清末预备立宪的研究趋势有三个特点：其一，总体评价由否定到肯定；其二，研究选题由宏观到微观；其三，研究方法由批判论战到理性实证。[2] 台湾地区学者张朋园的《立宪派与辛亥革命》（1969）和张玉法的《清季的立宪团体》（1971），是相关研究的两本重要著作，为研究者必备的参考书。故宫博物院明清档案部整理编辑的《清末筹备立宪档案史料》（上、下两册，中华书局1979年版），是预备立宪研究的基本参考资料。1978年，廖圣雄（Sheng-hsiung Liao）的博士论文《清末对立宪政体的寻求：草创时期》（The Quest for Constitutionalism in Late Ch'ing China: The Pioneering Phase），通过考察梁启超、张謇和戴鸿慈-端方使团的宪政思想与活动，试图提供一个观察清末早期宪政运动的视角。作者把梁启超、张謇、戴鸿慈和端方作为传统社会的三种精英阶层——学者、士绅、官僚——的典型代表，认为他们"在政治近代化进程中担当了不同的角色"，由于知识背景与社会地位不同，他们的思想与行为也存在歧异，而这正可以反映"中国立宪主义的不同来源"。作者具体分析了中国早期宪政运动的一些共同的基本特征：第一，参与者全部属于精英阶层——知识分子、官僚和士绅；第二，大部分主要的宪政先驱者主张英国和日本式的君主立宪制度；第三，许多宪政主义者认识到中国不容易进入立宪政体；第四，宪政先驱者们经常为他们所欣赏的西方

---

[1] 萧功秦：《危机中的变革——清末现代化进程中的激进与保守》，上海三联书店1999年版，第123页。

[2] 李细珠：《张之洞与清末新政研究》，上海书店出版社2003年版，第13页。

思想与制度而从中国的历史与传统中寻求合理性的支援;第五,中国早期立宪运动极大地受到日本制定《明治宪法》的经验的影响。[1] 1980年,瑞士学者罗伯特·梅恩伯格(Norbert Meienberger)著《中国立宪政府的出现(1905—1908):慈禧太后认可的概念》,封面中文书名为《清季宪法大纲考》。作者试图从清政府的角度研究立宪举措,以观察清廷对立宪政体的理解与认识。作者认为,清末宪政改革是"传统内改革"(reform within tradition),目的是为了维护儒家传统和清王朝统治的权威,清廷为此做了许多真诚的努力,因此,"指责其虚伪和延误时机都是没有事实根据的"。[2] 1985年,费正清主编的《剑桥中国晚清史(1800—1911)》翻译出版,书中关于中国近代史的研究对中国大陆的相关研究影响很大。该书下卷第七章的《1901—1911年政治和制度的改革》(日本学者市古宙三撰)论述了清政府从新政到立宪的各项改革措施。作者认为,清末的改革实质是满洲统治者及汉人督抚、绅士各自为保存甚至扩大他们势力的尝试,由于他们的利益和目标各不相同,结果这些改革反而加速了清王朝的灭亡。[3] 另一部费正清和赖肖尔主编的《中国:传统与变革》,用了16页的篇幅讨论了晚清新政的改革。书中指出:"清代从1901年到1911年的最后十年与其说是处于崩溃时期,倒不如说是处于新的开创时期。制度和社会的变革开始较早,而政治灾难直到

---

[1] Sheng-hsiung Liao, *The Quest for Constitutionalism in Late Ch'ing China: The Pioneering Phase*. The Florida State University, PH. D., 1978. p. 17、227-230.

[2] Norbert Meienberger, *The Emergence of Constitutional Government in China (1905-1908): The Concept Sanctioned by the Empress Dowager Tz'u-hsi*. Bern, Peter Lang, 1980. p. 11-13.

[3] [美]费正清编:《剑桥中国晚清史(1800—1911)》下卷,中国社会科学出版社1985年版,第436—477页。

最后才降临。……为革命铺平道路的主要力量是改革者,而不是革命者。"[1] 1991年,董方奎的《清末政体变革与国情之论争——梁启超与立宪政治》从立宪人士重要代表人物梁启超与清末政体变革的关系入手,探讨了近代中国民主进程与国情的关系,认为"当时的中国缺乏建立资产阶级议会制君主立宪及民主共和国的条件"[2]。1993年,韦庆远、高放、刘文源著《清末宪政史》,是一部系统研究预备立宪史且颇有分量的专著。该书在总体评价上较为保守,可算是传统观点的典型代表,其对预备立宪基本是持否定态度,但是在不少具体问题上的研究有一定的深度,可以说,该书是有关预备立宪史研究的一本必读参考书。1993年,侯宜杰著《二十世纪初中国的政治改革风潮——清末立宪运动史》,作者较为严格地区分了"立宪运动"与"预备立宪"两个概念,认为"前者是由立宪人士领导的自下而上的群众性爱国民主运动,后者是由清政府推行的自上而下的政治改革运动,而且二者在奋斗目标、指导思想、方针政策诸方面存在着原则差别"。但就宪政改革而言,作者又认为"二者是同一问题的两个不同方面"[3]。作者对立宪运动与预备立宪两者互动关系的考察,为此课题的进一步研究奠定了良好的基础。1999年,迟云飞的博士论文《清末预备立宪研究》,系统研究了以清政府为主体的预备立宪运动。

---

[1] [美]费正清、赖肖尔:《中国:传统与改革》,江苏人民出版社1996年版,第403页。

[2] 董方奎:《清末政体变革与国情之论争——梁启超与立宪政治》,华中师范大学出版社1991年版,第383页。

[3] 侯宜杰:《二十世纪初中国的政治改革风潮——清末立宪运动史》,人民出版社1993年版,第586—587页。

二、关于清末民权思想的研究

清末思想界有着丰富的关于民权思想的言论,国内外学术界对此给予了充分的重视。从研究视角看,主要从民本思想的近代命运与近代民主和民权思想两个方面展开关于民权思想的研究。

关于民权思想的研究,从总体上论述民权涵义的代表作是王人博的《民权词义考论》(载《比较法研究》2003年第1期),文章论述了民权思想的方法论问题,认为民权话语在近代中国的形成、流行,并不是如同西方一样把民权作为一种制度性架构以解决国家权力的来源、归属和分配问题,而是首先把民权作为一种解决中国国家和社会衰败、滞弱的器具。夏勇的《民本与民权》(载《中国社会科学》2004年第5期)一文认为清末民初的民权思想是先秦时期的民权思想在当代的自然展开,也就是说作者认为中国传统的民本思想里含有民权的因素。谢放的《戊戌前后国人对"民权""民主"的认知》(载《二十一世纪》2001年6月号)一文论述了戊戌前后国人认为民权与君权相对,民权即是"人人有自主之权",并认为民权和民主是不同的。

关于这方面总体论述的专著主要有:熊月之的《中国近代民主思想史》(上海人民出版社1986年版),该书依照思想史自身的逻辑,叙述了中国近代民主思想的酝酿、发生和发展历程,将清末民初的时代思潮与特定人物的思想结合起来,在资料的运用和论述方面都颇见功底。耿云志等的《西方民主在近代中国》(中国青年出版社2003年版),该书的研究对象是近代国人对西方民主的认识与实践的历史,即考察中国的先进分子自睁开眼睛看世界那时候起,为改变中国落后的君主专制制度,力求在中国建立某种西方式的民主制度所作出的种种努力和尝试。闫小波的《近代中国民主观念之生成与流变——一项观念史的考察》（江苏人民出版社2011年版），该书的主旨是对近代中国的民主做一项观念史的考察，力图厘清民主观念在近代中国生成与流变的脉络。袁兵喜的《民权思想研究》（法律出版社2011年版），该书从法律文化和宪政的视角，论述了民权思想的文化渊源、主流观点和制度实践乃至近代中国民权思想的终结，呈现了一幅西方人权向近代中国的民权转化的图景。陈永森的《告别臣民的尝试——清末民初的公民意识与公民行为》（中国人民大学出版社2004年版），该书对从甲午中日战争到中国共产党成立这段时间中，中国公民意识的产生与发展的特征进行了描述，并结合公民行为进行阐述。梁景和的《清末国民意识与参政意识研究》（湖南教育出版社1999年版），该书对清末思想界提出的国民精神，如独立与合群、权利与义务、自由与平等、进取与冒险等概念进行了全方位的探讨，并详细介绍了当时中上层人士的参政意识和知识分子提出的教育救国途径。许政雄的《清末民权思想的发展与歧异——以何启、胡礼垣为例》（文史哲出版社1992年版），该书主要从何启、胡礼垣的著作中的民权思想部分入手，阐述他们的民权思想，并与同时代国内知识分子和洋务官僚的民权思想作比较，从彼此间的差异去解说民权思想在近代中国思想潮流里，尤其是清末的变法改良运动及革命运动之间的变动轨迹。胡波的博士论文《民本思想在近代中国的命运（1840—1912）》（中山大学2002年），论文分三章，第一章是鸦片战争后至甲午战争前民本思想体系之动摇，第二章是戊戌维新时期民本思想之衰变，第三章是辛亥革命时期民本思想之消退。最后作者得出结论：民本思想在近代中国的演变，实际上就是民本思想理论体系逐渐崩溃解体和功能日益萎缩的过程。

关于中国近代主要思想家的民权、民主思想的研究著作也非常丰富，这方面的主要著作有：[美]柯文的《在传统与现代性之间——王韬与晚清改革》（江苏人民出版社2006年版）一书论述了以王韬为代表的早期维新派思想家在沿海与西方密切接触的特殊环境下思想所发生的变化，西方先进的技术和文化对他们产生了重要的影响，他们已经超越当时的洋务思想，开始关注西方的议会制度，成了由传统向现代过渡的桥梁。[美]本杰明·史华兹的《寻求富强——严复与西方》（江苏人民出版社1990年版）一书从严复的生活经历入手，以严复的著作和文章为主干介绍了严复对于西方思想的观察，并认为严复虽然关注英国古典的自由主义，但是其迅速发现并抓住的是"集体的能力"，而对西方学者关注的"个人主义"却了解甚少，严复学习西方、关注西方，最终寻求的是国家的富强。萧公权的《近代中国与新世界——康有为变法与大同思想研究》（江苏人民出版社1997年版），张灏的《梁启超与中国思想的过渡（1890—1907）》（新星出版社2006年版）等书，在论述近代人物的思想时对他们的民权思想都有阐述，这为本书进行清末民初民权思想的演变的研究提供了非常宝贵的资料。王汎森在《晚清的政治概念与"新史学"》中分析了"国民"意识的形成及其与"民权"思想的联系。李孝锑的《清末的下层社会启蒙运动：1901—1911》和桑兵的《庚子勤王与晚清政局》对民权思想走向行动的过程及晚清士人对国民的政治动员进行了考察。杜赞奇的《从民族国家拯救历史：民族主义话语与中国现代史研究》一书对国民思想在20世纪20年代的延续与变化进行了考察。黄克武的《清末民初的民主思想：意义与渊源》（载《中国现代化论文集》，台北"中央研究院"近代史研究所1991年版）一文中，作者在对近代西方与近代中国的民主思想进行梳理的基础上，指出二者之间的差异并进行诠释，作者认为近代中国的民主思想是以转化为基调并充满乐观精神的民主观。

以上学术界关于中国近代民主、民权思想的研究，成为本书研究的重要参考，也成为本人思考和研究的基础和前提。但是他们大多只是关于民权思想或民主思想在近代转化的论述，而本书侧重研究清末民初民权思想的演变和践行以及其与法治思想的关联的演变过程，从而能在整体上把握清末民初时期的思想家们的民权和法治思想。

三、关于清末法治思想的研究

随着我国建设法治国家目标的提出，学术界关于法治、法治思想和法治国家的研究可谓汗牛充栋，其中主要针对中国近代法治研究的论文和著作主要有：李学智的《民国初年的法治思潮》（载《近代史研究》2001年第4期）从三个方面阐述了民国初年的法治思潮，一是革命党人士及社会各界人士积极倡导以法治国、依法行事的学说，二是法政学校的大量兴办，三是法律书籍的大量出版。在对这三个方面详细论述之后，作者还以一个典型事例加以印证，即用民初伍廷芳对陈其美以军政干涉司法和越权逮捕的行为加以抵制、批驳的事例，充分证明了民国初期法治观念的浓厚和普遍。夏勇的《飘忽的法治——清末民初中国的变法思想与法治》（载《比较法研究》2005年第2期）从四个维度即华夷之辨与本末之辨、专制主义与自由主义、欧美中心主义与中国本土主体、张扬理想与建设制度考察了清末民初的变法思想和法治问题，指出"给传统的法治理念注入民主自由的精神，并且突出变法主题，是清末民初中国法治思考的一大特色"。文章区分了三种意义上的法治思想，价值法则意义上的法治思想、政治法则意义上的法治思想和程序法则意义上的法治思想，并指出清末民初的法治思想没有把这三种意义上的法治思想结合起来，只是变法的法治、飘忽的法治。喻中的《近代法治信念是怎样形成的：一个思想史的考察》（载《法学论坛》2011年第1期）主要从思想史的角度，论述了法治信念形成的三个阶段：鸦片战争是法治信念形成的精神前提；洋务运动是法治信念形成的经济与政治前提；甲午中日战争则最终促成了以民主立法、政府守法为核心的现代法治信念的形成。李贵连、李启成的《法治（Rule of Law）还是治法——近代中国法治的一点思考》［载《北京论坛（2004）文明的和谐与共同繁荣："法治文明的承继与融合"法律分论坛论文或提要集》］主要论述了法治和治法在中国古代的相通以及与西方现代法治的差别，并论述了黄遵宪、梁启超和孙中山的法治思想，以及沈家本的法治观念和法律变革。李鸣的《中国"法治"思想的历史考察》（载《社会科学家》1997年第5期）考察了先秦法家的"法治"含义和近代梁启超对西方"法治"理论的本土化移植以及孙中山关于法治的理解和运用等。

也有学者从思想家的法治思想展开论述，如针对梁启超的法治思想进行研究的论文主要有：王礼明的《对法家"法治"说质疑——评梁启超的一个观点》（载《中国法学》1991年第4期）认为梁启超首倡法家的法治说混淆了实行法治与法家重视法律。

清朝末年的法治思想

俞荣根的《论梁启超的法治思想——兼论梁氏对传统法文化的转化创新》（载《孔子研究》1996年第1期）认为梁启超是法治主义的最早宣传者和鼓吹者，他的法治是以西方资产阶级法治国为模式的近代法治，是与民主、民权相结合的近代意义上的法治。同时作者指出梁启超的法治主义是变化的。喻中的《梁启超的法治概念：一个思想史的考察》（载《新疆社会科学》2011年第2期）认为梁启超的法治主义存在从救亡本位到启蒙本位的转变，即从早期以政治救亡为本位的法治主义，转向了后期以思想启蒙为本位的法治主义。

关于清末民初法治思想的专著主要有：喻中的《中国法治观念》（中国政法大学出版社2011年版）是从思想史和观念史的角度论述了中国现代法治观念的演变历史。程燎原的《中国法治政体问题初探》（重庆大学出版社2012年版）论述了中国近代法治思想的"突破"，并较为详细地论述了清末的"法治"话语。王人博、程燎原的《法治论》（山东人民出版社1998年版）、王人博的《宪政的中国之道》（山东人民出版社2003年版）、卞修全的《立宪思潮与清末法制改革》（中国社会科学出版社2003年版）、王人博的《宪政文化与近代中国》（法律出版社1997年版）、陈永森的《告别臣民的尝试——清末民初的公民意识与公民行为》（中国人民大学出版社2004年版）等就宪法领域展开对晚清法制变革的考察，并对清末民初的法治思想进行了论述。贾孔会的《中国近代法律思想与法制革新》（武汉大学出版社2007年版）对梁启超、孙中山、李大钊等的法治思想和清末民初的宪政改革进行了阐述。

清末民初法治思想的演变和践行也引起了国外学者的关注，

他们从对汉学的研究转向法学和史学,并且以史学界研究的晚清新政为契机,就近代中国的法治思想提出了一些颇有价值的研究思路。如〔美〕任达的《新政革命与日本——中国,1898—1912》一书,认为晚清法制变革的动力来源在于日本明治维新成功的影响。〔美〕陈锦江的《清末现代企业与官商关系》一书,对晚清面向企业与商人的政策规定作了探讨。〔美〕傅因彻(John H. Fincher)的《中国的民主:1905—1914年地方、省和中央三层次的自治运动》(Chinese Democracy: The self-Government Movement in Local, Provincal and National Politics, 1905-1914)一书,从分析现代化的国家政权体制中代议制的重要性入手,探讨了晚清宪政运动中的自治活动。〔美〕梅恩伯格的《中国立宪政府的出现(1905—1908):慈禧太后认可的概念》一书,也对清廷的宪政活动给予了善意的看法。

以上研究从不同的领域和视角对清末民初的法律变革与法治思想进行了考察和阐述,对于本书的研究大有裨益。

第二章
清末政体、民权、法治的渊源与移植

政体是一个国家政治权力分配的组织形式，政体的本质在于国家政治权力在不同的国家机关之间的配置和不同国家机关在运转过程中的互动关系。因此一个国家政治机关的人员组成、产生程序和运转规则就由所选择的政体模式所决定。政体选择与同时代的思想家关于民权和法治的思想息息相关，也可以说，考察一个团体或者个人关于民权和法治的思想观念就可以清楚地探知他们所选择的政体的真正内涵。

第一节 政体理论的渊源和移植

中国在过去的两千年中，身在远东大陆，一直处于一种独立生长与发展的孤立状态之下，享有一种"光荣的孤立"[1]。古典

---

[1] 这种"光荣的孤立"表现在，就地理言，中国东南临大海，西隔高山，北面大漠；就文化言，四周又恰为游牧民族所包围，中国始终是文化的输出者，绝对的文化出超者。中国在过去两千年的古典社会里，几乎与世界其他文化完全隔绝，而近乎一种平衡、稳固及"不变的状态"。在这一状态下，中国人创造了世界上第一流的文化，……在当时的"天下"结构里，中国不知不觉形成了一种华夏第一、中国为天下之"中"的自我影像。[参见金耀基：《从传统到现代》（卷1），法律出版社2010年版，第51页。]

中国实行的是君主制，无人怀疑过君主制之外还有其他更好的政体，并一直认为"专制为人群惟一无二之治体"（严复语），所以，"任何政治的变迁都只限于人事的变更，而非政治秩序的更迭。中国历史上只有在人民忍无可忍的时候起来反抗暴君，而非反抗政治的原则。"[1] 梅笃斯把反抗暴君的称为叛乱，反抗政治现行原则的称为"革命"，他指出中国是人类历史上最少革命而最多叛乱的民族，并认为中国历史上只发生过一次革命。[2] 中国人对于君主的限制和控制，除了叛乱之外，没有其他途径可走。正如劳干所说："对于人君的限制，不是在法律上，只是在道义上，所望者只是多出圣主贤君，君主能够自己好。倘若人君不好，也只能说'革命'（梅笃斯称为叛乱）一事是合于道德的，却不能说革命一事是合于法律的，并且革命之后，也只是从一个君主换到另外一个君主，而不是说人民有任何控制之法。迢迢三千载，政治虽有隆污之分，而其传统精神所在，仍然是这一点。"[3] 由此可见，中国二千年来，即是君主制，而君主制的实质就在于"政治的权原总在君主，政治之主体亦在君主，亦即君主是主权之所寄"[4]。

带着这种"光荣的孤立"和对君主制不容置疑的认同，中国遭遇了西方列强的侵略和扩张。从鸦片战争开始的一百多年，古典中国一步一步地走向崩溃。中国在"挑战-回应"的发展模式

---

[1] 金耀基：《从传统到现代》（卷1），法律出版社2010年版，第24页。
[2] Thomas T. Meadows. *The Chinese and Their Rabellions*, P. 25. 转引自金耀基：《从传统到现代》（卷1），法律出版社2010年版，第24页。
[3] 劳干：《中国历史中的政治问题》，载《中国的社会与文学》，转引自金耀基：《从传统到现代》（卷1），法律出版社2010年版，第24—25页。
[4] 金耀基：《从传统到现代》（卷1），法律出版社2010年版，第26页。

中，迷失了方向，其回应基本是失败的。[1] 正是这种耻辱的失败在中国人的心理上留下了无法抹去的仇外的阴影，这使我们很难理性地去认识西方文化的真相。正如有的学者所说："中国人百年来在思想、政治、经济各方面的努力都是以'雪耻图强'作为意识背景的（这是很自然的），这在某一意义上，的确是加速了我们的努力，但在根本上，它却使我们始终无法全面地建立起一种对西方文化正面理解的心理，而这真正地阻碍了我们当有的发展。"[2] 中国近代以来对原有政体的质疑和对新政体的选择过程就充分展示了这一特性。本部分将在梳理政体理论渊源的基础上，阐述19世纪下半叶中国率先"睁眼看世界"的知识分子对西方政体的认识和思考，以及西方政体在中国的移植和演变过程中所呈现出来的特性。

一、政体理论的渊源

（一）政体的实质和分类

在亚里士多德的《政治学》中，关于政体有以下几种表述：一是"政体（宪法）为城邦一切政治组织的依据，其中尤其着重于政治所由以决定的'最高治权'的组织。城邦不论是哪种类型，它的最高治权一定寄托于'公民团体'，公民团体实际上就

---

[1] 汤因比的"挑战-回应"模式有三种形态与结果。第一，当挑战太微弱时，则不会掀起什么回应。第二，当挑战太强烈时，则被挑战者将因不能成功地回应而趋于解体。第三，当挑战既不强烈，也不微弱时，则会导致富有"创造性"的回应。第二种形态正是近代中国对西方的挑战的回应，是失败的。第三种形态则可说明中国对印度佛学的挑战的回应，是成功的。

[2] 金耀基：《从传统到现代》（卷1），法律出版社2010年版，第58页。

是城邦制度"[1]。一是"'政体'这个名词的意义相同于'公务团体',而公务团体就是每一城邦'最高治权的执行者',最高治权的执行者则可以是一人,也可以是少数人,又可以是多数人"[2]。一是"一个政体就是城邦公职的分配制度,公民团体凭这个制度分配公职时,或以受职人员的权能为依据,……或以所有受职人员之间的某种平等原则为依据,……所以,依据城邦各个组成部分间的区别和各个优异要素间的区别而定的公职分配方式有多少种,政体也就有多少种"[3]。从以上亚里士多德关于政体的论述中可以看出,他认为政体包含权力机构的设置、权力机构的人员配置和公职在公民中的分配形式,概括来说就是政权的组织形式。亚里士多德依据不同的标准对政体进行了分类,依据是否符合城邦的目的[4]划分,即"依绝对公正的原则来判断,凡照顾到公共利益的各种政体就都是正当或正宗的政体;而那些只照顾统治者们的利益的政体就都是错误的政体或正宗政体的变态(偏离)"[5]。在正宗政体和变态政体之下,依据最高治权的执行者的人数可以将政体划分为六类:

---

[1] [古希腊]亚里士多德:《政治学》,吴寿彭译,商务印书馆1965年版,第129页。

[2] [古希腊]亚里士多德:《政治学》,吴寿彭译,商务印书馆1965年版,第132—133页。

[3] [古希腊]亚里士多德:《政治学》,吴寿彭译,商务印书馆1965年版,第182页。

[4] 在《政治学》一书中,亚里士多德说明了政治团体,即城邦组织的目的有三:(一)单纯地为人类的生存——军事和经济生活;(二)进一步为满足人类乐于群居的自然性情——经济和社会生活;(三)再进一步,以政治机构协调各人的功能,导致人类的优良生活——道德生活。(参见[古希腊]亚里士多德:《政治学》,吴寿彭译,商务印书馆1965年版,第130页注释②。)

[5] [古希腊]亚里士多德:《政治学》,吴寿彭译,商务印书馆1965年版,第132页。

清朝末年的法治思想

政体（政府）的以一人为统治者，凡能照顾全邦人民利益的，通常就称为"王制（君主政体）"。凡政体的以少数人，虽不止一人而又不是多数人，为统治者，则称"贵族（贤能）政体"，……以群体为统治者而能照顾到全邦人民公益的，人们称它为"共和政体"。

相应于上述各类型的变态政体，僭主政体为王制的变态；寡头政体为贵族政体的变态；平民政体为共和政体的变态。僭主政体以一人为治，凡所设施也以他个人的利益为依归；寡头（少数）政体以富户的利益为依归；平民政体则以穷人的利益为依归。三者都不照顾城邦全体公民的利益。[1]

由以上可知，政体六个类型的分类依据有："（一）统治者人数的多或少。（二）施政的目的，为全体公众或为执政部分的人们。（三）贫富或阶级分别。要是依阶级分别题名，这里的寡头政体，应该称为'财阀政体'。"[2] 由此可知，寡头和平民政体的主要分别不在人数为少为多。两者在原则上的分别应该为贫富的区别。从亚里士多德关于政体的分类及其依据可以推论出，政体不仅仅是国家政权的组织形式问题，同时还包括政权组织形式在实质上维护着哪个社会团体的利益问题。也就是说，亚里士多德的政体学说中还包括了权力的归属，即国体问题。因此，政体

---

〔1〕［古希腊］亚里士多德：《政治学》，吴寿彭译，商务印书馆1965年版，第133—134页。

〔2〕［古希腊］亚里士多德：《政治学》，吴寿彭译，商务印书馆1965年版，第134页注释②。

理论在起源时就包含了国体和政体两方面的内容。近代以来出现了政体在名义和实质方面不一致的现象,即实际的政体与名义上的国体不符,政体所反映的权力实质不是名义国体所宣示的权力归属。比如近代人民主权成为世界的共识,许多国家在宪法中表明主权在民的国体性质,但实质上,在政体的设计上并没有真正保证人民行使权力。正如德国的近代政体,名义上是民主共和,实质上则是为了封建容克地主的利益。马克思等经典作家曾作出过深刻阐述,1871年《德意志帝国宪法》确立的德意志帝国是一个"以议会形式粉饰门面、混杂着封建残余、已经受资产阶级影响、按照官僚制度组织起来,并以警察来保卫的、军事专制制度的国家"[1]。造成政体名实不符现象的原因是多方面的,其中起主要作用的是近代以来发达国家民主强国的示范效应,从而引发了世界性的民主化浪潮,促使欠发达国家纷纷实行民主政体的移植,造成了民主政体与本国的社会结构、经济、文化等诸方面水土不服,甚至背离的现象。而对政体名实不符现象的纠正存在两种可能性,"一种可能性是由于民主化改革而得到纠正,由名实不符变为名实相符。……另一种可能性,政体的名实不符无法得到主动纠正,那么也许就只有革命可以完成政体的转换了"[2]。而这又与政体的选择和演变理论紧密相关。

(二) 建立政体的正当方法

政权的组织形式以国家机关的设置为表现形式,不同的国家机关代表行使权力的不同组织,这些国家机关按照一定的方式结

---

[1] [德]马克思:《哥达纲领批判》,中共中央马克思恩格斯列宁斯大林著作编译局译,人民出版社1997年版,第25页。

[2] 付春杨:《民国时期政体研究(1925—1947年)》,法律出版社2007年版,第22页。

合起来，最终完成政权的统治功能。亚里士多德指出："一切政体都有三个要素，作为构成的基础，一个优良的立法家在创制时必须考虑到每一要素，怎样才能适合于其所构成的政体。倘使三个要素（部分）都有良好的组织，整个政体也将是一个健全的机构。各要素的组织如不相同，则由以合成的政体也不相同。三者之一为有关城邦一般公务的议事机能（部分）；其二为行政机能部分——行政机能有哪些职司，所主管的是哪些事，以及他们怎样选任，这些问题都须一一论及；其三为审判（司法）机能。"[1] 政体的三要素也就是政权的三种基本职能，从字面上看，这三种要素非常近似于近代的立法职能、行政职能和司法职能。尽管亚里士多德是根据希腊各城邦的政法制度进行叙述的，其每项职能与近世以来的三权不太一致，[2] 但是亚里士多德的叙述可以说是三权的雏形，对近代以来政体职能划分的理论具有深远的影响，只是亚里士多德的政体的三种要素理论还没有真正触及权力的分立问题。

近代以来，关于政体的职能划分的理论有了重大的发展。洛克首先提出了立法权和执行权的划分问题，他主张立法权和执行权分立，因为"如果同一批人同时拥有制定和执行法律的权力，这就会给人们的弱点以绝大诱惑，使他们动辄要攫取权力，借以

---

[1] ［古希腊］亚里士多德：《政治学》，吴寿彭译，商务印书馆1965年版，第215页。

[2] 如他们的"议事机能"有异于现代的"立法权"。公民大会和议事会虽也有立法权，所议却常常是有关行政和司法审判的案件。他们的"执政机能"虽各有其行政职司，却不像现今由执掌"行政权"的人员组成政府发号施令。公民大会和议事会实际处于行政职司之上。希腊城邦由公民陪审员公决曲直的群众法庭异于现代由常任法官治狱断案的法庭，其"审判机能"也异于近世国家中的"司法权"。（参见［古希腊］亚里士多德：《政治学》，吴寿彭译，商务印书馆1965年版，第215页注释①。）

使他们自己免于服从他们所制定的法律，并且在制定和执行法律时，是法律适合于他们自己的私人利益，因而他们就与社会的其余成员有不相同的利益，违反了社会和政府的目的。"[1] 在洛克两权分立的基础上，孟德斯鸠则将政体的职能划分为立法、行政、司法三部分，并且完整地提出了权力分立制衡的理论。他说：

> 公民的政治自由是一种心境的平静状态，它源自人人都享有安全这一想法。为了享有这种自由，就必须有这样一个政府，在它的治理下，一个公民不惧怕另一个公民。
>
> 立法权和行政权如果集中在一个人或一个机构的手中，自由便不复存在。因为人们担心君主或议会可能会制定一些暴虐的法律并暴虐地执行。
>
> 司法权如果不与立法权和行政权分置，自由也就不复存在。司法权如果与立法权合并，公民的生命和自由就将由专断的权力处置，因为法官就是立法者，司法权如果与行政权合并，法官就将拥有压迫者的力量。
>
> 如果由同一个人，或由权贵、贵族或平民组成的同一个机构行使这三种权力，即制定法律的权力、执行国家决议的权力以及裁决罪行或个人争端的权力，那就一切都完了。[2]

---

[1] [英]洛克：《政府论》（下篇），叶启芳、瞿菊农译，商务印书馆1964年版，第91页。
[2] [法]孟德斯鸠：《论法的精神》（上册），许明龙译，商务印书馆2012年版，第186—187页。

由此可知，孟德斯鸠认为立法权、行政权、司法权无论如何不应该掌握在同一机关手中。他断言，正是权力的分立制衡保护了人民的自由，同时也使一个政体可以被誉为温和的政体。

在分析政体的权力组织形式时，还有一个因素一直受到人们的关注，即法治。柏拉图在《政治家》中阐明，一个完美的政体重要的是人的本性，也即政体最好的状况不是法律当权，而是一个明智而赋有国王本性的人作为统治者。但是在第二等好的国家中，法治就受到了足够的重视。亚里士多德在政体的分类中采用了法治的标准，他认为："凡不能维持法律威信的城邦都不能说它已经建立了任何政体。法律应在任何方面受到尊重而保持无上的权威，执政人员和公民团体只应在法律所不及的'个别'事例上有所抉择，两者都不该侵犯法律。"[1]可见政体的分类是以法治为基础的。孟德斯鸠继承了法治在政体中的作用的传统，他将政体分为三种：共和政体、君主政体、专制政体[2]。"共和政体是全体人民或仅仅部分人民掌握最高权力的政体；君主政体是由一人依固定和确立的法单独执政的政体；专制政体也是一人单独执政的政体，但既无法律又无规则，全由他的个人意愿和喜怒无常的心情处置一切。"[3]可见在孟德斯鸠的政体划分中，是否有法律是一个非常重要的指标，同时他相信法治对于保存自由所具

---

[1] [古希腊]亚里士多德：《政治学》，吴寿彭译，商务印书馆1965年版，第191—192页。

[2] 孟德斯鸠笔下的"专制政体"始终是君主政体因腐败而蜕变成的最坏的政体，其君主即使不是暴君，也与暴君相去不远，因而，专制政体始终是一个贬义词。（参见[法]孟德斯鸠：《论法的精神》（上册），许明龙译，商务印书馆2012年版，第17页。）

[3] [法]孟德斯鸠：《论法的精神》（上册），许明龙译，商务印书馆2012年版，第17—18页。

有的价值。"在一个国家里，即在一个有法可依的社会里，自由仅仅是做他应该想要做的事和不被强迫做他不应该想要去做的事。"〔1〕先哲们对法治的重视可见一斑。

（三）政体的选择和演变

政治制度是人所创造的，但它不能脱离一定的时代和环境。亚里士多德认为最好的政治团体必须由中产阶级执掌政权，"凡邦内中产阶级强大，足以抗衡其他两个部分而有余，或至少要比任何其它单独一个部分为强大——那么中产阶级在邦内占有举足轻重的地位，其他两个相对立的部分（阶级）就谁都不能主治政权——这就可能组成优良的政体。"〔2〕亚里士多德的这一结论是建立在对各阶层品性的认识上。他认为，极富的人常常逞强放肆，他们不知纪律为何物，不愿也不能受人统治；极贫的人则往往懒散无赖，他们太卑贱而自甘暴弃，在政治上仅知服从而不堪为政，就像是一群奴隶；而处于中产阶级的人们最能顺从理性，他们具有节制和中庸的品德，过着无所忧惧的平安生活。基于此，亚里士多德认为"以中产阶级为基础才能组成最好的政体"〔3〕。政体的选择受多种因素所影响，任何政体都必须适应一定的历史、社会和文化条件。政体本来就是公民（无论是团体还是个人）生活的规范，因此政体选择的一条基本公理是："一邦之内，愿意维持其政体的部分必须强于反对这一政体的部分。"而组成城邦的因素有质和量的区分，"所谓'质'是指自由身份、

---

〔1〕[法]孟德斯鸠：《论法的精神》（上册），许明龙译，商务印书馆2012年版，第184页。

〔2〕[古希腊]亚里士多德：《政治学》，吴寿彭译，商务印书馆1965年版，第206页。

〔3〕[古希腊]亚里士多德：《政治学》，吴寿彭译，商务印书馆1965年版，第206页。

财富、文化（教育）和门望（贵胄）；所谓'量'是指人数的多少。"组成城邦的各部分的质和量应当加以平衡，"（一）倘穷人为数众多，在量这方面的优势实际超越了另部分人在质方面的优势，这里自然就得建立一个平民政体；……（二）倘使富户和贵族阶级在质方面的优势足以抵偿自己在量方面的劣势而有余，这就会产生寡头政体；……（三）倘使中产阶级的人数超过其他两个部分，或仅仅超过两者之一，就可能建立一个持久的共和政体。……共和政体中的各个因素倘使混合得愈好愈平衡，这个政体就会存在得愈久。"[1] 可见亚里士多德认为，政体选择的原则是城邦中各个阶层的力量的博弈，是不同处境中的公民之间力量的较量。

近代国家影响政体选择的因素更加复杂。政体选择除了与各个阶层的公民的力量对比息息相关之外，还需要与一个国家的历史传统、地理环境、经济发展相适应。孟德斯鸠认为在政体选择中没必然的、最好的或最坏的政体，他认为政体的选择与一个国家的历史、经济方式、地理环境和气候有密切的关系。首先，历史所形成的民情与政体选择有相当大的关系，长期习惯于一种政体的民族很难想象还有其他政体形式的存在。其次，一个国家的领土、土壤、地形和地势都与国家的政体选择有关系。最后，气候因素则通过影响人们的性情影响到政体选择，"气候炎热的地方，通常被专制主义的氛围所笼罩"。除了一个国家的内部因素影响政体的选择外，国家的国际形势也对政体的选择产生重要的影响。

---

[1] [古希腊] 亚里士多德:《政治学》，吴寿彭译，商务印书馆1965年版，第210—211页。

在政体的选择上，卢梭的观点与孟德斯鸠相似，他也认为，领土面积的不同，适合的政体形式也应该不同，"民主政府就适宜于小国，贵族政府就适宜于中等国家，而君主政府则适宜于大国。"[1] 关于气候和国家的富裕程度，他认为："国君制只适宜于富饶的国家；贵族制只适宜于财富和版图都适中的国家；民主制则适宜于小而贫困的国家。……专制之宜于炎热的国土、野蛮之宜于寒冷的国土、美好的典章制度之宜于温带地区。"[2] 从以上的论述可知，无论是亚里士多德、孟德斯鸠还是卢梭，他们都认为政体的选择需要适合于一个国家的国情、历史传统、经济形式、环境因素等，他们主要从政体的可实施性方面思考问题。与他们不同的是，密尔提出了从政体的可接受性的角度需要思考的问题。密尔在政体选择问题上坚持的观点是："制度和政府形式是个选择问题。抽象地（如人们所说的）研究最好的政府形式，不是空想，而是对科学智能的高度的实际运用；而把最好的制度引进一个国家，是实际努力所能专心致志的最合理的目标之一，只要在这个国家的现有状况下这种制度能够在相当程度上满足这些条件。"[3] 而密尔所给出的政体选择应该服从的"这些条件"主要有三个："为人民而设的政府形式必须为人民所乐意接受，或至少不是不乐意到对其建立设置不可逾越的障碍；他们必须愿意并能够做为使它持续下去所必要的事情；以及他们必须愿意并能够做为使它能实现其目的而需要他们做的事情。"[4] 密尔所提

---

[1] ［法］卢梭：《社会契约论》，何兆武译，商务印书馆1980年版，第87页。
[2] ［法］卢梭：《社会契约论》，何兆武译，商务印书馆1980年版，第105—106页。
[3] ［英］密尔：《代议制政府》，汪瑄译，商务印书馆1982年版，第8页。
[4] ［英］密尔：《代议制政府》，汪瑄译，商务印书馆1982年版，第3—4页。

出的三个条件，实际可以归结为人民普遍的心理反应和接受能力，正如他曾说过存在这样一种情况，"一国人民虽不反对——甚至可能想望——一种政府形式，但不愿意或不能够满足该政府形式所需具备的条件。"[1] 这种人民普遍的心理反应和接受能力实际上仍然可以归因于一个国家的历史、社会和文化。

总之，在政体的选择中，人是可以有所作为的，但是这种选择的范围必须在国家的历史习俗和社会文化之中，也就是说，一个国家的传统和国情对政体的选择具有不容忽视的制约作用。

一个国家的政体形式确立之后，随着各种因素的变化，政体也会不断演变。关于政体的演变，思想家们各有各的看法。柏拉图认为，不同政体的演变具有一定的规律。在《理想国》中，他勾画了政体演变的过程：理想国—荣誉政体—寡头政体—民主政体—僭主政体，政体的自然演变过程是一个不断蜕变的过程。亚里士多德考察了每一类政体所经历的实况，他认为，"就平民政体而言，政变都起因于群众领袖的放肆。他们有时是个别的指摘或诬控富户，迫得富人们联合起来；……有时则鼓动群众攻击整个财富阶级。"[2] "就寡头政体而言，造成政变有两个特别显著的途径。……第一个途径是执政者虐待平民群众。……第二个途径是执政团体间的自相倾轧。"[3] "在贵族政体中引起骚乱和变革的各种原因之一是为了名位只限于狭小的范围。……贵族政体以及共和政体倾覆的主要原因应该是由于它们偏离了建国的正

---

[1] [英] 密尔：《代议制政府》，汪瑄译，商务印书馆1982年版，第4页。
[2] [古希腊] 亚里士多德：《政治学》，吴寿彭译，商务印书馆1965年版，第248页。
[3] [古希腊] 亚里士多德：《政治学》，吴寿彭译，商务印书馆1965年版，第252—254页。

义。如果不能对于组成城邦的各个部分（要素）适当的调和，两者都不能免于危亡。应该进行调和的要素，在共和政体为平民群众和寡头贵要；在贵族政体另外加上才德要素。"[1] 亚里士多德分析的政体变革主要指政体发生蜕变的状况。

孟德斯鸠则认为政体的变革就是原有政体腐化的过程，而政体的腐化几乎都始于政体原则的腐化。"共和政体需要美德，君主政体需要荣宠，专制政体则需要畏惧。"[2] 当各种政体的原则腐化时政体就会发生蜕变。"当人们丢弃了平等精神，转而崇尚极端平等精神，每个人都要与他们自己选出的领导人平起平坐时，民主政体的原则就腐化了。"[3] 因为有序的民主政体下的平等精神仅仅体现在人人都是公民这一方面，而无序的民主政体下的极端平等精神还体现在人人都是官吏、元老、法官、父亲、丈夫和主人等方面。"贵族政权如果变成独断专行，治者和被治者都不再有美德，贵族政体就腐化了。"[4] "当君主认为改变而不是遵循事物的秩序更能展示他的权力时；当君主剥夺某些人的世袭职务，专断地交给另一些人时；当君主钟情自己的心血来潮胜过热爱自己的意志时，君主政体行就将覆亡。"[5] 根据各种政体的特点与国家疆域的关系，孟德斯鸠认为，"小国的自然特性宜

---

[1]［古希腊］亚里士多德：《政治学》，吴寿彭译，商务印书馆1965年版，第259—261页。

[2]［法］孟德斯鸠：《论法的精神》（上册），许明龙译，商务印书馆2012年版，第38页。

[3]［法］孟德斯鸠：《论法的精神》（上册），许明龙译，商务印书馆2012年版，第133页。

[4]［法］孟德斯鸠：《论法的精神》（上册），许明龙译，商务印书馆2012年版，第137页。

[5]［法］孟德斯鸠：《论法的精神》（上册），许明龙译，商务印书馆2012年版，第138页。

清朝末年的法治思想

行共和政体，稍大的国家的自然特性宜行君主政体，而大国的自然特性则宜由专制君主治理，那么，为了维持业已确立的政体原则，就应该保持国家既有的疆域，无论缩小或扩大，都会导致国家精神的变化。"[1]而国家维持领土的不变依赖统治者节制的品格。孟德斯鸠认为政体的演变主要有两种方式，"一个国家政体的变更有两种方式，其一是政体修正，其二是政体腐败。如果在政体变更时原则保持不变，那就是政体修正；如果在变更政体时丧失了原则，那就是政体腐败。……与稳定地生活在某一政体之下相比，一个国家在不知不觉地从一种政体向另一种政体过渡时，往往更加繁荣昌盛。这是因为，政府的所有发条此时都已上紧，所有的公民都提出了自己的主张；人们或是相互攻击，或是彼此安抚，一场高尚的竞争在两种人之间展开：一种人维护日益衰落的旧政体，另一种人主张实行更好的新政体。"[2]可见，政体的演变对于一个国家的繁荣昌盛也是具有促进作用的。但是为了避免政体变更过程中出现阵痛和动荡，在设计政体时，使权力制约机制按照立法、行政、司法职能分立制衡原则建立，从而防止权力滥用。同时法治也能有效地维持这种权力的分立制衡，防止政体的蜕变。因此，在法治框架下运行的分立制衡的权力结构应该是最为稳定和合理的政体形式。

以上关于西方政体理论的阐述清楚地告诉我们：政体类型的选择应符合本国的国情，如领土的大小、人民的习惯、气候状况、经济发展模式等，有利于反映本民族公共利益的政权组织形

---

[1] [法]孟德斯鸠：《论法的精神》（上册），许明龙译，商务印书馆2012年版，第149—150页。
[2] [法]孟德斯鸠：《论法的精神》（上册），许明龙译，商务印书馆2012年版，第204页。

式就是最好的政体模式；建立政权组织形式的正当方法是政权职能明确分工，即立法权、行政权和司法权分立，三权由不同的部门执掌并能够相互制衡，因为只有实现了三权分立与制衡的政权组织形式才能防止权力滥用，才能很好地维护公民的政治自由；政体的选择和演变是政治力量博弈的结果，当一个国家或民族内外环境发生变化时，不同阶层的政治力量也会发生相应的变化，政体的演变就将难以避免，为保障政体演变的顺利进行，坚持三权分立制衡原则和法治原则就尤其重要。因此研究清朝末年中国政体选择的博弈过程，其非常重要的衡量指标在于民权思想和法治观念在官僚和民众中的政治力量的对比。以下将展开对近代中国政体选择观念的梳理。

二、政体理论在清朝末年的传入

古典中国实行的是君主制，近代以前从来没有人怀疑过君主制之外还有更好的政体。古典中国时期，西周实行的是封建制，即君主分封制的政权组织模式。"天命降于周王，周王就必须要对上天负起道德的责任。西周又有宗法制度以等差递减的方式，将周王承受的天命，分别转交给同姓的诸侯。周人的外婚制，使周人和其他的族群以婚姻的纽带联结为一体。"[1]可见宗法和婚姻关系构成了西周分封制度的基础，而唯一承受了天命的周王构成了西周分封制度的核心。经历了春秋战国之后，西周的分封制度趋于崩溃，秦统一中国之后实行的是郡县制，即君主专制制度。这种制度在中国一直延续到近代，才被新的政体模式所取

---

[1] 李峰：《西周的政体：中国早期的官僚制度和国家》，吴敏娜、胡晓军、许景昭、侯昱文译，生活·读书·新知三联书店2010年版，序言。

代。由此可知，古典中国历代没有宪法，没有宪政制度，对于欧美国家的立宪政体也茫然无知。近代以来，西方的政体模式开始传入中国，本部分阐述的主要指19世纪下半叶即20世纪之前西方政体模式传入和移植的状况。

鸦片战争之后，中国与西方的接触日益广泛，一些率先走出国门或有幸见识过西方政治制度的学者留下了他们对西方政体的认识和观感。粤人梁廷枏在《合众国说》一书中评论了美国的政治："余观于美利坚之合众为国，行之久而不变，然后知古者可畏，非民之未为虚语也。彼自立国以来，凡一国之赏罚禁令，咸于民定其议，而后择人以守之，未有统领，先有国法，法也者，民心之公也。"[1] 他认识到美国民众具有参与法律决策的权利的重要性，并流露出欣赏之情，这在当时是非常可贵的。同治年间，跟随英国政治家罗伯特·赫德（Robert Hart）回国的大臣曾记录下英国的议会政治，英国人议论公事时，"意见不合者听其辩论，必俟众论佥同，然后施行，若君若相不能强也"[2]。可见，议员作为民众的代表具有参与公事的权力。这是中国人对西方政体模式的初步认识。

洋务运动时期，冯桂芬是提倡自强运动的第一人。他感念世事艰难，受外国传教士的影响很大。他认识到西方政治制度的优越性，认为中国"人无弃材不如夷，地无遗利不如夷，君民不隔不如夷，名实必符不如夷，四者道在反求，惟皇上振刷纪纲一转移间耳！"[3] 他指出中国必须通过"振刷纪纲"式的政治改革才能真正赶上西方列强，但具体的方法却不曾提出。王韬于1883

---

[1]《梁廷枏传》，载《清史列传》卷七十三。
[2] 斌椿：《承槎笔记》，湖南人民出版社1981年版，第25页。
[3] 冯桂芬：《校邠庐抗议》，中州古籍出版社1998年版，第160—162页。

年出版了《弢园文录外编》，书中将政体分为三类，一为君主之国，一为民主之国，一为君民共主之国。他认为最理想的政体是以英国为代表的君民共主国，"英国之所恃者，在上下之情通，君民之分亲，本固邦宁，虽久不变。观其国中平日间政治，实有三代以上之遗意焉。"[1] "君为主，则必以尧、舜之君在上，而后可久安长治；民为主，则法制多纷更，心志难专一，究其极，不无流弊；惟君民共治，上下相通，民隐得以上达，君惠亦得以下逮。都俞吁咈，犹有中国三代以上之遗意焉。"[2] 他认识到西方政体可以产生良好的社会治理效果，"苟得君主于上，而民主于下，则上下之交固，君民之分亲矣！内可以无乱，外可以无侮，而国本有若苞桑磐石焉。由此而扩充之，富强之效亦无不基于此矣。"[3] 同时期的郑观应也有类似的看法，他在1894年出版了《盛世危言》，书中批评君主专制"以举国为私产，兆庶为奴隶"，结果君臣只为追求私利，导致"熙熙攘攘之民遂交受其害而不得复沾其利"[4]。他认为，西方的议院制度可以解决君主专制"私"天下的困局，实现"公"天下的理想；西方议员"普遍举自民间，则草茅之疾苦周知，彼此之偏私悉泯；其情通而不郁，其意公而无私"；同时议院之外设报馆，以昭示议院的是非，"则天下英奇之士、才智之民，皆得竭其忠诚，伸其抱负。君不至独任其劳，民不至偏居于逸，君民相洽，情谊交孚。天下有公是非，亦即有公赏罚，而四海之大，万民之众，同甘共苦，先忧后乐，若理一人，上下一心，君民一体，尚何敌国外患之敢

---

[1] 王韬：《弢园文录外编》，中州古籍出版社1998年版，第177页。
[2] 王韬：《弢园文录外编》，中州古籍出版社1998年版，第65页。
[3] 王韬：《弢园文录外编》，中州古籍出版社1998年版，第66页。
[4] 郑观应：《盛世危言》，中州古籍出版社1998年版，第107页。

相凌侮哉？"[1] 郑观应的观点具有相当的代表性，其后有不少思想家也提出类似的观点，认为议院制度可以通上下之情、开言路，实现中国上古三代"公天下"的理想，是一个相当完美的制度。公开提出选举制度和议院制度的是陈炽，他在《庸书》中提出了议院组织原则和议员选举的具体方法："下议院议员由民选产生，被选举人'必列荐绅'，县选之于府，府举之达于省，省保之达于朝，'皆仿泰西投柜公举之法，以举主多者为准'；上议院由朝廷阁部组成。"[2] 同一时期居住在香港的何启和胡礼垣也有类似的观点。他们认为，以议院制度为基础的君主立宪可以实现公天下的理想。从政治原则来说，"君民无二心"，"以庶民之心为心"；"君民无二事"，"以庶民之事为事"，[3] 即可以实现国家的"公与平"。在制度层面上，要了解民心、民事则需在地方与中央开设议院，这个制度的实施即是"使民自议其政、自成其令"，"人人皆得如愿相偿、从心所欲"，这样，统治者依照被统治者的愿望来施政，即是天下为公。[4]

以上所列举的，是中日甲午战争前少数在野的关心国家事务的知识分子的政治见解，这些人大多生活在租界并出过国，他们的生活环境和人生经历使他们首先了解到西方的政体模式，对西方的认识更为深入。有学者称他们为"条约口岸知识分子"，认为"他们代表了中国大地上一种新的社会现象——条约口岸知识

---

[1] 郑观应：《盛世危言》，中州古籍出版社1998年版，第97页。
[2] 熊月之：《中国近代民主思想史》，上海人民出版社1986年版，第184页。
[3] 何启、胡礼垣：《曾论书后》，载《新政真诠》，郑大华点校，辽宁人民出版社1994年版，第73页。
[4] 何启、胡礼垣：《新政论议》，载《新政真诠》，郑大华点校，辽宁人民出版社1994年版，第115—116页。

分子，他们的重要性将与日俱增。他们在中华世界的边缘活动"[1]。这些人的思想和言论清政府当时并没有注意到，由于当时君主专制政体施行久远，君主神圣不可侵犯的思想根深蒂固，"故初期之立宪主张，始终不脱君民共治之范围，而对于当时腐败国政殊少抨击。且行君主立宪，必制定宪法，限制君主权限，保障人民利益，始能兼及其他，此又诸人之所未能道及也"[2]。

中日甲午战争后，知识分子关于政体的认识更加深刻。战争的失败，深深刺痛了知识分子的神经，他们在猛烈抨击君主专制政体的同时，提出了变法图强以实施政体变革的学说。这一时期，维新派知识分子在抨击君主专制政体的基础上，结合中国的现实国情提出了政体变革的主张。戊戌时期，康有为明确提出了君主立宪政体的主张。他根据对春秋三世的理解，认为人类的发展分为三个阶段，即"三世说"：据乱世、升平世、太平世。从据乱世到太平世是一个文教逐渐完备、逐渐进步的过程。康有为认为，君主立宪政体的正当性在于"合于人道"的"公理"，即使"无几何公理所出之法，而必凭人立之法者"，也必须以"最有益于人道"的"平等之意"立法，这是"人人有自主之权"之"公理"实现的起码要求。康有为坚决主张"法权归于众"而"圣不秉权"，如果"君主威权无限"，就无疑"大背几何公理"了。[3] 可见康有为认为，君主立宪制是以公理为标准，以实现

---

[1] [美]柯文：《在传统与现代性之间——王韬与晚清改革》，雷颐、罗检秋译，江苏人民出版社2006年版，第10页。
[2] 李守孔：《论清季之立宪运动——兼论梁启超张謇之立宪主张》，载中华文化复兴运动推行委员会主编：《中国近代现代史论集》第十六编，台湾商务印书馆1986年版，第7—8页。
[3] 康有为：《实理公法全书·君臣门》。

清朝末年的法治思想

人民自主之权为目的的国家观念。在《上清帝七书》中，康有为阐述了维新变法的主旨，"惟要义有三：一曰大誓群臣以定国是，二曰立对策所以征贤才，三曰开制度局而定宪法。其誓文在决万机于公论，采万国之良法，协国民之同心，无分种族，一上下之议论，无论藩庶，令群臣咸誓言上表，革面相从，于是国是定而议论一矣。"[1] 在另一份奏折中他又提出"明定宪法，君民各得其分"[2]。可见戊戌维新时期，康有为已经认识到通过宪法来划分君民权限的重要性。在《请定立宪开国会折》中，康有为明确提出选择君主立宪政体的主张：

> 国会者，君与国民共议一国之政法也。盖自三权鼎立之说出，以国会立法，以法官司法，以政府行政，而人主总之，立定宪法，同受治焉。人主尊为神圣，不受责任，而政府代之，东西各国，皆行此政体，故人君与千百万之国民，合为一体，国安得不强？吾国行专制政体，一君与大臣数人共治其国，国安得不弱？盖千百万之人，胜于数人者，自然之数矣。其在吾国之义，则曰天视自我民视，天听自我民听，故民之所好好之，民之所恶恶之，是故黄帝清问下民，则有合宫。[3]

康有为提出三权分立、君主立宪政体是东西各国强大的根源

---

[1] 康有为：《上清帝第六书》，载汤志钧编：《康有为政论集》（上册），中华书局1981年版，第213页。

[2] 康有为：《进呈法国革命记序》，载汤志钧编：《康有为政论集》（上册），中华书局1981年版，第309页。

[3] 康有为：《请定立宪开国会折》，载汤志钧编：《康有为政论集》（上册），中华书局1981年版，第338页。

所在，顺之推出中国国弱的原因在于实行的是君主专制政体。

戊戌时期，梁启超在康有为"三世说"和严复进化论的基础上，提出了自己独特"三世六别说"。所谓"三世六别说"，即梁启超在1897年所写的《论君政民政相嬗之理》中所说：

> 治天下者有三世：一曰多君为政之世，二曰一君为政之世，三曰民为政之世。多君世之别又有二：一曰酋长之世，二曰封建及世卿之世。一君世之别又有二：一曰君主之世，二曰君民共主之世。民政世之别亦有二：一曰有总统之世，二曰无总统之世。多君者，据乱世之政也；一君者，升平世之政也；民者，太平世之政也。此三世六别者，与地球始有人类以来之年限有关之理，未及其世，不能躐之；既及其世，不能阏之。[1]

在"三世六别说"的基础上，梁启超提出他的变法思想。他认为，全人类进入大同社会是社会发展的必然，但小康社会作为过渡阶段是不可逾越的。他说："凡由多君之政而入民政者，其间必经一君之政，乃始克达。所异者，西人则多君之运长，一君之运短；中国则多君之运短，一君之运长。（此事就三千年内言之。）至其自今以往，同归民政，所谓及其成功一也。"[2] 可见梁启超已明确指出当今之世是民政的时代。严复曾提出，欧洲政制，分为三种，一曰君治民之制，一曰世族贵人共和之制，一曰

---

[1] 梁启超：《论君政民政相嬗之理》，载吴松等点校：《饮冰室文集点校》，云南教育出版社2001年版，第84页。
[2] 梁启超：《论君政民政相嬗之理》，载吴松等点校：《饮冰室文集点校》，云南教育出版社2001年版，第85页。

国民为政之制。他指出："且天演之事，始于胚胎，终于成体。泰西有今日之民主，则当夏、商时合有种子以为起点；而专行君政之国，虽演之亿万年，不能由君而入民。"对于严复的观点，梁启超进行了批驳，他认为"至疑西方有胚胎，而东方无起点，斯殆不然也"。他举日本为例，认为日本二千年来为君政之国，一旦民义大伸而可以达致民政，"地球之运，将入太平，固非泰西之所得专，亦非震旦之所得避"[1]。随着时运的演化过程，中国也将进入国民为政的太平盛世时期。从以上言论可以看出，此时梁启超的国家政体观念基本上是继承自康有为。

到19世纪末，中国知识分子对于西方立宪政体的认识已经比较深刻，这从严复和康有为的言论可见一斑。并且康有为也曾明确提出选择君主立宪政体，但是纵观中国当时的国情，知识分子们普遍认为中国还不具备实行君主立宪政体的条件，重要的原因在于中国民智未开，民众处于无权的状况中。由此，严复提出"鼓民力，开民智，新民德"的三民学说，梁启超提出"开民智，兴民权"的主张。总之，当时维新派知识分子虽然提出了政体选择的诉求，但是鉴于他们对国情的认识，政体变革并没有付诸实践。而戊戌变法的措施主要在于加强君权，对民权涉及较少，因为当时他们认为主要的任务在于开民智。尽管如此，他们已经认识到中国长期实行的君主专制政体的弊端，认识到君主与民众是平等的，认识到西方实行的议院制度、选举制度的优点和好处，这就为进一步引进西方的立宪政体打下了坚实的基础。

---

[1] 梁启超：《论君政民政相嬗之理》，载吴松等点校：《饮冰室文集点校》，云南教育出版社2001年版，第86页。

第二章　清末政体、民权、法治的渊源与移植

第二节　民权理论的渊源和移植

民权思想是19世纪从欧洲传到亚洲的外来思想，整套民权理论无疑也是从西方移植而来的。古典中国关于民的思想观念是民本思想，民本思想是传统重民思想的概括。民本思想起源于《尚书》中的"民惟邦本"一语，"民本"一词的使用开始于近代，是由梁启超首先提出来的。梁启超在他的《先秦政治思想史》一书中首次提出民本思想，他提出民本是在与林肯的"Of the people, by the people, for the people"的对比中产生的，将之译为"政为民政、政以为民、政由民出"。对于政为民政、政以为民，他认为"我先民见之甚明，信之甚笃，惟一切政治当由人民施行，则我先民非惟未尝研究其方法，抑似并未承认此理论"[1]。他指出，吾先民徒言"民为邦本，政在养民，而政之所从出，其权力乃在人民之外。此种无参政权的民本主义，……我国政治论之最大缺点"[2]。梁启超认为"民本"与林肯所说的"西方民主"是不同的，我国先民的民本是不包含民治的民本，先民既没有民治的研究和方法，又没有民治的思想和理论，也就是说先民就没曾想过政治要由民来施行。可见梁启超采用"民本"一词来描述中国传统的重民思想是受到西方"民主"一词的启发并与之比较的结果。民本思想的核心理念包含"民意代表天意""立君

---

[1] 梁启超：《先秦政治思想史》，天津古籍出版社2004年版，第6页。
[2] 梁启超：《先秦政治思想史》，天津古籍出版社2004年版，第6页。

为民""政在养民"。[1] 传统民本思想是近代中国知识分子接纳西方民权思想的背景和底色，中国近代民权思想带有民本思想的痕迹。

中国政治思想中的民本思想受到极其广泛的关注，君主的统治也以实现民本思想为目标。中国民本思想中的"民"与西方的"民"的范畴不同。如谢扶雅所说："盖吾族原有观念中'黎民'之民，即人民之民而非国民之民也。西方学者每论政治具三要素：（1）国民（2）国土（3）国权。吾人既素不认'国'为政治之最终对象，而以'天下'为范围，则国民势非扩为'天下民'不可，是即人民也已。特人民又非漫指'人类'。人类乃属于社会学的题材，芸芸无所范序；人民则正确地专属于政治学的题材，有'君'焉以为之对，有'群体'焉以为之对。"[2] 由此推论，谢扶雅认为中国政治就是民学，即研究"群体中的个体与此群体相互间之道"的学问。关于"权"字，中国思想中主要用作"权衡"，概其原因在于，中国政治思想就范围而言，为"平天下"主义，而就性质而言则是伦理政治。"吾人无意于'权'，而却关心乎'正'。按'正'字在西文曰'right'，西人取此作'权利'观，其实应视作'对'，或译'正是'。吾人在伦理上则取'是'字，在政治上则取'正'字。"[3] 综合而言，谢扶雅总结道："吾国政治思想之特征，就量而言，为平天下主义，就质而言，为民本主义，综合之，则为民学。在民学的总纲之下，得兹衍为三条目：一曰平和的精神，二曰平等的观念，三曰平均的

---

[1] 参见张分田、张鸿：《中国古代"民本思想"内涵与外延刍议》，载《西北大学学报》（哲学社会科学版）2005年第1期，第116页。
[2] 谢扶雅：《中国政治思想史纲》，正中书局1954年版，第9页。
[3] 谢扶雅：《中国政治思想史纲》，正中书局1954年版，第8页。

政策。三者皆由平字演出，盖平天下主义中应有之涵义也。"[1]可谓概括了中国政治思想的主要特征。

民权思想在近代从西方移植而来。"民权"一词，最早在中文里使用的是郭嵩焘，其次是黄遵宪和薛福成，他们使用的"民权"概念皆来自日本。[2] 有学者认为："日文中的'民权'来自西方，即'民主'的一种日译。……在日文辞典中，'民权'意为'政治上人民的权力'，这与西方'民主'的本义'人民的权力'是同一个意思。在英文中，'民权主义'、'民主主义'都叫'democracy'。可见'民权'、'民主'本是源于一个词。"[3] 有学者经过考证认为，中国的民权一词来自日本没错，但是并非翻译自"democracy"，而是"liberty"。"在法学上，自由（liberty）则指法律上的自律活动。……从法学的角度，'民权'即可理解为法律所确认的'自由'。日文中的复合词'自由民权'，《日本国语大辞典》释为'人民的自由与权利'。可知'民权'之义，简言之，即'人民的权利'。"[4] 两位学者的观点虽然稍有差异，但是由此可知，民权来自于西方"人民的权力（利）"思想的移植，人民是一个政治概念，西方关于人民的权力（利）思想直接来源于西方的人权理论。西方人权理论在移植的过程中，某些涵义可能被"放大"地接受，而某些涵义可能被"故意"地忽略不计，也可能产生误读、更改，但是追溯西方人权理论对于理解近

---

[1] 谢扶雅：《中国政治思想史纲》，正中书局1954年版，第11页。
[2] 参见熊月之：《中国近代民主思想史》，上海人民出版社1986年版，第12页。
[3] 熊月之：《中国近代民主思想史》，上海人民出版社1986年版，第13页。
[4] 谢放：《戊戌前后国人对"民权"、"民主"的认知》，载《二十一世纪》2001年6月号，第43页。

代中国的民权思想是大有裨益的。

一、西方人权理论的渊源

西方人权思想萌芽于古希腊古罗马时期的斯多葛学派,这一学派留给后世政治思想家的最有价值的遗产是自然法思想。他们认为:"自然法是普遍存在的,至高无上的。它代表着世界理性,遍及万事万物。它的命令体现着公正与客观。……人在本质上都是理性的动物,自然法赋予每一个人的理性都是相同的,人们在实际生活中出现的对立和差别是违背自然法要求的。只有消除了这些对立和差别,组成一个共同的社会,才能合乎自然法。"[1]这一理论体现了人人平等的主张,并且开始注意个人在社会生活中的地位和对个人价值的尊重,从而被学界一致认为是西方人权思想的最初萌芽。

近代人权思想产生于14—16世纪欧洲的文艺复兴,人权概念首先由意大利的文艺复兴运动先驱但丁提出来。但丁曾说:"帝国的基石是人权","不能做任何违反人权的行为"。[2]在文艺复兴运动中,但丁与其他人文主义者倡导思想解放,主张用人性代替神性,认为人是自然的产物,人生来就有一种自然的本能,在自然状态下,人受自然法则的支配,人人自由,人人平等。人文主义思想的核心,就是要尊重人的价值,提高人的地位,维护人的尊严,发展人的个性,让人过人的生活而不是听命于上帝的摆布,要人用人的眼光而不是神的眼光看待世间的一切事物,包括

---

[1] 张桂琳:《西方政治哲学——从古希腊到当代》,中国政法大学出版社1999年版,第42—43页。

[2] [意]但丁:《论世界帝国》,朱虹译,商务印书馆1985年版,第76页。

人本身。[1]

17—18世纪,欧洲发生了启蒙思想运动,一批启蒙思想家以自然法学说和社会契约论为基础,提出了系统的自然权利学说,从而形成了系统的西方人权理论。这些启蒙思想家被称为古典自然法学派,其创始人格劳秀斯从理论上探讨人权问题。他指出源于人类理性的自然法是公平正义的体现,因而是社会普遍适用的法则,应该成为一切法律的基础和依据。由于自然法的存在,人得以正当地享有一些特殊的权利,即自然权利,这些权利包括自由权、财产权和要求偿还所欠债务的权利,同时人的生命和自由也同样是不可侵犯的天赋权利。格劳秀斯特别强调财产权,把维护私有财产作为自然法的主要原则。[2] 荷兰思想家斯宾诺莎正式提出了人权理论体系,他在《神学政治论》中提出和论证了天赋权利,"我断言人的天然所赋予的权利都不能绝对为人所剥夺,而人民由于默认或公约,保留几许权利,此诸权利若被剥夺,必大有害于国家。"[3] 英国思想家洛克在总结前人关于人权的成果的基础上,形成了以社会契约为基础的理论体系。他认为:第一,人权是天赋的,是与生俱来的;第二,人权包括平等权、自由权、生存权、财产权;第三,如果国家侵犯了人民的人权,人民可以推翻政府;第四,人权是人人皆有的;第五,人权的立足

---

[1] 徐德刚:《西方人权理论评析》,载《湖南科技大学学报》(社会科学版)2004年第5期,第106页。

[2] 参见张桂琳:《西方政治哲学——从古希腊到当代》,中国政法大学出版社1999年版,第108页。

[3] [荷]斯宾诺莎:《神学政治论》,温锡增译,商务印书馆1997年版,第16页。

点是人,个人人权高于一切。[1] 法国思想家卢梭是近代人权思想的集大成者,他在《论人类不平等的起源和基础》和《社会契约论》两本书中阐述了他的人权思想。他认为:"人所共有的自由,乃是人性的产物",如果一个人"放弃自己的自由,就是放弃自己做人的资格,就是放弃人类的权利"。[2] 他从社会契约论出发,引申出主权在民的结论,认为全体人民才是国家的主权者,国家政治权力的合法性在于必须体现人民的公意。人民主权是至高无上的、不可转让的、不可分割的、永远神圣不可侵犯的。

近代西方人权理论所包含的自然法则、天赋人权、社会契约论以及引申出的人民主权理论,成为18、19世纪资产阶级革命的理论武器,他们以此武器向神权和教权发起了猛烈的攻击,在资产阶级革命胜利之后,人权理论又成为他们建立新的国家和政府的理论依据。其中非常有代表性的是美国的《独立宣言》和法国的《人权和公民权宣言》。美国于1776年7月4日通过的《独立宣言》中存在一个发端于英国思想家洛克的革命性理念:"民众拥有包括'生命、自由和追求幸福'的权利的自然权利(natural rights)。建立政府就是为了保护这些权利,政府的权力源于'被统治者的同意'。"该宣言称,"每当政府'变得对这些目的具有破坏性时,人民有权改变或废除之,并组建一个新政府'。"[3] 在美国,以《独立宣言》为起点,各州宪法以及1787

---

〔1〕 参见冯江峰:《清末民初人权思想的肇始与嬗变(1840—1912)》,社会科学文献出版社2011年版,第19页。

〔2〕 [法]卢梭:《社会契约论》,何兆武译,商务印书馆1980年版,第16页。

〔3〕 [美]施密特等著:《美国政府与政治》,梅然译,北京大学出版社2005年版,第29页。

年颁布的《联邦宪法》都贯穿了一个核心的理念,即保障人权,建立限权政府。美国的各州和联邦政府都以此为原则建立了分权制衡的政府结构。正如美国学者所说:"正是自然法则使得美国人能够设想人世的各种权力互相之间具有独立和平等的地位,因而有关平等和不可让渡的权利的坚定不移的真理可以说不言自明的。"[1] 法国国民议会于1789年8月通过的《人权和公民权宣言》(简称《人权宣言》)是一部宪法性文件。这一文件"全面地汲取了卢梭、孟德斯鸠等启蒙思想家的理论精髓,明确阐述了'天赋人权'的基本内容;规定了'自由平等'、'主权在民'、'以法治国'等政治原则;确立了'三权分立与相互制衡'的政体原则;强调了'私有财产不可侵犯'的国家制度重要原则"[2]。美国的《独立宣言》和法国的《人权和公民权宣言》都标志着西方的人权理论进一步转化为国家的政治法律制度。在国家的政治法律制度中,人权更普遍地以公民权利(civil rights)的形式出现在各国的宪法文件中,civil rights这个词经常被翻译成中文的"民权"。如有的学者在介绍美国宪法中的公民权利时,这样来表述:"民权概念的核心是平等。通常,民权(civil rights)这个词指所有美国人享有的基于法律的平等待遇的权利,这是宪法第十四修正案规定的。尽管'民权'和'公民自由'两个词汇有时互用,但学者们倾向于对两者作一区分。公民自由基本上是对政府的限制,它们明确了政府不能做哪些事情。与此相对照,民权明确了政府必须做哪些事情,即保障人民享有平等的保护和免受歧视。本质上,民权在美国的历史就是各群体为免遭歧视而

---

〔1〕 [美] H. S. 康马杰:《美国精神》,光明日报出版社1988年版,第457页。
〔2〕 田为民、张桂琳:《外国政治制度理论与实践》,中国政法大学出版社1998年版,第163页。

斗争的历史。"[1] 近代西方人权理论的内涵在被美国和法国的宪法确立下来后，随着资产阶级国家的建立逐渐融入和体现在国家的政治法律制度中。这些国家在制度的建设过程中都表达了一个共同的信念，即人权构成政治统治的基础。"这些国家，一方面，几乎都毫无例外地建立了议会政治，确立了以彰显民权为价值目标的民主制度；另一方面，又几乎毫无例外地创构了宪法体系，确立了以实现人权为鹄的的自由制度。后者更为重要，因为它是民主制度的伦理基础。"[2] 西方人权理论的核心理念以及由此所建构的西方国家政治法律制度成为中国近代知识分子移植的理论依据，他们在移植的过程中以中国传统的民本思想为底色，并加入自己的理解和对中国国情的考量，因此中国近代的民权思想具有了独特的性质。

二、清末民权思想的移植

正如上文所提到的，"民权"是一个外来词，在中国古代浩瀚的典籍中没有该词。近代最早使用"民权"的是郭嵩焘，他在1878年5月19日的日记中写道："西洋政教以民为重，故一切取顺民意。即诸君主之国，大政一出之议绅，民权常重于君"。[3] 黄遵宪在《日本国志》中也频频使用民权一词，如"府、县会议之制仿于泰西，以公国是而伸民权"[4]，"近日民心渐染西法，

---

〔1〕[美] 施密特、谢利、巴迪斯：《美国政府与政治》，梅然译，北京大学出版社2005年版，第103页。
〔2〕王人博：《论民权与人权在近代的转换》，载《现代法学》1996年第3期，第27页。
〔3〕郭嵩焘：《伦敦与巴黎日记》（光绪四年四月十八日），载郭嵩焘等著：《郭嵩焘等使西记六种》，生活·读书·新知三联书店1998年版，第182页。
〔4〕黄遵宪：《日本国志》卷十四，羊城富文斋1890年刊本，第35页。

第二章 清末政体、民权、法治的渊源与移植

竟有倡民权自由之说者……百姓执此说以要君，遂联名上书，环阙陈诉，请开国会而伸民权"[1]。之后，薛福成在1890年的日记里也使用了民权一词，"西洋各邦立国规模，以议院为最良。然如美国则民权过重"[2]，并提到欧洲的君民共主之国，其政权亦在议院，"大约民权十之七八，君权十之二三"[3]。从郭嵩焘、黄遵宪和薛福成对民权的描述中可以看出，这一时期传入中国的民权都是用于对外国状况的描述，是一个与君权相对应的名词，民权与君权既具有此消彼长的关系，又具有相得益彰的互补关系。他们描述了欧洲民权重于君权和日本以民权要挟君权的现象，可见民权的出现对他们思想产生的震动和影响。同时期的知识分子，如早期的改良派，他们虽然没有明确提出"民权"的概念，但是他们的主张却处处体现着君主应该与民众分权的思想本质。如王韬提出的"君民共治"和议院制度的设置构想，"朝廷有兵刑礼乐赏罚诸大政，必集众于上下议院，君可而民否，不能行，民可而君否，亦不得行也，必君民意见相同，而后可颁之于远近，此君民共主也。……惟君民共治，上下相通，民隐得以上达，君惠亦得以下逮，都俞吁咈，犹有中国三代以上之遗意焉。"[4] 由此可见，议院制度的设置，使民众具有了参与政事发表意见的权利；君民共治使民众拥有了表达自己意愿的权利，这等于说民众能够与君主分权，只是民众分得的权利尚是君主的恩赐而已。正如柯文所说："王韬从未提倡'民权'，但拒绝民治并

---

[1] 黄遵宪：《日本国志》卷一，羊城富文斋1890年刊本，第1—2页。
[2] 薛福成：《出使四国日记》卷三，湖南人民出版社1981年版，第134页。
[3] 薛福成：《出使四国日记》卷五，湖南人民出版社1981年版，第225页。
[4] 王韬：《重民下》，载《弢园文录外编》，中州古籍出版社1998年版，第65页。

清朝末年的法治思想

不意味着成为专制主义的朋友。在两极之间有一片重要的中立地带，王韬正是站在这里。"[1]

中日甲午战争以后，关于民权的论述和使用日益多起来，乃至成为时代的最强音。这一时期主张变法图强的维新派成为舆论的先锋者，他们首先从国家起源的理论入手，阐述君民平等的思想观念，为民权的存在提供理论依据。戊戌维新运动的发起人康有为曾说："聚民而成之，天生民而利乐之，民聚则谋公共安全之事，故一切礼乐政法皆以为民也。但民事众多，不能人人自为公共之事，必公举人任之，所谓君者，代众民任此公共保全安乐之事，为众民之所公举，即为众民之所公用。"[2] 由此可见，君是因民需要而设，又是由民推举而立，所以民为本，君为末。君是为民代劳办事，所以是民主君仆；如果君为民办事不力，或渎职失误，民亦有权随时罢免君主。即"君者，代民司理，视民所举废也。一肆之司理，失职则当去，一国之司理，失职亦当去"[3]。字里行间彰显了主权在民的思想，可见康有为此时已经认识到西方民主政体的涵义。康有为的思想认识水平可以说很先进和超前，但是对中国国情的认识却不太乐观，特别是在其所上皇帝的奏折和设立变法的纲领中，他更是谨小慎微，原因或许与他对中国的国情认识较为悲观有关，但是更主要的原因是他要考虑过于超前的建议很难得到皇帝的接纳，改革阻力将会太大。因此在维新运动中，康有为认为在学校未兴、民智未开之时是不能

---

[1] [美] 柯文:《在传统与现代性之间——王韬与晚清改革》，雷颐、罗检秋译，江苏人民出版社2006年版，第138页。
[2] 康有为:《孟子微》，载《康有为学术著作选》卷四，中华书局1987年版。
[3] 康有为:《春秋笔削大义微言考》，载《康南海先生遗著汇刊》卷五第七辑，宏业书局1976年版。

第二章　清末政体、民权、法治的渊源与移植

兴民权的。他在《日本政变考》中曾说："民智未开，遽用民权，则举国聋瞽，守旧愈甚，取乱之道也。故立国必以议院为本，议院必以学校为本。"他在《国闻报》上载文强调："夫议院之义，为古者辟门明目达聪之典。泰西尤盛行之，乃至国权全界于议院而行之有效，而仆窃以为中国不可行也。盖天下国势民情地利不通，不能以西人而例中国。泰西自罗马教亡后，诸国并立，上以教皇为共主，其君不过如春秋之诸侯而已。其地大者，如吾中国两省，小者如丹、荷、瑞、比，乃如吾一府。其臣可仕他国，其民可游外邦，故君不尊而民皆智，其与我二千年一统之大盖相反矣。故中国惟有以君权治天下而已……故今日之言议院、言民权者，是助守旧者以自亡其国者也。"[1] 可见此时的康有为认为，中国国土广大，长期实行统一的君主专制政体，因而民众愚昧、不能独立、不能自治，如果给予民权，开设议院，必将成为"取乱之道"，甚至会"自亡其国"。康有为前后的观点相差很大，其思想上的激进和现实中的畏缩令人深思。戊戌维新时期知识分子的这种思想倾向比较普遍，严复就是其中的一位。

严复从进化论的视角认识问题，他认为，从权力的渊源上看，君权是民所授，主权是民所有。严复发出"斯民也，固斯天下之真主也""国者，斯民之公产也，王侯将相者，通国之公仆隶也"[2]的激动人心、振聋发聩的呐喊，意在挑战和否定"知有一人而不知有亿兆"之君尊民卑、君主民仆的传统谬论。严复认为，在真正近代意义的国家中，只有人民是国家的主人，有权决定国家的一切，其余无论是君主，还是王侯将相，其身份都是

---

[1]《国闻报汇编》1898年5月28日（光绪二十四年五月二十八日）。
[2] 严复：《辟韩》，载王栻主编：《严复集》，中华书局1986年版，第36页。

51

"公仆"，无任何特权，有的只是对人民所应负的责任和应尽的义务，这就是民主，即民有权而君主无权。严复的见解可谓一针见血，把君主从高高在上的"天子"拉回到人间。他认为，西方的"无法之胜"在于"君不甚尊，民不甚贱"，人人能够自由发展，自由发表自己的见解；西方的"有法之胜"在于法制完备，人人能够按照法制章程办事，因此西方无论在政事、学术都能精密完善，其缘故在于西方"以自由为体，以民主为用"[1]。由此，严复提出了他的"三民学说"，即"夫所谓富强云者，质而言之，不外利民云尔。然政欲利民，必自民各能自利始；民各能自利，又必自皆得自由始；欲听其皆得自由，尤必自其各能自治始；反是且乱。顾彼民之能自治而自由者，皆其力、其智、其德诚优者也。是以今日要政，统于三端：一曰鼓民力，二曰开民智，三曰新民德。"[2] 严复不愧为"认识西学第一人"，他对西方民主、自由、法制的关系认识非常深刻，也认识到西方民主政体要求民众"皆其力、其智、其德诚优者"才能实现，按照彼时中国民众的现状，尚不宜兴民权和开议院。严复在1898年初的《国闻报》上载文指出："夫君权之轻重，与民智之浅深为比例。论者动言中国宜减君权、兴议院，嗟呼！以今日民智未开之中国，而欲效泰西君民并主之美治，是大乱之道也。"[3] 正如史华兹所说，严复最后又回到了原先的控诉上：中国的圣人和统治阶级不赞成发展人民的潜力，即德、智、体能力，也不相信这些潜力的存在。

---

〔1〕 严复：《原强》，载王栻主编：《严复集》，中华书局1986年版，第11—12页。

〔2〕 严复：《原强修订稿》，载王栻主编：《严复集》，中华书局1986年版，第27页。

〔3〕 严复：《中国俄交谊论》，载王栻主编：《严复集》，中华书局1986年版，第475页。

因此，中国完全缺乏组成民族公心的成分。[1]

谭嗣同对于君民关系有自己独特的见解，他在他的代表作《仁学》中指出：

> 生民之初，本无所谓君臣，则皆民也。民不能相治，亦不暇治，于是共举一民为君。夫曰共举之，则非君择民，而民择君也；夫曰共举之，则其分际又非甚远于民，而不下侪于民也；夫曰共举之，则因有民而后有君，君末也，民本也。天下无有因末而累及本者，亦岂可因君而累及民哉？夫曰共举之，则且必可共废之。
>
> 君也者，为民办事者也；臣也者，助办民事者也。赋税之取于民，所以为办民事之资也。如此而事犹不办，事不办而易其人，亦天下之通又也。[2]

谭嗣同从君臣民关系的起源说明，君是为民办事的，臣也是为民办事的，如果君臣没有把事办好，民有权利"易其人"。从而对传统的君主专制的正当性提出了质疑和否定，肯定了君民人人平等的观念。

戊戌维新时期，梁启超以开民智为重心，而对民权问题尚未展开论述。如他在《清代学术概论》中所说："亦时发'民权

---

〔1〕[美]本杰明·史华兹：《寻求富强：严复与西方》，叶凤美译，江苏人民出版社1990年版，第48页。
〔2〕谭嗣同：《仁学》，载蔡尚思、方行编：《谭嗣同全集》（下册），中华书局1981年版，第339页。

论',但微其绪,未敢昌言。"[1] 但并不代表梁启超在这一时期对民权没有见解。梁启超首先认为,中国积弱的原因在于防弊,而防弊导致的结果是君主取走了民众的"自主之权","防弊者欲使治人者有权,而受治者无权,收人人自主之权,而归诸一人"。关于何谓"人人有自主之权",他说,"西方之言曰:人人有自主之权。何谓自主之权?各尽其所当为之事,各得其所应有之利,公莫大焉,如此则天下平矣"。[2] 其次,梁启超认为中国的富强之道在于能使全民上下相通而达致群,而在"群"的方式上,他认为"群之道,群形质为下,群心智为上。……群心智之事则赜矣。欧人知之,而行之者三:国群曰议院,商群曰公司,士群曰学会。而议院、公司,其识论业艺,罔不由学;故学会者,又二者之母也。"[3] 由此是否可以推出中国要富强必须"兴民权,设议院"?梁启超的回答是否定的,"民智已成,乃可设议院。今日而可议院,取乱之道也。故强国以议院为本,议院以学校为本"[4]。梁启超认为此时民智未开不能实行议院,是因为他认为合群而成国,自主之人而成群,自主之人有权则国有权,而权由智生,相反民无智则无权,民无权则国无权,而国无权则无群,则不会有议院。梁启超在《论湖南应办之事》中说:"今之策中国者,必曰兴民权。兴民权斯固然矣,然民权非可以旦夕而成

---

[1] 丁文江、赵丰田编:《梁任公先生年谱长编(初稿)》,中华书局2010年版,第31页。

[2] 梁启超:《论中国积弱在于防弊》,载吴松等点校:《饮冰室文集点校》,云南教育出版社2001年版,第83页。

[3] 梁启超:《变法通议》,载吴松等点校:《饮冰室文集点校》,云南教育出版社2001年版,第38—39页。

[4] 梁启超:《古议院考》,载吴松等点校:《饮冰室文集点校》,云南教育出版社2001年版,第3页。

也。权者生于智者也，有一分之智，即有一分之权；有六七分之智，即有六七分之权；有十分之智，即有十分之权。"[1] 他总结道："是故权之与智，相倚者也。昔之欲抑民权，必以塞民智为第一义；今日欲伸民权，必以广民智为第一义。"[2] 根据梁启超的推理逻辑，中国当时的首要任务在于开民智，民智提升则民有权，民众人人有自主之权之后，才能合群开设议院，然后国家才能富强。正如张灏所指出的，梁启超极力强调开民智的背后"仍然是力本论理想，知识被看成一种能产生力的智力燃料"。[3]

梁启超关于"人人有自主之权"的解读并不明确，甚至有一些含糊。时人王仁俊的解释可能更加明确："西人之言曰，彼国行民主法，则人人有自主之权。自主之权者，各尽其所当为之事，各守其所应有之义，一国之政，悉归上下议院，民情无不上达，民主退位与齐民无异，则君权不为过重。噫此说也，是言其利也。然不敌其弊之多也。即如美之监国，由民自举，似乎公而无私，乃选举时，贿赂公行，更一监国，则更一番人物，凡所官者，皆其党羽，欲治得乎？"[4] 关于这段文字与梁启超的对比，谢放说："比较而言，梁氏的解释便不及王氏的明晰。梁氏仅说'各尽其所当为之事，各得其所应有之利'，但以什么来作为确定'当为之事'与'应有之利'的法则呢？又以什么形式或程序来

---

[1] 梁启超：《论湖南应办之事》，载吴松等点校：《饮冰室文集点校》，云南教育出版社2001年版，第95页。

[2] 梁启超：《论湖南应办之事》，载吴松等点校：《饮冰室文集点校》，云南教育出版社2001年版，第95页。

[3] [美] 张灏：《梁启超与中国思想的过渡（1890—1907）》，崔志海、葛夫平译，新星出版社2006年版，第62页。

[4] 《实学平义——民主驳义》，载《实学报》1897年12月1日第13册。此文又收入《翼教丛编》（卷3）。

实行'人人有自主之权'呢？则语焉不详。而王氏认为'自主之权'的前提条件是'行民主法'，'当为之事'与'应有之义'（即权利与义务）相对应，并通过代议制来实现'民情无不上达'。"[1] 谢放的解读可谓到位和深刻，由此可见，王仁俊所理解的"人人有自主之权"就是美国式民主政体国家的公民权利或民权，此种权利是在"民主法"规范下或范围内的权利，与义务相对应，需通过议院制的程序行使。梁启超的解读不明确可能有故意的成分，即故意含糊以消除政府的警觉和反对。而王仁俊与张之洞关系密切，他的解读肯定引起了张之洞的关注，所以张之洞才会极力反对民权。张之洞在《劝学篇》中这样解释民权：

> 考外洋民权之说所由来，其意不过曰国有议院，民间可以发公论，达众情而已，但欲民伸其情，非欲民揽其权。译者变其文曰"民权"，误矣。……近日撷拾西说者甚至谓人人有自主之权，益为怪妄。此语出于彼教之书，其意言上帝予人以性灵，人人各有智虑聪明，皆可有为耳。译者竟释为人人有自主之权，尤大误矣。泰西诸国无论君主、民主、君民共主，国必有政，政必有法，官有官律，兵有兵律，工有工律，商有商律，律师习之，法官掌之，君民皆不得违其法。政府所令，议员得而驳之；议院所定，朝廷得而散之。谓之人人无自主之权则可，安得曰人人自主哉？[2]

---

[1] 谢放：《"张之洞反对民权"说剖析——兼析19世纪后期中文词汇"民权"与"民主"的涵义》，载《社会科学研究》1998年第2期，第103页。
[2] 张之洞：《劝学篇：中体西用的强国策》，中州古籍出版社1998年版，第86页。

第二章　清末政体、民权、法治的渊源与移植

张之洞关于外洋民权的认识有二：一是民众通过议院发表意见，民众只能"伸其情"，而不能"揽其权"；二是泰西各国都有严密的法律，君民都必须遵守法律，在法律的范围内行动，不得任意而为，当然不可能"人人自主"。张之洞关于泰西法治的论述可谓确当，但对民权的理解有失偏颇。受传统专制思想的影响，他认为统治权只有君主和官员才能拥有，如果民众有权，则君主和官员将无法管理国家。因而他说："使民权之说一倡，愚民必喜，乱民必作，纪纲不行，大乱四起，倡此议者岂得独安独活？且必将劫掠市镇，焚毁教堂，吾恐外洋各国必藉保护之名，兵船陆军深入占踞，全局拱手而属之他人，是民权之说固敌人所愿闻者矣。"[1]可见张之洞把民权与君权和官权相对立，在思想观念里根本不接受民权存在的正当性。张之洞所理解的"民权"或曰"人人自主"是"一种与'官权'相对立的无法制、无国家、无秩序的无政府状态。"[2]。所以他得出的结论是"民权之说，有百害而无一利"。

同一时期，居住在香港的何启、胡礼垣参与了民权问题的研究和争论，他们针对张之洞的《劝学篇》提出了自己的观点。何启、胡礼垣是在自然权的观点上来理解"人人有自主之权"的。"不知聪明智虑赋之于天，而所以用其聪明智虑者，其权则自主于人。……上帝予人以性灵，而使之大有可为者，惟其视所当

---

[1] 张之洞：《劝学篇：中体西用的强国策》，中州古籍出版社1998年版，第86页。
[2] 石文玉：《儒家道统与晚清社会制度变革——张之洞〈劝学篇〉研究》，吉林大学出版社2011年版，第94页。

视、听所当听，无勉强，无缚束，天君泰然，百体从令耳。"[1]首先，关于"权"，他们是这样理解的："夫权者，非兵威之谓也，非官势之谓也。权者，谓所执以行天下之大经大法，所持以定天下之至正至中者耳。执持者必有其物，无以名之，名之曰权而已矣。以大经大法之至正至中者而论，则权者乃天之所为，非人之所立也。天既赋人以性命，则必畀以顾此性命之权。天既备人以百物，则必与以保其身家之权。"[2] 由此可见，西方的自然权利论和天赋人权学说被何启认为是权利的来源。"Liberty"在日本翻译为自由，何启认为"自由二字而译为民权者，此必中国学士大夫读日本所译书者为之"[3]。他的这一说法向我们透露了"民权"一词的来源，让我们更加理解当时思想界对民权的认识产生歧义的原因所在。也正是由于民权涵义的不明确，何启提出对民权的解读："国者何？合君与民而言之也，民、人也；君，亦人也。人人有好善恶恶之心，即人人有赏善罚恶之权。然就一人之见而定，则易涉私心，就众人之见而观，则每存公道。是故以好善恶恶之心，行赏善罚恶之权者，莫若求之于众，民权者，以众得权之谓也。如以万人之乡而论，则五千人以上所从之议为有权，五千人以下所从之议为无权。……凡以善善从长，止问可之者否之者人数众寡，不问其身分之贵贱尊卑也，此民权之大意

---

[1] 何启、胡礼垣：《新政真诠》，郑大华点校，辽宁人民出版社1994年版，第410页。

[2] 何启、胡礼垣：《新政真诠》，郑大华点校，辽宁人民出版社1994年版，第397页。

[3] 何启、胡礼垣：《新政真诠》，郑大华点校，辽宁人民出版社1994年版，第415页。

也。"[1]何启从人人平等和少数服从多数的原则出发认识民权,其所理解的民权与民主国家中公民的权利具有相同的意蕴。他继续追溯,民权存在的原因在于"人人有自主之权",那自主之权从何而来呢?

> 而人人自主之权,则不问其人所居之位何位,所为之事何事,其轻重皆同,不分轩轾故也。自主之权从何而起?曰:此由人与人相接而然也。……惟出而与人遇,参一己与群侪之中,而自主之权以出,是自主者由众主而得名者也。众主者,谓不能违乎众也。人人有权,又人人不能违乎众,其说何居?曰:权者,利也,益也。人人皆欲为利己益己之事,而又必须有利益于众人,否则亦须无损害于众人,苟如是,则为人人之所悦而畀之以自主之权也。人之畀我者如是,则我之畀人亦必如是。是即忠恕之道,挈矩之方也。自主者必以众为务。……故曰:人人自主之权,其权由众而成也。由众而成者,即人与人相处而得之谓也。推而至于一国自主之权,则此理愈明。[2]

从以上言论可以看出,何启从自然权利的角度出发,认为人人有自主之权,自主之权是每个人天生就有的,即天赋人权。同时,拥有自主之权的人生活在群体之中,以不妨害他人之权为

---

[1] 何启、胡礼垣:《新政真诠》,郑大华点校,辽宁人民出版社1994年版,第496页。
[2] 何启、胡礼垣:《新政真诠》,郑大华点校,辽宁人民出版社1994年版,第416—417页。

界，必定以不违背公共利益为首要。何启的理解可谓确当。

19世纪下半叶西方对中国的影响向军事、科技、经济、政治乃至文化领域日益扩展，西学大量被中国知识分子所接受。特别是中日甲午战争之前，知识分子从教会人士手中辗转得知的关于西洋政教、议会政治及法律制度的知识逐渐增多。见识的增加、时势的逼迫促使他们的思想观念发生转变，又由于各自的人生经历和知识结构不同，以及思考问题的角度差异导致他们对问题的认识出现分歧，关于民权的出现和认识展现了不同知识分子的思想观念的差异。早期外派的官僚注意到西方的议院制度，惊叹于民权对君权的分享，以及民众参与政事形成的上下相通、国家富强局面。维新派对于西方的人权理论、国家政体知识的了解丰富而深刻，由于他们受到甲午战争失败的深刻刺激，对国家危亡忧虑至深，从而形成对民族主义、国家主权、领土意识和宗教意识的深刻担忧，促使他们对国家富强的追求超过了一切。他们认为实行议院、民权等是西方富强之源，而反观中国贫弱的原因在于民无权导致的国无权。他们愤慨地批驳中国的君主专制政体，认为专制政体实行愚民政策，使得中国民众愚昧无知，无智则无权。他们轰轰烈烈地实行开民智、兴民权等各种活动，目的在于推动中国民众的群体权利的形成和国家的富强，而对于民众作为人的个人权利却无意或者无暇顾及。作为政府官员的张之洞，他主张"中体西用"，对于民权持反对态度，认为民权是"召乱之祸"，把民权与君权和官权相对立。而作为官僚知识分子的严复由于接受了西方的教育而对西方的认识更加深刻。甲午战争的失败对严复产生了强烈的冲击，他运用西方的人权理论和政体知识对中国的专制政体进行了激烈地批判。他引进西方的社会进化论警戒政府自强，该理论认为当时的国际局势是一个"优胜劣汰"的竞争世界，国家与国家之间存在着激烈的竞争关系，在国家间的竞争中，中国要生存就必须富强。这一原则与维新派的观点不谋而合，因而这种社会进化论在1890年代末期由严复介绍引入中国，又经过梁启超的普及进而在中国大地影响深远。居住在香港的知识分子何启、胡礼垣二人对西方的自然权利和天赋人权有着深刻的认识，在此基础上结合中国的传统对中国民权展开了论述。他们虽然能够以平和、实事求是的态度论述中国所面临的国际局势，并且关注对个人权利的保障，但是他们的影响太弱，声音太小，并没有形成时代潮流而受到关注。这与进化论声势浩大的影响不可同日而语，后者对中国民权思想的发展产生了深远的影响。正如有学者所说："进入1900年以后进化论取得了压倒性的影响力。当然，'民权'论也再一次地被提出来（特别是革命派）。但作为何启'民权'论基础的'天托之权'观念却被进化论一扫而光了。1900年代的'民权'论毋宁说是在进化论的范围内所展开的理论，……植根于'天托之权'观念的'民权'论，它在中国的传播也同时遭受了致命的打击。"[1]

第三节 法治思想的渊源和认知

由于历史与文化的协同作用，中国法律自始便与西方法律不同。这种差异足以使我们把西方法律当作一个单一的传统来把

---

[1] [日]佐藤慎一：《一八九〇年代的民权论——以张之洞和何启的论争为中心》，许政雄译，载许政雄：《清末民权思想的发展与歧异——以何启、胡礼垣为例》，文史哲出版社1992年版，第128页。

握。近代意义的法治思想来自于西方，这是无须争议的事实。西方的法治思想与权力有着密切的关联，西方法治思想产生的土壤赋予了法律无上的权威，它高于权力并对权力有限制作用。而就法治与权利的关系而言，"西方法产生伊始，就被视为确定权利的标志和权利的有效保障，恰似不同社会集团之间的'政治契约'，因此能获得一体遵行的效力。根据近代法治理论，作为一种社会组织和社会控制手段的法被当作目的本身，这种观念和理论的现实依据正应在它能够确定和保障权利的特质中求得。"[1]

关于中国传统文化中是否存在法治思想的问题，学者们有不同的观点。有学者认为中国从来不曾有过法治，"中国传统文化中的法，源于君主的意志，从属于专横的权力，以刑为其标志，以礼为其归依，既不神圣，又不崇高，它虽然是统治者经常挥舞的武器，却从不被认为是改造社会，促进社会发展乃至重新塑造社会的基本手段。考察政治史，中国古代从不曾有过'法治'，而从文化类型的特质来看，则中国传统文化中不可能产生'法治'。"[2] 还有学者认为中国法家能够为我们提供一个"最低限度"的法治概念：

> 中国法家撇开法律的"私人领域"，而集中在"公共领域"展开讨论；它除却法律的道德因素，而注重法律的工具性和实效性；与此相联系，它不是从"道德律令"里去发现法律的合法性，而是告诉我们法律依赖于

---

[1] 梁治平：《中国法的过去、现在与未来：一个文化的检讨》，载《比较政治研究》1987年第2期。

[2] 梁治平：《中国法的过去、现在与未来：一个文化的检讨》，载《比较政治研究》1987年第2期。

第二章　清末政体、民权、法治的渊源与移植

权力,权力是法律合法性的真实来源;它主张统治者应依靠法律治理国家,而不是依靠超验的或经验的抽象道德法则进行统治;法律不但要实施赏罚,而且也要界分权力,因而国家权力应是清晰的而不是模糊的,是可预期的,而不是恣意的;法律通过赏罚的规则以指引人们的行为从而形成秩序,人民必须服从法律的秩序,而这种"服从"既有"畏惧真实",也有"自悦真实";能够指引行为的法律既要遵循一定的"自然法则",也要遵行一些客观准则;法律资源的享有应具有一定的平等性,而且执行法律的人要做到"司法公正";一个尊重人性的法律制度也应在不同的意义上对人本身给予尊重;一个依法而治的国家所追求的目标不是人人为善,而首先是国家自身的强大和富足。[1]

持有上述观点的学者是从"普世主义的法治概念"[2]来理解的。普世主义的法治观强调实证的法律秩序和法律规则的重要性,其所使用的方法是实证主义的,其思想实质被表述为"形式主义法治"和"工具主义法治"。普世主义法治观重要的作用是

---

[1] 王人博:《宪政的中国之道》,山东人民出版社2003年版,第202—203页。
[2] 王人博认为:对法治概念的解释路径主要有两种:一种是理想主义的,另一种是实证主义的,它们分别代表的是两种不同的法治观。第一种解释遵循西方的古典传统,通过展示西方某些最基本的价值标准以及对"法"的某些道德要求,向人证明建立一种理性的法律秩序既是合理的也是可能的。第二种解释则试图绕开西方那些基本价值和道德要求,单就"法律秩序"范围内寻求对法治的认知和实践。……我把第一种称为"原教旨主义",第二种叫作"普世主义"。按照普世主义的法治概念,法律并不与一种特定的社会伦理发生必然的关联,一种组织得好的法律秩序、一套起作用的法律规则与它服务的社会目标之间是没有必然关系的,法治首先是基于法律自身的而不是某种特定的社会伦理的制度安排。(参见王人博:《宪政的中国之道》,山东人民出版社2003年版,第174—175页。)

清朝末年的法治思想

为非西方文化和哲学传统的国家提供了成为法治国家的途径。

中国古典思想中出现过关于"以法治国"的记载,管子曾说:"以法治国,则举措而已。是故有法度之制者,不可巧以诈伪;有权衡之称者,不可欺以轻重;有寻丈之数者,不可差以长短。"[1] 近代思想家梁启超在《管子传》中曾指出,"法治主义,在中国古代政治学说里头,算是最有组织和最有特色的,而且是较为合理的。当时在政治上很发生些好影响。秦国所以强盛确是靠它。秦国的规模传到汉代,很有四百年秩序的发展,最后极有名的政治家诸葛亮,也是因为笃信这主义,才能造成他的事业。"[2] 萧公权还指出,在《管子》中,"法"作为一个一般性的概念,是一切政治制度的总称,而"律"、"令"和"刑"等概念可以包括在"法"的概念内。[3]

近代以来,中国被动地进入列国竞争和交流的世界中,西方的法治思想也随之而来。先进的知识分子把西方的法治思想引入到政治实践和价值原则中,把国家的存亡、民族的命运寄托于这种所谓的"现代法治"。但实际上,这种"现代法治"承载的西方文化、价值和思想理念与中国的文化和政治哲学格格不入、差别很大。始于19世纪中晚期、经过半个多世纪孕育的法治思想具有变法论和法治论的双重特点;而在中国近代史上,法治与变法这两个看似抵触的事物能够奇妙地交织在一起。正如夏勇所说:"呼吁法治者也呼吁变法,似乎不变法就不能行法治,只有

---

[1] 颜昌峣:《管子校释》,岳麓书社1996年版,第386页。
[2] 梁启超:《管子传》,载林志钧编:《饮冰室合集·专集之二十八》,中华书局1986年版,第13页。
[3] 参见萧公权:《中国政治思想史》(一),辽宁教育出版社1998年版,第186页。

第二章 清末政体、民权、法治的渊源与移植

先破坏了现有法度才能谈得上依循法度。呼吁变法者也呼吁法治，似乎现在不守法正是为了日后守法。这样的情形，一方面，使得法治……裹挟到共和、自由、民主、民权等口号里，在呼风唤雨的同时，也实现自身的脱胎换骨；但另一方面，又使得法治这个极讲究确定性和可预期性的原则，裹挟到变法的不确定和不可预期里面，……总不免显得自相矛盾，飘飘忽忽。"[1] 因此，要深入探究清朝末年中国法治思想的移植和特征，需要梳理西方法治思想的演变过程，探究法治思想的内涵。

一、西方法治思想的渊源

法治是人类政治文明史上的一个经典概念，是人类在历史实践中创造的一项重大成就。法治是一个历史概念，追寻法治的渊源是理解法治思想的重要途径。

法治的源头应该从亚里士多德说起。关于法治，他曾说，"法治应包括两重意义：已成立的法律获得普遍的服从，而大家所服从的法律又应该本身是制订得良好的法律。"[2] 他的说法并不明确，关于何谓"普遍的服从"、"制订得良好"？其标准是什么？他并没有说明。这要到具体的社会环境和文化背景下通过人们的信念、制度和活动来赋予涵义。其中，罗马人和诺曼人的法律传统和自由主义的思想传统起到了决定性的作用。罗马的法律制度历经五个世纪的发展，"它体现了对这样一种信念的强烈承诺：由法律而不是由专横的权力来提供私人纠纷解决方案的语

---

[1] 夏勇：《文明的治理：法治与中国政治文化变迁》，社会科学文献出版社2012年版，第101页。
[2] [古希腊] 亚里士多德：《政治学》，吴寿彭译，商务印书馆1965年版，第199页。

境。……这确认了一个重要的政治信念：政治社会应该是一个法律社会。"[1]诺曼人的法律制度也表现出对法治原则的喜好。1187年格兰维尔的《论英格兰王国的法律与习惯》一书，增强了王室法律的确定性和权威性。布莱克顿在《论英格兰的法律与习惯》一书中提出，国王有义务服从法律，因为国王处在上帝和法律之下。不是国王创造法律，而是法律造就国王。

17、18世纪的英国，既是近代自由主义的发源地，也是近代法治主义的故乡。两位思想家詹姆士·哈林顿和约翰·洛克对自由主义和法治主义在英国的结合起到了重要作用。哈林顿在其代表作《大洋国》一书中提出了法治共和国模式的构想，即以自由为最高价值准则、以法律为绝对统治的国家体制。他所构想的法治共和国是建立在自由基础之上的法律的王国，而不是人的王国。一方面，"一个共和国的自由存在于法律的王国之中，缺乏法律便会使它遭受暴君的恶政"[2]；另一方面，只有共和国才容许在法律管辖下享有自由，因此，大洋国的执政官在公布典章制度时标明"自由"两个大字，从而使自由成为共和国的显著标志。共和国是一个法治国家，法律是共和国的绝对统治者。哈林顿说："每一个政府的基础或中心就是它的基本法律。基本法所规定的就是一个人可以称为自己的东西是什么，这就是所谓财产。同时还要规定一个人有什么凭依可以享受自己的财产，这就是所谓保障。前者就是所谓所有权，后者就是所谓统治权或主

---

[1] 夏勇：《文明的治理：法治与中国政治文化变迁》，社会科学文献出版社2012年版，第6页。
[2] [英]詹姆士·哈林顿：《大洋国》，何新译，商务印书馆1963年版，第20页。

权。"[1]这种基本法必须受到人们的遵守，尤其必须为专司执法的行政机构所服从，否则共和国就将会瓦解。"行政机构的数目和职能，在各国都有所不同，但有一个条件是一切行政机构都必然相同的；缺乏这个条件，共和国就会解体。也就是说，行政官员的手既是执行法律的力量，那么行政官员的心就必须向人民负责，保证他施政时是按照法律行事的。……运用法律的手或剑就在行政机构之中，而不是在行政机构之上。"[2]这就是共和国的依法行政原则。洛克被誉为西方自由主义和法治主义的奠基人，他的法治思想参与塑造了英、美、法等国家的宪政模式，深深影响了这些国家从传统社会走向现代社会的进程。时至今日，洛克的法治思想仍然闪耀着不朽的光芒。洛克的法治理论由三层含义构成：（1）法律是自由的保障。"法律按其真正的含义而言与其说是限制，还不如说是指导一个自由而有智慧的人去追求他的正当权益。""法律的目的不是废除或限制自由，而是保护和扩大自由。"[3]（2）以法治国。以保护人民的生命、自由和财产为目的的政府不仅仅要有合理的权力配置，而且要以法治国。"一个没有法律的政府，我以为是一种政治上的不可思议的事情，……是与人类社会格格不入的。"[4]（3）法律面前人人平等。平等和自由一样，也贯穿于洛克政治哲学的始终。

---

[1] ［英］詹姆士·哈林顿：《大洋国》，何新译，商务印书馆1963年版，第104页。
[2] ［英］詹姆士·哈林顿：《大洋国》，何新译，商务印书馆1963年版，第26页。
[3] ［英］洛克：《政府论》（下），叶尼芳、瞿菊农译，商务印书馆1964年版，第36页。
[4] ［英］洛克：《政府论》（下），叶尼芳、瞿菊农译，商务印书馆1964年版，第132页。

清朝末年的法治思想

　　18世纪欧洲的政治哲学和法治理论的中心转移到法国。彼时的法国人对路易十四至路易十六的专制统治深恶痛绝，对官方信奉的政治理论——君权神授论和君权无限论展开广泛地批判，从而对新的政治思想的需求非常迫切，洛克的政治思想和法治理论便成了法国启蒙思想的基础。法国著名的思想家查理·路易·孟德斯鸠承续了洛克的思想并加以发展。孟德斯鸠在其代表作《论法的精神》一书中，注重于"法的精神"，而不是法本身。在这种法的精神中，包含了法、自由和政体的关系。孟德斯鸠对这种关系的概括就是"法律下的自由和权力"，也就是法治。孟德斯鸠对法进行了规范："从最广泛的意义来说，法是由事物的本质产生出来的必然关系。在这个意义上，一切存在物都有它们的法。上帝有它的法；物质世界有它的法；高于人类的'智灵们'有他们的法；兽类有它们的法；人类有他们的法。"[1] 显然，此处的法指的是规律和法则。在此基础上，孟德斯鸠界定了人类的法，他认为，从本质上说，人类的法就是人的理性。"法律，在它支配着地球上所有人民的场合，就是人类的理性。每个国家的政治法规和民事法规应该只是把这种人类理性适用于不同的情况。"[2] 由此可知，孟德斯鸠所说的"人类理性"，就是其他启蒙思想家所说的自然法。人类理性适用的各国法律，包括"政治法规"，也就是规定国家政治制度的根本大法。由政体引申出的各种具体的政治制度、结构和行为的规定也在法律的范围内。关于法律的影响因素，孟德斯鸠认为："法律应该和国家的自然状

---

[1]〔法〕孟德斯鸠：《论法的精神》（上册），许明龙译，商务印书馆2012年版，第1页。
[2]〔法〕孟德斯鸠：《论法的精神》（上册），许明龙译，商务印书馆2012年版，第6页。

态有关系;和寒、热、温的气候有关系;和土地的质量、形势与面积有关系;和农、猎、牧各种人民的生活方式有关系;法律应该和政制所能容忍的自由程度有关系;和居民的宗教、性癖、财富、人口、贸易、风俗、习惯相适应;最后,法律和法律之间也有关系,法律和它们的渊源,和立法者的目的,以及和作为法律建立的基础的事物的秩序也有关系。"[1] 在影响法律的要素中,政体最重要,政体的优良决定一个国家的法律性质,只有良好的政治才能有良好的法律。"政体的原则对法律有最大的影响,所以我将尽力很好地认识它。当我一旦论证了原则,人们便将看到法律从原则引伸出来,如同水从泉源流出一样。"[2] 因此,孟德斯鸠精心设计了著名的法律统治下的"三权分立"体制,这一体制的根本精神在于主张不应有绝对的权力,绝对的权力不具有合法性,而必须以权力约束权力,即通过分权来制约权力。孟德斯鸠把国家权力划分为立法权、行政权和司法权,认为这三种权力的划分和制衡的直接目标就是政治自由,以"三权分立"为原则的政治体制是政治自由的根本保障。在法治理论上,卢梭是一位与众不同的启蒙思想家。卢梭设计的人民主权共和国是一个法治的国家。他这样表述:"我愿意生活在一个法度适宜的民主政府之下,我愿意自由地生活,自由地死去,也就是说,我要这样服从法律:不论是我或任何人都不能脱离法律的光荣的束缚。"[3] 卢梭设计的法治共和国以自然法为基础,并具有四个基本构成要

---

[1] [法]孟德斯鸠:《论法的精神》(上册),许明龙译,商务印书馆2012年版,第7页。
[2] [法]孟德斯鸠:《论法的精神》(上册),许明龙译,商务印书馆2012年版,第7页。
[3] [法]卢梭:《论人类不平等的起源和基础》,李常山译,东林校,商务印书馆1982年版,第51页。

素：自由；平等；人民主权；合法政府及法律至上。由此可见，法治思想的形成在西方经历了漫长的过程。

二、清末法治思想的认知

19世纪下半叶，鸦片战争失败，中国的大门被迫打开。先进的知识分子开始"睁眼看世界"，介绍西方政治制度的著作开始在中国出现，使得"议院""民主国""共和国""立宪政体"这类古汉语和历朝历代的典籍中从未出现过的词汇，经由译者传入中国。[1]而这些词汇中就蕴含着法治思想的内容。如郭士立等人编辑出版的《东西洋考·每月统记传》（1833—1838）在1838年3月号刊载了《自主之理》一文，该文就介绍了作为英国政体之基的"自主之理"："自主之理者，按例任意而行也。所设之律例千条万绪，皆以彰副宪体，自帝君至庶人，各品必凛遵国之律例。……上自国主公侯，下而士民凡庶，不论何人，犯之者一齐治罪。""此国之宪，不能稍恃强倚势，肆意横行焉。设使国主任情偏执，藉势舞权，庶民恃其律例，可以即防范。倘律例不定人之罪，国主也弗能定案判决矣。"[2]上述文字清楚地把英国政体所坚持的"自由""法治"原则介绍到中国来，使中国民众了解到英国政体的政治规则。丁韪良主持翻译的《万国公法》中也说过："若民主之国，则公举首领官长，均由自主，一循国法。"[3]该书也介绍了民主政体国家的选举制度、自由和法治思想。这些

---

[1] [德]方维规：《东西洋考"自主之理"：19世纪"议会""民主""共和"等西方概念之中译、嬗变与使用》，载《中外法学》2000年第3期，第268页。

[2] [德]方维规：《东西洋考"自主之理"：19世纪"议会""民主""共和"等西方概念之中译、嬗变与使用》，载《中外法学》2000年第3期，第273页。

[3]《万国公法》卷二，丁韪良译，京都崇实馆1964年版，第2页。

著作的出版和发行，推动中国知识分子对西方法治思想的认知。

中外接触和交流的增加，促使清政府开始向国外派遣驻外使臣，驻外使臣在国外的见识加深了他们对西方法治思想的认知。出使英国的郭嵩焘在日记中记载："今君主维多里亚始即位受戒教师文册。其文首列教师问：'须发一誓，愿否？'答曰：'愿。'因示戒曰：'即位后一切按照英国法律，能否？'曰：'能。'曰：'一切当依公道以仁义行之，能否？'曰：'能。'"[1] 记录如此详细，可见郭嵩焘对英国国君遵守法律和重视公道、仁义的震惊。郭嵩焘在巴黎时曾记载："圣人之治民以德，德有盛衰，天下随之以治乱。德者，专于己者也，故其责天下常宽。西洋治民以法。法者，人己兼治者也，故推其法以绳之诸国，其责望常迫。"[2] 在此郭嵩焘已经注意到了德治和法治的差别，以及中国与西方国家治道和治术的分别，其思想观念已经走在了时代的前列。刘锡鸿在《英轺日记》中曾记载："刑司之权，足以讯治其国主王公大臣。故英伦有'君主不尊，律例为尊'之语。"[3] 英国法律至上的价值观念已被窥知。曾参与翻译多部西方著作的钟天纬也曾说："盖泰西通例，国之律法最尊，而君次之；君亦受辖于律法之下，但能奉法而行，不能权威自恣。"[4]

1887年《申报》刊登了《论西国自由之理相爱之情》一文，

---

[1] 郭嵩焘：《伦敦与巴黎日记》（节选），载郭嵩焘等著：《郭嵩焘等使西记六种》，生活·读书·新知三联书店1998年版，第93页。

[2] 郭嵩焘：《伦敦与巴黎日记》（节选），载郭嵩焘等著：《郭嵩焘等使西记六种》，生活·读书·新知三联书店1998年版，第190页。

[3] 刘锡鸿：《英轺日记》（节选），载郭嵩焘等著：《郭嵩焘等使西记六种》，生活·读书·新知三联书店1998年版，第253页。

[4] 丁伟志、陈崧：《中西体用之间——晚清中西文化观论述》，中国社会科学出版社1995年版，第165页。

清朝末年的法治思想

文章对西方国家法律的精神和原则进行了描述："民有罪，君不得曲法以宥之。盖法者，天之所定，人心之公义，非君一人所能予夺其间，故亦毋得私庇一民。"而庶民只要能奉公守法，就可以自由自在地生活，"西国之所谓自由，原从安分守法而出，但不能加以不测之威，无端之辱，非分之刑。"[1] 1896年《万国公报》刊登的林乐知的《险语对》也指出："法律为一国之主，上自帝后，下及庶司百职，同隶于法律之下，分毫不敢荡轶。小民之身家性命，遂皆获保于法律之中。且上既不能悖律以行私，下自不敢干律以犯分，更无论蠹胥劣幕，弄法舞文矣。"[2] 以上这些记述，都表达了驻外使臣们对西方国家"法律统治"或"法律至上"原则、观念和制度的认知。也由此可知，通过驻外使臣的亲身经历和报纸的报道，中国人对西方法治思想的认知逐渐深入。

19世纪末期，中日甲午战争成为中国近代思想史上冲击最大的历史事件，它激起繁博深广的各种思潮，其最大的思想动力在于危机意识。有学者认为，"几乎所有新思想及潮流都建立在危机意识以及知识分子之觉醒的基础上。对新形势的认识迫使中国人适应出乎意料的发展，这是觉醒的知识分子各种反思与讨论的先决因素。"[3] 维新派思想家就是这部分拥有强烈危机意识的觉醒的知识分子，他们对于西方法治思想的认知促使他们提出了变法的主张。梁启超在《〈西学书目表〉序例》中曾指出："西学

---

[1]《论西国自由之理相爱之情》，载《申报》1887年10月2日（光绪十三年八月十六日）。

[2] 林乐知：《险语对》，载《万国公报》1896年（光绪二十二年三月）第八十七册。

[3] [德] 方维规：《论近现代中国"文明"、"文化"观的嬗变》，载《史林》1999年第4期，第71页。

各书，分类最难，凡一切政皆出于学，则政与学不能分。非通群学，不能成一学，非合庶政，不能举一政，则某学某政之各门，不能分。……西政之属，以通知四国为第一义，故史志居首；言制学校政所自出，故次之；法律所以治天下，故次之；能富而后能强，故农、矿、工、商次之；而兵居末焉。"[1] 从而认识到西方政学不分，法律是治理国家的学问。梁启超提出变法的主张，"要而论之，法者，天下之公器也；变者，天下之公理也。大地既通，万国蒸蒸，日趋于上，大势相迫，非可阏制。变亦变，不变亦变。变而变者，变之权操诸己，可以保国，可以保种，可以保教。不变而变者，变之权让诸人，束缚之，驰骤之。呜呼，则非吾之所敢言矣！"[2] 形势逼迫，必须主动变法，才能保国、保种、保教。"变法之本，在育人才；人才之兴，在开学校；学校之立，在变科举；而一切要其大成，在变官制。"[3] 可见梁启超的"变法"之"法"主要是国家的大经大法。梁启超推崇的黄遵宪的思想对他影响深远，黄遵宪在1898年出版的《日本国志》中关注到西方国家的法治思想，"泰西素重法律，至法国拿破仑而益精密。……余闻泰西人好论'权限'二字。今读西人法律诸书，见其反复推阐，亦不外所谓'权限'者。人无论尊卑，事无论大小，悉予之权，以使之无抑；复立之限，以使之无纵；胥全国上下同受治于法律之中，举所谓正名定分，息事弭患，一以法行之。余观欧美大小诸国，无论君主、君民共主，一言以蔽之

---

[1] 梁启超：《〈西学书目表〉序例》，载吴松等点校：《饮冰室文集点校》，云南教育出版社2001年版，第142页。

[2] 梁启超：《变法通议》，载吴松等点校：《饮冰室文集点校》，云南教育出版社2001年版，第21页。

[3] 梁启超：《变法通议》，载吴松等点校：《饮冰室文集点校》，云南教育出版社2001年版，第24页。

曰：以法治国而已矣。……嗟夫！此固古先哲王之所不及料，抑亦后世法家之所不能知者矣。"[1] 黄遵宪已经认识到法律对权力的限制和对民众权利的保护作用，以及西方国家"以法治国"的原则。戊戌变法期间，黄遵宪与汪康年、梁启超在上海创办《时务报》，黄遵宪力主用西方民主共和国的法治原则管理报馆，主张制定馆中章程（立法），实行法治。[2] 可见他对法治思想的认同并进行了实践。1898年康有为在所上的奏折中，讲到东西诸国强盛的原因在于立宪政体和法治，"臣窃闻东西各国之强，皆以立宪法开国会之故。国会者，君与国民共议一国之政法也。盖自三权鼎立之说出，以国会立法，以法官司法，以政府行政，而人主总之。立定宪法，同受治焉。"[3] 从康有为陈述设置国会、颁布宪法可知，他已经认识到西方国家政治制度的核心要素。总之，维新派思想家的主张主要是为变法服务的，而不是为创立中国的法治理论学说和具体制度服务的。在封建专制政体向民主政体转变的过程中，戊戌时期的知识分子主要着力点在于反省和批判旧有的学说和制度，介绍西方新的思想观念和政治制度，从而为孕育新思想、新制度准备适宜的环境。

19世纪下半叶，占据中国思想界的法治思想与变法密切关联。该法治思想具有以下特点：第一，法治被作为西方政教的重要组成部分，是变法的重要内容，而变法维新的核心问题，指向的是国家政体，也就是治理原则和治理方式的问题；第二，在法

---

[1] 黄遵宪：《日本国志·刑法志一》，载陈铮编：《黄遵宪全集》，中华书局2005年版，第1322—1323页。

[2] 黄遵宪：《致汪穰卿书》，载陈铮编：《黄遵宪全集》，中华书局2005年版，第402—403页。

[3] 康有为：《请定立宪开国会折》，载汤志钧编：《康有为政论集》（上册），中华书局1981年版，第338页。

治概念里，用以治理国家的法律不是刑律，而是国家大法，这个国家大法就是要通过变法确立下来的立国之基、为政之本，即政体和宪法；第三，变易国家大法，不是简单地修改中国传统法典，而是制定适应新的国际形势的、作为国家生活和社会生活指南的宪法，变法就是要解决实行这种新的法治所面临的价值法则、政治法则和程序法则问题。[1] 这个时期带有变法特征的法治思想为中国社会走向法治奠定了重要的历史基础，为20世纪初变法的进一步展开奠定了方向和打下了良好的基础。

小　结

本章主要阐述了西方政体理论、民权理论、法治思想的理论渊源，以及19世纪下半叶其在中国的移植。中国进入近代以来，西方的政治理论和思想观念在船坚炮利的裹挟下开始向中国渗透。政体、民权、法治等概念在中国古典思想中都不曾出现，是近代以来从西方或转道日本从西方移植过来的。本章阐述政体理论、民权理论、法治思想在西方的渊源和涵义，以及其在近代中国的移植，从而展现在西方和中国三者不同的产生背景和价值追求，展现三者在移植过程中所彰显的不同特征，为清朝末年政体选择的研究提供相关的背景知识。

在上文的梳理和阐述中，无论在西方还是中国，政体理论、民权理论、法治思想三者之间都有着密切的关系。如在西方复合型的社会中，法治概念与民权、宪政概念之间发生联系；民权概

---

[1] 夏勇：《文明的治理：法治与中国政治文化变迁》，社会科学文献出版社2012年版，第102页。

念中的人民这个要素能为法治概念中的立法权限问题提供说明；而法治概念能够为民权概念中的参与和选举问题提供必要的帮助。在中国近代也有思想家关注到政体、民权和法治三者之间的密切关系，如梁启超认为法治需要以宪法为基础，与民权相联系，实行三权分立。他强调要加强立法，并认为"立法事业，为今日存国最急之事业"，立法权问题"为立国之大本大原"[1]，"有权利思想者，必以争立法权为第一要义"[2]。可见梁启超强调要保障民权，立法为民，并保证人民能够参与政治和监督政府，从而把政体、民权和法治三者结合起来。

不同的政体模式关于民权和法治的思想观念也会不同，也就是说，不同国家或团体政体选择的趋向是与这个国家中民权和法治的思想观念紧密相连、息息相关的。因此可以说考察和梳理一个团体关于民权和法治的思想可以探知他们政体选择的缘由，探索他们关于民权和法治思想的差别可以发现他们选择不同政体的根源，从而进一步探索中国在转型期间知识分子的思考路径和思想歧异，并保持"同情地理解"态度探求他们走上不同路径的背景和思想根源。

---

[1] 梁启超：《论立法权》，载林志钧编：《饮冰室合集·文集之九》，中华书局1986年版，第102页。

[2] 梁启超：《新民说：少年中国的国民性改造方案》，中州古籍出版社1998年版，第94页。

第三章
清末立宪人士君主立宪政体的构想

20世纪初的中国是一个阴云密布、危机四伏的中国,庚子国变给朝野上下以巨大的心灵震撼。《辛丑条约》签订后,西方列强加紧对中国的控制和渗透,使中国面临"亡国灭种"的危险境地,其策略由"有形之瓜分"转变为"无形之瓜分"。西方列强宣扬"人种论",对中国之黄色人种进行贬低和辱骂,"一面骂吾民之野蛮无人性,绘为图画,编为小说,尽情丑诋,变本加厉,惟恐不力;一面抚摩而煦妪之,厚其貌,柔其情,视畴昔有加焉"[1]。西方列强拥有中国政府的铁路权、财权、练兵权、用人权,从而使中国的交通路矿、财政、人事、军事等方面的主权尽失,时人曾喊出"所谓中国者,其主权何在?谓主权在民,则民无权;谓主权在君,则君无权;谓主权在诸侯、王大臣,则诸侯、王大臣僻处于万山之中而不敢出;……则中国之主权,外人之主权也"[2]。西方列强俨然成为中国的"太上皇"。梁启超曾激愤地说:"今日不行瓜分而反言保全也,则吾国民自觉如死囚

---

[1] 梁启超:《灭国新法论》,载吴松等点校:《饮冰室文集点校》,云南教育出版社2001年版,第730页。
[2] 《原国》,载张枬、王忍之编:《辛亥革命前十年间时论选集》(第一卷上册),生活·读书·新知三联书店1960年版,第64页。

之获赦,将感再造之恩,兴来苏之颂,自化其前此之蓄怨积怒,而畏慑、歆羡、感谢之三种心,次第并起,于是乎中国乃为欧洲之中国,中国人亦随而为欧洲之国民"[1],指出了列强的阴险用心。激荡的时局、国之将亡的危机意识以及新思想新观念的传入导致中国在20世纪前十年发生了"三千年未有之变局"(李鸿章语),梁启超也认为中国此时处于"过渡时代"。在这危机时刻和过渡时代,接受了新思想、新观念的立宪人士以民权和法治为中心,提出了建立新型民族国家和立宪政体的政治构想。关于立宪人士的范围,熊月之认为:"我们习惯上所称的近代史上的立宪派,是指1905年以后主张不推翻清朝统治,而由清政府制定宪法,改行宪政的人们。立宪派也是改良派,不过他们活动的地点主要在国内而不是海外。"[2] 由此,熊月之所说的立宪派主要是指以张謇为代表的绅商阶层组成的主张通过改革实行宪政的人士,而把以梁启超为代表的主要生活在海外、主张通过改革实现宪政的知识分子们称为改良派,不过熊月之也承认"立宪派也是改良派"。而台湾学者张玉法则认为:"清季重要的政治结社,在戊戌(1898)时代泛言维新,丙午(1906)以后专主立宪;因其前后精神一贯,本书率以'立宪团体'名之。"[3] 他也坦言维新和立宪,精神一以贯之,其目的都在于推动立宪。笔者借鉴张玉法的看法,所使用的"立宪人士"是指20世纪初主张渐进改革实行立宪政体的人士,既包括海外的知识分子,也包括国内在野的士绅人士,担任清政府官员的人士排除在外。

---

[1] 梁启超:《灭国新法论》,载吴松等点校:《饮冰室文集点校》,云南教育出版社2001年版,第730页。
[2] 熊月之:《中国近代民主思想史》,上海人民出版社1986年版,第347页。
[3] 张玉法:《清季的立宪团体》,北京大学出版社2011年版,第2页。

第三章 清末立宪人士君主立宪政体的构想

第一节 立宪人士的民权与法治思想

庚子国变后的国际国内局势促使中国知识界兴起了引介西方国家政治思想学说的热潮。其中卢梭的《民约论》（今译《社会契约论》）于1900年底到1901年初陆续在《译书汇编》第一、二、四、九期连载，1902年以《路索民约论》为书名在文明书局印刷；[1]孟德斯鸠的《万法精理》（今译《论法的精神》）1903年2月由上海文明书局印刷发行，严复在1904至1909年间以《法意》为书名，翻译了孟德斯鸠的这部著作；约翰·密尔的《自由原理》（今译《论自由》）经马君武翻译，由译书汇编社出版发行，严复于1903年以《群己权界论》为书名，翻译了这部著作；伯伦知理的《国家论》的中译文曾在《清议报》第十一、十五—十九、二十三、二十五—三十一期连载过。斯宾塞的著作备受推崇，政治学方面的《代议政治论》由译书汇编社出版，《原政》由作新社出版，《斯宾塞尔文集》曾在《昌言报》连载，《社会学原理》是《社会学》全书的第二卷，于1903年出版，而《社会学》全书由严复以《群学肄言》为书名翻译出版，《政法哲学》在《译书汇编》第二、三期上连载中译版。[2]斯宾

---

[1] 卢梭的《民约论》在1898年曾由上海同文译书局印刷出版，当时是由日本思想家中江笃介将第一卷译成中文，书名为《民约通义》，这是《民约论》最早的中文译本。1900年底在《译书汇编》连载的版本是由留日学生杨廷栋翻译的，1902年完成翻译之后在文明书局出版，这是《民约论》最早的完整中文译本，书中贯穿天赋人权和人人生而平等自由的思想。（参见熊月之：《中国近代民主思想史》，上海人民出版社1986年版，第307—308页。）

[2] 熊月之：《中国近代民主思想史》，上海人民出版社1986年版，第311页。

塞的社会进化论思想推动了中国民族意识的觉醒，他所赞成的英国式君主立宪政体也被立宪人士及知识分子们所接受。

西方国家政治思想书籍的出版发行，丰富了知识分子的知识结构。接受了新思想洗礼的他们急切地向国人宣传、推广这些西方思想家以及他们的学术价值。其中，梁启超1901年在《清议报》发表了《卢梭学案》《霍布斯学案》《斯片挪莎学案》，1902年在《新民丛报》发表了《民约论巨子卢梭之学说》《法理学大家孟德斯鸠之学说》《乐利主义泰斗边沁之学说》，1903年发表《政治学大家伯伦知理之学说》。1903年在《政法学报》上刊登《孟德斯鸠、亚丹斯密、边沁、斯宾塞传》的文章。[1] 西方国家政治思想在中国得到广泛介绍，丰富了士绅和知识分子们的知识结构，他们不再像他们的前辈那样，要到中国传统的三代和四书五经中寻找反对专制政体的依据和比附西方思想的论据，而是直接以西方的政治思想理论批驳专制政体，构建适合中国国情的立宪政体。正如有学者所说，"社会契约论破天荒地被视为中国的社会组织蓝图"。[2]

国际竞争局势的惨烈，新思想新观念的激荡，使流亡海外、身处异国的梁启超等立宪人士深刻意识到：中国必须适应世界局势，进化成一民族国家；必须适应弱肉强食的生存竞争法则，倡导新思想；必须适应宇宙的进化规律，由专制政体转变为立宪政体。为此，梁启超、麦孟华、欧榘甲等立宪人士在海外创办了

---

〔1〕 熊月之在他的著作中详细列表介绍了1903年以前国外资产阶级民主革命家、思想家的生平及学术成就。（参见熊月之：《中国近代民主思想史》，上海人民出版社1986年版，第319—320页。）

〔2〕 金观涛、刘青峰：《观念史研究：中国现代重要政治术语的形成》，法律出版社2009年版，第133页。

《清议报》《新民丛报》《大同日报》等报纸，大力宣传新思想、新风俗、新制度。在这转型时期，梁启超提出了"过渡时代论"，他认为"今日之中国，过渡时代之中国也"。[1] 而过渡时代的中国具有以下特征："故今日中国之现状，实如驾一扁舟，初离海岸线，而放于中流，即俗语所谓两头不到岸之时也。语其大者，则人民既愤独夫民贼愚民专制之政，而未能组织新政体以代之，是政治上之过渡时代也；士子既鄙考据词章庸恶陋劣之学，而未能开辟新学界以代之，是学问上之过渡时代也；社会既厌三纲压抑虚文缛节之俗，而未能研究新道德以代之，是理想风俗上之过渡时代也。"[2] 在此过渡时代，以梁启超为首的立宪人士提出了民权和法治的思想。

一、国家与国民关系中的民权和法治思想

梁启超首先介绍了西方关于国家建立的两种理论学说，一是卢梭的社会契约论学说，也称为平权派，"人权者出于天授者也，故人人皆有自主之权，人人皆平等。国家者，由人民之合意结契约而成立者也，故人民当有无限之权，而政府不可不顺从民意。是即民族主义之原动力也。其为效也，能增个人强立之气，以助人群之进步；及其弊也，陷于无政府党，以坏国家之秩序。"[3] 通过天赋人权赋予人民权利，人民在国家中拥有"无限之权"。梁启超指出这一学说虽然给予个人以自主之权，但可能破坏国家

---

[1] 梁启超：《过渡时代论》，载吴松等点校：《饮冰室文集点校》，云南教育出版社2001年版，第710页。

[2] 梁启超：《过渡时代论》，载吴松等点校：《饮冰室文集点校》，云南教育出版社2001年版，第711页。

[3] 梁启超：《国家思想变迁异同论》，载吴松等点校：《饮冰室文集点校》，云南教育出版社2001年版，第766页。

秩序。二是斯宾塞的进化论学说,又称为强权派,该学说认为"天下无天授之权利,惟有强者之权利而已,故众生有天然之不平等,自主之权当以血汗而获得之。国家者,由竞争淘汰不得已而合群以对外敌者也,故政府当有无限之权,而人民不可不服从其义务。是即新帝国主义之原动力也。其为效也,能确立法治(以法治国谓之法治)之主格,以保团体之利益;及其弊也,陷于侵略主义,蹂躏世界之和平。"[1] 弱肉强食的竞争法则使中国知识分子们对斯宾塞的进化论国家学说非常认同,其对国家秩序和强大的追求超过了对个人权利的追求。在进化论国家学说的基础上,梁启超认为国家强大的重要基础在于人民的强大,国家和人民(国民)紧密相连。

> 国家为人民而立者也。君主为国家之一支体,其为人民而立,更不俟论。故人民为国家之主体。……国家与人民一体。国家者,活物也(以人民非死物故),公物也(以人民非私物故),故无一人能据有之者。人民之盛衰,与国家之盛衰,如影随形。……帝王及其他统治权,非天之代理,而民之代理;非天之所委任,而民之所委任。故统治者对于民而负责任。……立法之权在众人(全国民),其法以民间公利公益为标准。……公法、私法,界限极明。国家对于人民,人民对于国家,人民对于人民,皆各有相当之权利义务。……全国人皆受治于法律,一切平等,虽君主亦不能违公定之国

---

[1] 梁启超:《国家思想变迁异同论》,载吴松等点校:《饮冰室文集点校》,云南教育出版社2001年版,第766页。

宪。……政权统一，中央政府与团体自治，各有权限，不相侵越。……政府为人民所自造，人民各尊其自由，又委托其公自由于政府，故政府统治之权甚大，而人民得有限之自由。[1]

这是欧洲国家的新思想。彼时欧洲正处于民族主义向民族帝国主义转化的时期，人民主权和法治思想成为他们的核心价值。由此梁启超认为西方国家强大和有权力在于人民有能力和有权利，如果中国民众有权的话，中国也将是一个强大的国家。"民权与国权之相待而立也，苟使吾四万万人能自起而组织一政府，修其内治，充其实力，则白人将永不能染指于亚洲大陆。又知夫民权之兴起，由于原动力与反动力两者之摩荡，故必力压全国之动机，保其数千年之永静性，然后能束手以待其摆布，故以维持和平之局为第一主义焉。"[2] 从而把民权看作国权的基础，民权与国权相辅相成。"国也者，积民而成；法制也者，藉人民合成意力而建。故一国之政治，苟非得国民之认许，则决不能以施行，其行良政治者，固其得国民之认许者也。"[3] 国家由人民组成，法律由人民集体制定而成。

通过对西方国家思想的阐述，梁启超了解到国民在国家中的重要地位、民权产生的根源以及民权对于国家强大的重要性。这一时期，梁启超认识到民权来源于"天赋人权"的自然法理论，

---

[1] 梁启超：《国家思想变迁异同论》，载吴松等点校：《饮冰室文集点校》，云南教育出版社2001年版，第763—765页。

[2] 梁启超：《灭国新法论》，载吴松等点校：《饮冰室文集点校》，云南教育出版社2001年版，第730页。

[3] 梁启超：《政治与人民》，载吴松等点校：《饮冰室文集点校》，云南教育出版社2001年版，第853页。

但是他更强调民权的集体性,即国民集体的权力对于国家权力的增强。此外,梁启超注意到立法权属于人民,人民根据共同意见制定的法律是约束全体国民的法律,从而是实现法治的根本前提。

关于民权与国家强盛的关系,严复认为当今列国竞争的时代,民权不可毁。他说:

> 乃今之世既大通矣,处大通并立之世,吾未见其民之不自由者,其国可以自由也;其民之无权者,其国之可以有权也。且世之黜民权者,亦既主变法矣,吾不知以无权而不自由之民,何以能孤行其道以变其夫有所受之法也?亦既嬲以知惧矣,惧为印度,惧为越南、缅甸、朝鲜,惧为埃及,惧为波兰,乃不知是数国者,其民皆未尝有权也。且深恶民权之说者,不自今之支那愚儒大官始也,往者欧洲之勋贵公君,皆恶之矣,英之察理,法之路易是已。其最不恶民权而思振兴之者,亦有之矣,德之佛勒德立,美之华盛顿是已。顾二者孰非孰是,孰荣孰辱,孰存孰亡,不待辨矣。故民权者,不可毁者也。必欲毁之,其权将横用而为祸愈烈者也。毁民权者,天下之至愚也,不知量而最足闵叹者也。[1]

严复从国民的权利和自由的角度分析,指出不能"毁民权"的理由。然后他又分析了中国民众民权缺失的原因,首要在于中

---

[1] 严复译:《原富》按语,载王栻主编:《严复集》,中华书局1986年版,第917—918页。

国政体之弊，民众被禁止议论朝政，从而危害了民德，也剥夺了民众的权利。他说：

> 中国自秦政以降，大抵以议法为奸民。然宋元以前，朝政得失，士犹得张口而议也。至于明立卧碑，而士之性灵始锢。虽然，犹有讲学，而士尚可以自通。至于今世，始箝口结舌，以议论朝政为妖妄不祥之人，而民之才德识知，遂尽如斯密氏之所指。夫甚敝之政，其害必有所终。故自与外国交通以来，无往而不居其负，至于事极而反，则横议蜂起，溃然如堤堰之决，而于此之时，居上者欲捧土而鄣之，而世风民气，遂愈不可问矣。[1]

民众权利被剥夺，使民众无处诉说冤屈和愤怒，一旦爆发将会做出破坏行为，从而败坏民德，因此民权缺失，损失的不仅是民众，还有国家。

其他立宪人士也在报纸上公开发表文章，系统地论述了国民在国家中的主人地位，并尖锐地指出中国贫弱的原因在于中国民众无权利。

> 国民者，国家之主也，一变而为客，再变而为佣，三变而为奴隶。既奴隶矣，而国民遂绝迹于天壤之间，此西人所以谓专制政体之下，止有服从君主之人民，而必无服从国家之国民也。夫既已无民，安能立国？然一

---

[1] 严复译：《原富》按语，载王栻主编：《严复集》，中华书局1986年版，第907页。

统之世，闭关独立，其争乱攘夺者，要不出此国土之中，故虽有移祚易姓之事，而其国终不至移于他国之手。今乃海禁大启，忽出而遇他国之国民，一人必非国民之敌，则一败再败，势骤衰而国顿危。[1]

清朝末年，知识分子们认为专制政体下民无权是中国失败的重要原因，由此他们提出"兴民权"的主张，认为"民权兴则国权立，民权灭则国权亡"[2]。在此国家、民权和法治思想的基础上，梁启超审视中国民众时就非常悲观，他认为中国民众没有国民性，只有奴隶性，从而把培育"新民"当成中国富强的重要途径。

二、塑造新民的民权和法治思想

梁启超将国与民的关系比喻成身体与四肢、五脏的关系，认为国家要安福尊荣，必须讲新民之道。"苟有新民，何患无新制度、无新政府、无新国家！……夫吾国言新法数十年而效不睹者，何也？则于新民之道未有留意焉者也。"[3] 而新民之道在于各自自新，自新并非放弃旧有的特质，"新之义有二：一曰淬厉其所本有而新之，二曰采补其所本无而新之。"正如梁启超所说："故吾所谓新民者，必非如心醉西风者流，蔑弃吾数千年之道德、学术、风俗，以求伍于他人，亦非如墨守故纸者流，谓仅抱此数

---

[1] 麦孟华：《论中国国民创生于今日》，载《清议报》第六十七册。
[2] 梁启超：《爱国论三·民权论》，载《清议报》第二十二册。
[3] 梁启超：《新民说：少年中国的国民性改造方案》，中州古籍出版社1998年版，第48页。

千年之道德、学术、风俗,遂足以立于大地也。"〔1〕可见,梁启超的"新民"既具有传统的成分又汲取了西方的思想观念。梁启超论述了新民应该具有的一些品质和思想,并在论述的过程中加以规范,从中可以看出他的民权和法治思想。

(一) 新民必须具有权利思想

关于权利的产生,梁启超认为:"权利何自生?曰生于强。……人人务自强以自保吾权,此实固其群善其群之不二法门也。"他引用西方《权利竞争论》(原名 Derkampfums Reche,英译为 Battle Right)中的话说:"权利之目的在平和,而达此目的之方法则不离战斗,有相侵者则必相拒,侵者无已时,故拒者亦无尽期,质而言之,则权利之生涯,竞争而已。"〔2〕可见梁启超的权利思想来源于强力,是进化论思想的反映。他提出权利的保障依赖于法律,因此争夺立法权是第一要义。

> 权利竞争之不已,而确立之保障之者厥恃法律。故有权利思想者,必以争立法权为第一要义。凡一群之有法律,无论为良为恶,而皆由操立法权之人制定之以自护其权利者也。强于权利思想之国民,其法律必屡屡变更,而日进于善。盖其始由少数之人,出其强权以自利,其后由多数之人,复出其强权相抵制,而亦以自利。权利思想愈发达,则人人务为强者,强与强相遇,权与权相衡,于是平和善美之新法律乃成。虽然,当新法律与

---

〔1〕 梁启超:《新民说:少年中国的国民性改造方案》,中州古籍出版社 1998 年版,第 54—55 页。
〔2〕 梁启超:《新民说:少年中国的国民性改造方案》,中州古籍出版社 1998 年版,第 89 页。

清朝末年的法治思想

旧法律相嬗之际，常为最剧最惨之竞争。盖一新法律出，则前此之凭借旧法律以享特别之权利者，必受异常之侵害，故倡议制新法律者，不啻对于旧有权力之人而下宣战书也。夫是以动力与反动力相搏，而大争起焉，此实生物天演之公例也。[1]

由竞争得来的权利必须运用法律加以保障，因而国民必须争夺立法权。国民拥有立法权才能制定出良善的法律，才能保障国民应得的权利。国民的权利是努力争来的，但是国民的权利思想却是天生就有的，即"大抵人生之有权利思想也，天赋之良知也"，"国民者，一私人之所结集也，国权者，一私人之权利所团成也。故欲求国民之思想之感觉之行为，舍其分子之各私人之思想感觉行为而终不可得见。其民强者谓之强国，其民弱者谓之弱国，其民富者谓之富国，其民贫者谓之贫国，其民有权者谓之有权国，其民无耻者谓之无耻国"[2]，从而再次申明国民和国家相辅相成的关系。在此他呼吁当权者给予民权，培育国民的权利思想，"为政治家者，以勿摧压权利思想为第一义；为教育家者，以养成权利思想为第一义；为一私人者无论士焉农焉工焉商焉男焉女焉，各以自坚持权利思想为第一义。国民不能得权利于政府也则争之，政府见国民之争权利也则让之。欲使吾国之国权与他国之国权平等，必先使吾国中人人固有之权皆平等，必先使吾国

---

[1] 梁启超：《新民说：少年中国的国民性改造方案》，中州古籍出版社1998年版，第94页。
[2] 梁启超：《新民说：少年中国的国民性改造方案》，中州古籍出版社1998年版，第95—96页。

民在我国所享之权利与他国民在彼国所享之权利相平等。"[1] 国民拥有权利，国民组成的国家也将拥有权利，所以欲养成国家的权利思想，必须从个人开始。可见正如张灏所说："梁最关心的不是个人的权利，而是群体的集体权利，或更具体地说是中国的国家权利。"[2]

权利思想在20世纪前十年中主要存在四种涵义，一是指个人自主性，如"天生人而赋之以权利，且赋之以扩充此权利之智识，保护此权利之能力。"二是指竞争；三是国家"权利"与个人"权利"相对使用，如"国民者，一私人之所结集也；国权者，一私人之权利所团成也"；四是权利思想与个人道德的高下相关，如"权利思想之强弱，实为其人品格之所关"。[3] 由此可见，权利思想受到知识分子的广泛重视，"权利"一词成为当时最常用的政治文化词汇。权利涵义的演变和扩展，也反映出当时中国人开始普遍使用"权利"来表达国家、群体或者个人的自主性，它涵盖了西方权利的法律和个人的普遍价值。

1903年《直报》上曾登载《权利篇》一文，对权利与法律的关系进行了论述。"夫权利思想，即爱重人我权别之谓，我不侵害人之权利，人亦不侵害我之权利，设有来侵害我者，防御之，恢复之，不容少须假借，不准退委揖让，是权利思想之大旨

---

[1] 梁启超：《新民说：少年中国的国民性改造方案》，中州古籍出版社1998年版，第96—97页。

[2] [美]张灏：《梁启超与中国思想的过渡（1890—1907）》，崔志海、葛夫平译，新星出版社2006年版，第133页。

[3] 关于权利涵义的总结和分类，主要分析了1901至1911年间的报刊言论，列举其中有关"权利"一词用法的五十个典型例句，并根据其上下文中的意义，将它们分为四种最基本的类型，代表了这时期人们对"权利"的新理解。（金观涛、刘青峰：《观念史研究：中国现代重要政治术语的形成》，法律出版社2009年版，第124—130页。）

清朝末年的法治思想

也。""夫人生活于天地之间，自有天然之权利，父母不得夺，鬼神不得窃而攘之。并立于大地之上，谁贵而谁贱；同为天之所生，谁尊而谁卑。我愿我四万万人，去礼法，复权利，踊跃鼓舞以登真世界。不见泰西文明诸国之宪法法律乎？一条一字，莫不为保护利权而立，犹慈母之养护其爱子，惟恐其疾病死亡。"[1]可见权利思想来自于天赋人权，同时需要法律进行规范和保护。法律和权利具有密切的关系：

　　事有终始，物有表里，法律权利之表也。德意志硕儒莱布尼紫曰：'法律学者，权利学也。'旨哉言乎！权利之表为法律，法律之里即权利，不可分而二之者也。夫法不与礼有相近者乎，礼为圣人之所制，法为立法者之所定，均非出于自然而由人力为之者也。然此二者之本质，则有天壤之差。定上下贵贱之分，言杀言等，委曲繁重，虽父子夫妇之亲，亦被其间离，非礼之本质乎？以平等为精髓，无压抑之理，无犯人自由之律，非法之本质乎？重礼则养成卑屈之风，服从之性，仆仆而惟上命是听，任如何非礼，如何非法，而下不得不屈从之。君可不敬，臣不可不忠，父可不慈，子不可不孝，是重礼者之代表也。卑屈服从之奴性，呜呼极矣！至若法律，则凡百条项，皆本诸自由平等之原则。君臣平等也，父子平等也，夫妇平等也，男女平等也，无贵族平民之别，无奴隶自由民之分，人有平等之权利，人有不受人卑屈

----
[1]《权利篇》，载张枬、王忍之编：《辛亥革命前十年间时论选集》（第一卷上册），生活·读书·新知三联书店1960年版，第480页。

90

第三章　清末立宪人士君主立宪政体的构想

之权利，人有不从顺人之权利。权利思想，伟乎大矣！当此生存竞争之世，权利为竞争之利器，君权赫赫去日无时，列强雄雄来日方多，我国民无权利以抵抗之，地球狭小，其将何以托足耶！[1]

权利与法律互为表里，法律是权利的保障，是人与人权利界限的制定者。法律和礼有很大的差别，礼所划定的是人与人的贵贱等差，法律所划定的是人与人的平等权利。古典中国以礼规范人与人的关系，国民没有权利；而以法律规范人与人之间的关系，国民有权利。在竞争的世界中，国民无权利将无法与列国竞争，中国与国民将何处安身？从而时人提出权利与法律相辅相成，体现了其重视权利和法律的思想观念。

（二）新民必须具有自由思想，拥有自由权并服从法律

关于自由，梁启超认为："自由者，权利之表证也。凡人所以为人者有二大要件：一曰生命，二曰权利。二者缺一，时乃非人，故自由者亦精神界之生命也。"[2] 自由权是人的权利的一个重要方面，是人之为人的重要特征，是人与奴隶相区别的关键。"自由者，天下之公理，人生之要具，无往而不适用者也。……自由者，奴隶之对待也。综观欧美自由发达史，其所争者不出四端：一曰政治上之自由，二曰宗教上之自由，三曰民族上之自由，四曰生计上之自由。"[3] 根据自由的四种类型可以引出六种

---

[1]《权利篇》，载张枬、王忍之编：《辛亥革命前十年间时论选集》（第一卷上册），生活·读书·新知三联书店1960年版，第480—481页。

[2] 梁启超：《十种德性相反相成义》，载张枬、王忍之编：《辛亥革命前十年间时论选集》（第一卷上册），生活·读书·新知三联书店1960年版，第10页。

[3] 梁启超：《新民说：少年中国的国民性改造方案》，中州古籍出版社1998年版，第98页。

具体的结果，"（一）四民平等问题。凡一国之中，无论何人，不许有特权，是平民对于贵族所争得之自由也。（二）参政权问题。凡生息于一国中者，苟及岁而即有公民之资格，可以参与一国政事，是国民全体对于政府所争得之自由也。（三）属地自治问题。……（四）信仰问题。……（五）民族建国问题。一国之人，聚族而居，自立自治，不许他国若他族握其主权，并不许干涉其毫末之内治，侵夺其尺寸之土地，是本国人对于外国所争得之自由也。（六）工群问题。"[1]根据这六大问题，梁启超对照中国的情况，认为中国都不具有，并且中国当时最急切的事情是解决国民参政和民族建国的问题。可见其建立民族国家以及通过国民的参政而使国家富强的根本追求。

自由如此重要，那如何才能拥有真正的自由呢？梁启超指出，"人人自由，而以不侵人之自由为界。……自由云者，团体之自由，非个人之自由也。野蛮时代个人之自由胜，而团体之自由亡；文明时代团体之自由强，而个人之自由灭。"[2]可见，梁启超认同的是团体的自由，或者说是国家的自由，而对个人的自由却是抱有成见的。张灏曾说："接受政府守夜人理论和国家至上理论，表明梁从来没有清楚地领会英国自由主义的核心——保护主义，即国家的建立首先是为了保护公民的自由和每个公民的权利。"[3]真正的自由在于自由受到法律的限制，"故真自由者必能服从。服从者何？服法律也。法律者，我所制定之，以保护

---

[1] 梁启超：《新民说：少年中国的国民性改造方案》，中州古籍出版社1998年版，第99页。

[2] 梁启超：《新民说：少年中国的国民性改造方案》，中州古籍出版社1998年版，第102页。

[3] [美]张灏：《梁启超与中国思想的过渡（1890—1907）》，崔志海、葛夫平译，新星出版社2006年版，第131页。

我自由，而亦以箝束我自由者也，彼英人是已。……夫安知乎服从之即为自由母也？"[1] 真正的自由与服从或制裁息息相关。关于服从，梁启超认为这是维持团体秩序的重要保障。

> 彼深知人与人相处，必有法焉检束而整齐之，以维持其秩序，然后其群乃能成立，否则人纵其私，荡然无纪，自由将为天下毒，而群且立涣而见隶于他群。……人者固非可孤立生存于世界也，必有群然后人格始能立，亦必有法然后群治始能完。而法者非得群内人人之服从，则其法终虚悬而无实效；惟必人人尊奉其法，人人尊重其群，各割其私人一部分之自由，贡献于团体之中，以为全体自由之保障，然后团体之自由始张，然后个人之自由始固。然则服从者实自由之母，真爱自由，固未有不真能服从者也。[2]

在团体之中，人与人的相处必须遵守法律和规则，因而自由与服从又是相辅相成的。但是，梁启超又指出："他人以服从而保自由者，我国乃以服从而得奴隶。……日楬櫫独立自由之主义，奔走呼号于国中，务输入欧美立国之精神，以蔰拔我国人奴隶之根性。"[3] 中国民众在专制政体之下，一向以服从为特点，形成民众奴隶之根性。在此他指出，服从应该灌注西方独立自由

---

[1] 梁启超：《新民说：少年中国的国民性改造方案》，中州古籍出版社1998年版，第103页。
[2] 梁启超：《服从释义》，载吴松等点校：《饮冰室文集点校》，云南教育出版社2001年版，第717页。
[3] 梁启超：《服从释义》，载吴松等点校：《饮冰室文集点校》，云南教育出版社2001年版，第717页。

的精神，从而有所服从和有所不服从，或者是什么应该服从，什么不应该服从。他说：

> 服从者最劣之根性，国民必不可有者也；服从者亦最良之根性，国民必不可缺者也。今请略陈其义：一曰不可服从强权，而不可不服从公理。人群之进化也，始为酋长政治，继为专制政治；洎乎文化渐进，然后代议、共和政体乃兴。……既有人际之交涉，自不能无公义之制裁，而此制裁者固非压以势力，胁以威权，但出于人人良心所同然，为人道所必不能外。……一曰不可服从私人之命令，而不可不服从公定之法律。欲维持国家之秩序，必以服从法律为第一义；欲保护个人之自由，亦必以服从法律为第一义。盖法律者所以画自由之界限，裁抑强者之专横，即伸张弱者之权利，务使人人皆立于平等，不令一人屈服于他人者也。然法律者纸上之空文，必得众人之服从，然后始生效力。……盖深知法律者人群之保障，故宁绌其一部之自由，以护其全体之权利也。是故人群愈进于文明，则其法律愈以繁密，其人民之遵守法律愈以谨严，而其自由亦愈以张盛。……然而法律有二：成于大众之同意者曰公，出于一人之独断者曰私。夫以私人之意见，强大众以服从，以喜怒为从违，以爱憎为赏罚，举公众天赋之人权，听其操纵而任其蹂躏，是固箝束而奴隶我矣。我而不甘为奴隶，要其更定可也，起而抵抗可也；乃至大踩大搏，摧陷而廓清之，涤其旧法而代以新法，无不可也。若夫公定之法律，则固自制

而自守之,非一人专断以羁轭我也。人人欲保其秩序,知法律为群治所必需,乃制是以树公众同守之防闲,以谋公众莫大之幸福。故无论其为国家,其为团体,苟有公定之法,则必神圣而拥护之,尊敬而遵守之,然后国家乃兴,团体乃固。……一日不可服从少数之专制,而不可不服从多数之议决。[1]

可见,真正的自由,服从的是公理、法律和多数人的决议,也即人人自由,而以不侵人之自由为界。"是故真能自由者,必先严于自治,务节其恣睢之性,置其身于规律之中,一举一动,一话一言,无不若有金科玉律之范于其前,循循然罔敢逾越。彼岂好为自苦哉?彼盖知服从者人道所不能免,我不以道德法律自制裁,人将以权力命令制裁我,与其服从于他人之权力命令,毋宁服从于吾心道德法律之制裁。故自由愈盛之国,则其人制裁之力愈厚,而其服从之性亦愈丰。"[2] 可见,真自由是在遵守法律和规则范围内的适度自由。正如弥尔所言,"惟有制裁规则者,然后可言自由。无制裁规则而言自由者,非爱自由也,爱恣睢耳"[3]。在解释清楚自由与服从的关系之后,梁启超再次强调要争取群体的自由,要实现合群以富强的目的,需要每个人以服从为念,贡献一部分自由,"且世之倡立宪,倡共和,倡革命者,其宗旨所在,顾非欲出其群于奴隶而自由之哉?然吾闻欲进众人

---

[1] 梁启超:《服从释义》,载吴松等点校:《饮冰室文集点校》,云南教育出版社2001年版,第718—719页。
[2] 梁启超:《服从释义》,载吴松等点校:《饮冰室文集点校》,云南教育出版社2001年版,第721页。
[3] 转引自梁启超;《服从释义》,载吴松等点校:《饮冰室文集点校》,云南教育出版社2001年版,第722页。

于自由者，则其人必不得享众人之自由；欲脱众人于奴隶者，则其人必先为众人之奴隶。"[1] 为了群体的自由可以牺牲部分的个人自由，这也许就是张灏所称的"梁启超的集体主义情怀"吧。

(三) 新民必须有自治和独立的能力

关于自治，梁启超认为人如果没有自治力则等同于禽兽。自治在于自觉遵循法律，"故夫人之性质，万有不齐，驳杂而无纪，苟顺是焉，则将横溢乱动，相觕相阅而不相群，于是不可不以人为之力，设法律而制裁之。然此法律者，非由外铄也，非有一人首出，制之以律群生也，盖发于人人心中良知所同然，以为必如是乃适于人道，乃足保我自由而亦不侵人自由。故不待劝勉，不待逼迫，而能自置于规矩绳墨之间。若是者，谓之自治。"[2] 人能够根据"良知"而制定法律，而此法律是保障自由的，故人们能够自觉遵循此法律，此可称为自治。对于个人自治，在于"一生所志之事业，若何而预备，若何而创始，若何而实行，皆自定之。一日之行事，某时操业，某时治事，某时接人，某时食，某时游，皆自定之。"[3] 个人的自治，也即个人的自主之权和自胜之力。自治在于求一身之自治、一群之自治。如何求得一群之自治？梁启超认为："国有宪法，国民之自治也；州郡乡市有议会，地方之自治也。凡善良之政体，未有不从自治来也，一人之自治其身，数人或十数人之自治其家，数百数千人之自治其乡其市，数万乃至数十万、数百万、数千万、数万万人之自治其国，虽其

---

[1] 梁启超:《服从释义》，载吴松等点校:《饮冰室文集点校》，云南教育出版社2001年版，第722页。

[2] 梁启超:《新民说：少年中国的国民性改造方案》，中州古籍出版社1998年版，第113页。

[3] 梁启超:《新民说：少年中国的国民性改造方案》，中州古籍出版社1998年版，第113页。

自治之范围广狭不同，其精神则一也。一者何？一于法律而已。……曰有制裁，有秩序，有法律，以为自治之精神也。"[1] 他认为民众具有自治力是建立立宪政体的基础，"抑今士大夫言民权、言自由、言平等、言立宪、言议会、言分治者，亦渐有其人矣，而吾民将来能享民权、自由、平等之福与否，能行立宪、议会、分治之制与否，一视其自治力之大小强弱定不定以为差。"[2] 可见民众的自治能力是能够享有民权、自由、平等的关键，是国家实行立宪、议会和地方自治的基础。

1902年康有为在《公民自治篇》一文中论述了公民自治能力的培育和制度保障的方法。康有为认为："人人有议政之权，人人有忧国之责，故命之曰公民"，"故有公民者强，无公民者弱，……各国皆有公民，而吾国无公民，……故今之变法，第一当立公民矣。今中国民智未开，虽未能遽立国会，而各省、府、州、县、乡、村之议会，则不可不立矣"[3]。公民拥有议政权，而中国民众没有，因此中国的变法应该以培育公民为主。而关于培育公民的方式，康有为认为设立地方议会，实行地方自治是重要途径，欧美国家强大的原因在于公民自治，"今欧美之日强，人民之日智，地利之日出，学校之日盛，……乃由于举国之公民，各竭其力，尽其智，自治其乡邑，深固其国本故也。"[4] 明

---

[1] 梁启超：《新民说：少年中国的国民性改造方案》，中州古籍出版社1998年版，第115页。
[2] 梁启超：《新民说：少年中国的国民性改造方案》，中州古籍出版社1998年版，第116页。
[3] 康有为：《公民自治篇》，载张枬、王忍之编：《辛亥革命前十年间时论选集》（第一卷上册），生活·读书·新知三联书店1960年版，第173—174页。
[4] 康有为：《公民自治篇》，载张枬、王忍之编：《辛亥革命前十年间时论选集》（第一卷上册），生活·读书·新知三联书店1960年版，第180页。

治维新后的日本也实行地方自治，中国三代时期、汉、晋和六朝时也实行过地方自治。实行地方自治，则地方的户籍、死生、婚姻、卫生、警察、保卫、治安等各方面的行政事务都由民自治，而民自治则能够激发民众的爱心、学识，并能有助于民众精神的成长，因此实行地方自治是培育公民的制度保障。康有为认为国家制度的设计是保障民身、民性、民权的重要程序，"国以民为本，则以治民事为先。民事之先，莫若民身。民身之事一曰户籍，二曰卫生，三曰救恤。户籍者凡民之生皆察焉，既有生矣则当保卫，不能自养者则救恤之，此国家之责任也。"[1] 民身既然已经得到保卫，就需要"育民德而教民智"，既可以使人成才自立，国家又可以得人才，如此民身已保、民智已开、民生已富，民还需要能够参与行政之权利，"及百数十年来宪法大行，各国皆有上下议院，其先仅为议财政以便公民担荷；民权日盛，则兼及庶政，民出其利，君酬以权，于是遂为立法之司，一国政事之本焉。"[2] 从地方自治到国家宪法的确立，经过培育和锻炼的民众就可以成长为公民。

关于独立，梁启超认为"独立者何？不倚赖他力，而常昂然独往独来于世界者也。中庸所谓中立而不倚，是其义也。"[3] 他指出，中国沦为列强的殖民地而失去独立的重要原因在于国民缺乏独立的品德。而国民缺乏独立的根源在于专制政体所形成的依赖特性。"故今日救治之策，惟有提倡独立。……今世之言独立

---

[1] 康有为：《官制原理篇》，载张枬、王忍之编：《辛亥革命前十年间时论选集》（第一卷上册），生活·读书·新知三联书店1960年版，第348页。

[2] 康有为：《官制原理篇》，载张枬、王忍之编：《辛亥革命前十年间时论选集》（第一卷上册），生活·读书·新知三联书店1960年版，第350页。

[3] 梁启超：《十种德性相反相成义》，载张枬、王忍之编：《辛亥革命前十年间时论选集》（第一卷上册），生活·读书·新知三联书店1960年版，第9页。

者，或曰拒列强之干涉而独立，或曰脱满洲之羁轭而独立。吾以为不患中国不为独立之国，特患中国今无独立之民。故今日欲言独立，当先言个人之独立，乃能言全体之独立；先言道德上之独立，乃能言形势上之独立。"[1] 梁启超认为欲培育民众的独立品德，自治的制度是先决条件。他说：

> 我有脑筋而自能思想，我有手足而自能运动，操纵进退，皆一己自有主权，放弃其主权而不用，而乃望援求助于他人，我而不能自助，而谓他人乃能助我邪？……我国人诚欲独立，则不可不先谋自治。国者个人之积也，故自治不必责之团体，而当先课之一身。职业足以自活，智识足以自教，道德足以自善，才能足以自修，个人能自治矣。推而及之团体，地方能自治矣；推而措之国家，一国之治毕举，内力完固，他力自不足以相侵。……独立者谓合众独以强其群，非谓破一群而分为独也；谓人人不相倚赖，非谓人人不相协力也。[2]

由此可知，国民的独立品格和自治能力息息相关，而国民要获得这种能力与地方自治的制度安排密切相关。国民能力的获得不仅需要制度的设计或法律的保障，也需要国民的主动追求，"国民何以能有力？力也者，非他人所能与我，我自有之而自伸

---

[1] 梁启超：《十种德性相反相成义》，载张枬、王忍之编：《辛亥革命前十年间时论选集》（第一卷上册），生活·读书·新知三联书店1960年版，第9页。
[2] 梁启超：《论独立》，载吴松等点校：《饮冰室文集点校》，云南教育出版社2001年版，第716页。

之，自求之而自得之者也。"[1] 国民的自我伸张和自我培养也非常重要。

三、政府与人民关系中的民权和法治思想

关于政府与人民，梁启超认为二者都是构成国家的要件，一个国家没有人民或者没有政府都不能称为一个完整的国家。国家拥有最高的主权，而政府与人民都生活在国家主权之下。要构造一个完整而良善的国家，他主张政府与人民的权限划分必须明确。

> 故政府之权限，与人民之进化成反比例，此日张则彼日缩，而其缩之，乃正所以张之也。何也？政府依人民之富以为富，依人民之强以为强，依人民之利以为利，依人民之权以为权。彼文明国政府，对于其本国人民之权，虽日有让步，然与野蛮国之政府比较，其尊严荣光，则过之万万也。……然则其政府之权限当如何？曰：凡人民之行事，有侵他人之自由权者，则政府干涉之，苟非尔者，则一任民之自由，政府宜勿过问也。所谓侵人自由者有两种：一曰侵一人之自由者，二曰侵公众之自由者。侵一人自由者，以私法制裁之；侵公众自由者，以公法制裁之，私法、公法，皆以一国之主权而制定者也。而率行之者，则政府也。最文明之国民，能自立法而自守之，其侵人自由者益希，故政府制裁之事，用力

---

[1] 梁启超:《论近世国民竞争之大势及中国前途》，载吴松等点校:《饮冰室文集点校》，云南教育出版社2001年版，第813页。

更少。……故政府与人民之权限，无论何种政体之国，皆不可不明辨者也。[1]

梁启超通过法律（公法和私法）来明确规范政府与人民之间的权限划分，并认为政府的权限在于调解民众与民众、民众与团体的关系，保障民众的自由，从而给予民众尽可能多的自主和自由，因此政府的权限保持适度是其宗旨。可见梁启超所主张的政府是一种"有限政府"，这一观点明显受到西方认为政府是守夜人的观念的影响。同时梁启超认为文明国家中，政府与人民的地位是平等的，其权限的划分是通过相约制定的法律来实现。他说："故文明之国家，无一人可以肆焉者，民也如是，君也如是；少数也如是，多数也如是。何也？人各有权，权各有限也。权限云者，所以限人不使滥用其自由也。滥用其自由，必侵人自由，是谓野蛮之自由；无一人能滥用其自由，则人人皆得全其自由，是谓文明之自由。非得文明之自由，则国家未有能成立者也。……是故言政府与人民之权限者，谓政府与人民立于平等之地位，相约而定其界也，非谓政府畀民以权也。"[2]

政府与人民的权限除由法律进行规范外，还需要国家政治的保障，因此人民与政治息息相关。梁启超认为人民的权利需要国家的保障，"则人民生命之安全，恒恃社会秩序之为之保障，而社会秩序，必藉法律之制裁而始成。其能为法律之制裁者，即国家也；而善其制裁者，则政治也。人民苟离国家、政治以外，而

----
[1] 梁启超：《论政府与人民之权限》，载吴松等点校：《饮冰室文集点校》，云南教育出版社2001年版，第845—846页。
[2] 梁启超：《论政府与人民之权限》，载吴松等点校：《饮冰室文集点校》，云南教育出版社2001年版，第846页。

清朝末年的法治思想

欲各自以独力生出制裁、秩序以保障其生命,其道无由,此人民生命所以不能不全系于政治焉者一也。"[1] 良善的政治在于能合理保障人民的权利并使政府的权力能够得以限制和监督,"故欲求政治之能良,莫急于有监督机关以与执行机关相对立。执行机关者何?政府是也。监督机关者何?国会是也。故国会者,良政治之源泉也。今世立宪国,惟知此义也,故一切政治,非得国会多数之赞许者,不能施行;坐是而执政之人,非得国会多数之后援者,不能安于其位。夫国会者,以人民之选举而成立者也。"[2] 能够真正对政府实行监督的就是由人民代表组成的国会,而这种良善政治的设计也正是西方立宪政体的制度设计。可见梁启超由对民权和法治的追求进而追溯到立宪政体的建立,立宪政体的制度设计是实现民权和法治的制度保障。梁启超认识到,国会要真正起到监督政府的作用,除了法律上的规范外,还需要国民热心于政治,特别是清政府颁布预备立宪的上谕之后,国会的设立和宪法的制定需要国民的要求和争取,"我国民其或将曰:今者预备立宪之上谕,亦既屡颁矣。所谓责任政府者,所谓监督机关者,其将次第以予我,宁待于求?夫求固可以得,而不求亦可以得,则骚然多此一求何为也?……无论政府之言预备立宪未必出于诚,而实行未知在何日也。即使其出于诚矣,旦暮而实行之矣,然立宪之动机,起自政府而不起自人民,则其结果必无可观者,此不可不熟察也。"[3] 中国实行宪政的效果如何也

---

[1] 梁启超:《政治与人民》,载吴松等点校:《饮冰室文集点校》,云南教育出版社 2001 年版,第 850—851 页。

[2] 梁启超:《政治与人民》,载吴松等点校:《饮冰室文集点校》,云南教育出版社 2001 年版,第 852 页。

[3] 梁启超:《政治与人民》,载吴松等点校:《饮冰室文集点校》,云南教育出版社 2001 年版,第 854 页。

在于国民对政治是否热心,"夫宪政之能得结果与否,则于国民能举监督政府之实与否焉决之;国民能举监督政府之实与否,则于其热心于政治与否焉决之;国民热心于政治与否,则于其能排万难、冒万险以要求宪法、要求国会与否焉决之。"[1] 可见,国民的权利意识、责任意识以及参政议政的热情是立宪政体得以运行的关键。

立宪政体的正常运行除了需要国民参政议政的热情外,还需要理性设计制度。梁启超引用泰西国家的政治设计,认为立法、行政、司法分权学说有利于政治的进化。为此他引用孟德斯鸠的三权分立学说作为论证,并进行解释:

> 凡行政之事,每一职必专任一人,授以全权,使尽其才以治其事,功罪悉以属之,夫是谓有责任之政府。若其所以防之者,则以立法、司法两权相为犄角。立法部议定之法律,经元首裁可,然后下诸所司之行政官,使率循之。行政官若欲有所兴作,必陈其意见于立法部,得其决议,乃能施行。其有于未定之法而任意恣行者,是谓侵职,侵职罪也;其有于已定之法而奉行不力者,是谓溺职,溺职亦罪也。但使立法之权确定,所立之法善良,则行政官断无可以病国厉民之理,所谓其源洁者其流必澄,何必一一而防之。故两者分权,实为制治最要之原也。[2]

---

〔1〕 梁启超:《政治与人民》,载吴松等点校:《饮冰室文集点校》,云南教育出版社2001年版,第854页。
〔2〕 梁启超:《论立法权》,载张枬、王忍之编:《辛亥革命前十年间时论选集》(第一卷上册),生活·读书·新知三联书店1960年版,第160—161页。

行政权由立法和司法监督和制约是实现善治的根本。针对中国国民没有立法权的弊端，梁启超指出，当今如果实行新政，划清立法权是当务之急。关于立法权的归属问题，梁启超引用英国思想家边沁的学说，认为立法是政治的本原，国民能否得到幸福以及是否是大多数国民得到幸福，都是由立法的归属所决定的。而使到多数国民得到幸福则必须使立法权属于多数国民，这不仅有利于国民而且有利于国家，"且立法权属于民，非徒为国民个人之利益而已，而实为国家本体之利益。何则？国也者，积民而成，国民之幸福，即国家之幸福也。国多贫民，必为贫国，国多富民，必为富国，推之百事，莫不皆然"。[1]

第二节　立宪人士的政体选择构想及与革命人士的论争

19世纪下半叶，中国的政体选择已然开始，早期的维新派已经注意到了泰西的议院制度、选举制度的优点和好处，维新派开始对中国的君主专制政体提出猛烈的抨击，西方的立宪政体受到他们的赞美和青睐，他们运用进化论学说认为宪政的时代即将到来，但是由于时代思想观念的局限，他们并没有提出立宪的吁求。可以说对立宪政体的选择和吁求是在20世纪初的庚子国变之后才开始的。

---

[1] 梁启超：《论立法权》，载张枬、王忍之编：《辛亥革命前十年间时论选集》（第一卷上册），生活·读书·新知三联书店1960年版，第162页。

第三章　清末立宪人士君主立宪政体的构想

一、立宪人士的政体选择构想

20世纪初庚子事国之后，清政府颁布了变法的谕旨，谋求革新。《清议报》曾刊登文章称，变法"正人物之选举，破常格，求人材，特设经济特科，奖励留学生。即律例案卷，既为兵燹所失，亦因而废之，另约新法"。[1] 由此可知，清政府尚无施行宪政的意思。立宪政体选择主要发起于立宪人士的倡导和宣传。

早在1901年（光绪二十七年四月），梁启超就在《清议报》上发表了《立宪法议》一文，提出君主立宪政体的选择构想。任公指出，世界上有国两种、政两种，"有土地、人民立于大地者谓之国，世界之国有二种：一曰君主之国，二曰民主之国。设制度、施号令以治其土地、人民谓之政。世界之政有二种：一曰有宪法之政（亦名立宪之政），二曰无宪法之政（亦名专制之政）。采一定之政治以治国民谓之政体。世界之政体有三种：一曰君主专制政体，二曰君主立宪政体，三曰民主立宪政体。"[2] 从以上的论述可知，梁启超所称的政体包括国体和政体两部分内容。关于各种政体的优劣，梁启超说：

> 君主立宪者，政体之最良者也。民主立宪政体，其施政之方略，变易太数，选举总统时，竞争太烈，于国家幸福，未尝不间有阻力。君主专制政体，朝廷之视民如草芥，而其防之如盗贼；民之畏朝廷如狱吏，而其嫉之如仇雠。故其民极苦，而其君与大臣亦极危，……是

---
[1]《论中国之现在及将来》，载《清议报》第九十六册。
[2] 梁启超：《立宪法议》，载吴松等点校：《饮冰室文集点校》，云南教育出版社2001年版，第920页。

故君主立宪者，政体之最良者也。地球各国既行之而有效，而按之中国历古之风俗与今日之时势，又采之而无弊者也。[1]

梁启超选择政体的标准是考虑中国的传统风俗习惯、当时的政治形势，以及此种政体在其他国家实行的效果，通过对这几个方面的考虑，梁启超认为君主立宪政体应该是最适合中国当时局势的。接着他论述了君主立宪政体的实质：

宪法者何物也？立万世不易之宪典，而一国之人，无论为君主、为官吏、为人民，皆共守之者也，为国家一切法度之根源。……立宪政体，亦名为有限权之政体；专制政体，亦名为无限权之政体。有限权云者，君有君之权，权有限；官有官之权，权有限；民有民之权，权有限。故各国宪法，皆首言君主统治之大权，及皇位继袭之典例，明君之权限也；次言政府及地方政治之职分，明官之权限也；次言议会职分及人民自由之事件，明民之权限也。……各国宪法，既明君与官之权限，而又必明民之权限者，何也？民权者，所以拥护宪法而不使败坏者也。使天下古今之君主，其仁慈睿智，皆如我今上皇帝，则求助于民可也，不求助于民亦可也。……故苟无民权，则虽有至良极美之宪法，亦不过一纸空文，毫无补济，其事至易明也。……是故欲君权之有限也，不

---

[1] 梁启超：《立宪法议》，载吴松等点校：《饮冰室文集点校》，云南教育出版社2001年版，第920页。

可不用民权；欲官权之有限也，更不可不用民权。宪法与民权，二者不可相离，此实不易之理，而万国所经验而得之也。[1]

由此可知，君主立宪政体的实质是有限权的政体，君主和官吏的权力受到限制，民权得到保障，而宪法是规范权限的根本法典。正如梁启超在另一篇文章中所说："如英、德、日本等立宪君主之国，以宪法而定君位继承之律，其即位也，以敬守宪法之语誓于大众，而民亦公认之，若是者，其犹不谬于得丘民为天子之义，而于正统庶乎近矣。"[2] 可见，民权和法治思想是梁启超选择君主立宪政体的重要源泉。接着，梁启超又指出在中国不能立刻实行君主立宪政体，原因在于中国此时民智未开，中国最快也应该在十年或十五年后才能实行立宪政体。梁启超认为中国欲实行立宪政体，次第顺序应如下：

> 一，首请皇上涣降明诏，普告臣民，定中国为君主立宪之帝国，万世不替。次二，宜派重臣三人游历欧洲各国及美国、日本，考其宪法之同异得失，何者宜于中国，何者当增，何者当弃。……次三，所派之员既归，即当开一立法局于宫中，草定宪法，随时进呈御览。次四，各国宪法原文，及解释宪法之名著，当由立法局译出，颁布天下，使国民咸知其来由，亦得增长学识，以

---

[1] 梁启超：《立宪法议》，载吴松等点校：《饮冰室文集点校》，云南教育出版社2001年版，第920—921页。
[2] 梁启超：《论正统》，载张枬、王忍之编：《辛亥革命前十年间时论选集》（第一卷上册），生活·读书·新知三联书店1960年版，第196页。

为献替之助。次五，草稿既成，未即以为定本，先颁之于官报局，令全国士民皆得辩难讨论，……如是者五年或十年，然后损益制定之。……次六，自下诏定政体之日始，以二十年为实行宪法之期。[1]

梁启超在文章中关于立宪政体的论述非常详尽，他关于实行立宪政体的次序设计对清政府几年后颁布的预备立宪上谕有很大影响，下文将详述。

也是在同一年，著名的立宪人士张謇写作了《变法平议》一文，提出仿行日本明治维新的制度设计。

> 日本明治初维新之始，置公议所，旋废，置集议院，后设元老院。凡制定新法，改正旧章，上有所建，交院议行；下有所陈，由院议达。故下无不通之情，上无不行之法。……府县议会之法，以地方大小定议员多寡，多不过五人，议长若副，选于议员之中，上其名于内务省。选举之人、被选举之人，均以有家资或有品望者充之，示期投票。票数多者中选，票均较年，年均则定以龟；选定布其名于众，每二年以抽签定留易之半。无俸，有往来滞留之费。常会岁三月一日开，临时会有事即开，议事草案，由知事令交付其所议制事会决之。[2]

---

[1] 梁启超：《立宪法议》，载吴松等点校：《饮冰室文集点校》，云南教育出版社2001年版，第923页。

[2] 《政闻录》、《张季直传记》，载《张季子九录》第一册，文海出版社1965年版，第136—138页。

第三章 清末立宪人士君主立宪政体的构想

张謇所仿行的制度就是议会制度和选举制度,即在中央设置议院,地方设立地方议会,议员的选举由民众投票选出等。1902年(光绪二十八年二月),康有为在《公民自治篇》一文中也提出了关于设立议会制度和选举制度的主张,"夫今欧美、日本各国之立公民也,使人人视国为己,而人人公讲其利害而公议之,故上之有国会之议院,下之有州、县、市、乡之议会,故其爱国之心独切,亲上之心甚至。……今中国民智未开,虽未能遽立国会,而各省、府、州、县、乡、村之议会,则不可不立矣。……今变法第一当令省、府、州、县、乡、市遍举公民,选举议员而公议之。"[1] 康有为与张謇的主张有相似之处。康有为的学生欧榘甲曾说:"立大同之基何?曰在迫朝廷改专制政体而为立宪政体,中国有立宪政体,社会风潮自然汹涌而至。……迫朝廷改专制为立宪,其法何在?曰在改良义兴公司组织(按即三合会致公堂),由私会进公会,由民党进政党"[2],表达了他选择立宪政体的主张。由立宪人士经营的上海广智书局在当时出版了不少关于宪政方面的书籍,如《万国宪法志》《宪法原理》等,梁启超曾经在《新民丛报》上对这两本书进行过介绍[3]。

同年五月,黄遵宪在给梁启超的信中阐述了自己选择君主立

---

[1] 明夷(康有为):《公民自治篇》,载张枬、王忍之编:《辛亥革命前十年间时论选集》(第一卷上册),生活·读书·新知三联书店1960年版,第174—176页。
[2] 《新民丛报》第三十八、三十九号合本,第161页。
[3] 在对《万国宪法志》的介绍文中,梁启超说:"今日世界文明国,莫不有宪法。宪法者立国之元气,而今日中国急当讲求之一大问题也。……(此书)上编曰君主国宪法志,中编为民主国宪法志,下编曰联邦宪法志。"在《宪法原理》的介绍文章中,他说:"此书与万国宪法志同时并著,著者既采集各国宪法正文,述其成立之所由,使吾国人知求得宪法为急务。……全书凡八章,一、总论宪法之意义,二、论主权,三、论国民之权利义务,四、论元首,五、论下议院,六、论上议院,七、论行政大臣,八、论法院。"(《新民丛报》第六号,第91—94页。)

宪政体的心路历程和思考，他说：

> 二十世纪中国之政体，其必法英之君民共主乎？胸中蓄此十数年，而未尝一对人言，惟丁酉之六月初六日，对矢野公使言之。……仆初抵日本，所与游者，多旧学，多安井息轩之门。明治十二三年时，民权之说极盛，初闻颇惊怪，既而取卢梭、孟德斯鸠之说读之，心志为之一变，以谓太平世必在民主，然无一人可与言也。……又历三四年，复往英伦。乃以为政体必当法英，而其著手次第，则又取租税、讼狱、警察之权，分之于四方百姓，欲取学校、武备、交通之权，归之于中央政府，尽废今之督抚、藩臬等官，以分巡道为地方大吏，其职在行政而不许议政。上自朝廷下至府县，咸设民选议院为出治之所。……近年以来，民权自由之说，遍海内外，其势长驱直进，不可遏止，而或唱革命，或称类族，或主分治，亦嚣嚣然盈于耳矣。而仆仍欲奉王权以开民智，分官权以保民生，及其成功则君权民权两得其平。仆终守此说不变，未知公之意以为然否？[1]

黄遵宪政体选择的过程，即由君主立宪政体到民主政体再回到君主立宪政体的选择过程，与梁启超的思想发展过程具有某些相似性，也代表了一部分士绅知识分子的心路历程。梁启超在同年十月也曾描述过自己的思想转变过程，他说：

---

[1] 丁文江、赵丰田编：《梁任公先生年谱长编（初稿）》，中华书局2010年版，第145—146页。

第三章　清末立宪人士君主立宪政体的构想

启超既日倡革命排满共和之论，而其师康有为深不谓然，屡责备之，继以婉劝，……其后见留学界及内地学校，因革命思想传播之故，频闹风潮。窃计学生求学，将以为国家建设之用，雅不欲破坏之学说，深入青年之脑中。又见乎无限制之自由平等说，流弊无穷，惴惴然惧。又默察人民程度，增进非易，恐秩序一破之后，青黄不接，暴民踵兴，虽提倡革命诸贤，亦苦于收拾。……自此种思想来往于胸中，于是极端之破坏不敢主张矣。故自癸卯甲辰以后之《新民丛报》专言政治革命，不复言种族革命，质言之，则对于国体主维持现状，对于政体则悬一理想，以求必达也。[1]

同时期，黄遵宪致梁启超一封长书，谈及民权、自由和将来的政体等问题，"公之所唱民权自由之说，皆是也。公言中国政体，征之前此之历史，考之今日之程度，必以英吉利为师，是我辈所见略同也。……二十世纪之中国，必改而为立宪政体，今日有识之士，敢断然决之无疑义也。虽然，或以渐进，或以急进，或授之自上，或争之自民，何涂之从而达此目的，则吾不敢知也。吾辈今日报国之义务，或尊主权以导民权，或唱民权以争官权，一致而百虑，殊途而同归。"[2] 由此，关于立宪人士政体选择的思想历程可见一斑。

---

[1] 丁文江、赵丰田编：《梁任公先生年谱长编（初稿）》，中华书局2010年版，第150—151页。
[2] 丁文江、赵丰田编：《梁任公先生年谱长编（初稿）》，中华书局2010年版，第152—153页。

同年六月，贝子载振游美，美洲的保皇会人士叶恩等人上书陈奏实行立宪政体，奏折中写道：

> 盖国家者因人民而立，人民众多，不能不公立政府以代治之，君若臣，代民治事之人也。代民治事，则国家之大事，必听于民间之公议如何，而后君若臣行之，裨益国家，于是乎有议院之设。而犹恐国基不巩固，君民之间，不相亲爱也，于是乎有宪法之立。上下臣民，悉守宪法，君不轻民，民爱其上，君民一心，上下一体，故今日列强之国，虽谓万年无祸乱可也。
>
> ……
>
> 且夫今日列强并立，无不以民族帝国主义为方针，故其国民团合，视国家为一体，兢兢焉与万国争强。今满汉也，皆黄种也，同一民族也，同一民族则宜团为一体，不宜歧视。为今天下各州县，开地方自治议会，准其自治，久之开各省会议，又久之开议院于京师，确立宪法，汉满民族，同担义务，同享利权，则中国不数年而强，大清之统不万年而存，未之有也。[1]

此文阐明了国家是人民所有的，君和臣都是代替人民治事的，议院是为了人民讨论国家大事、保障民权而设立的，而宪法是为规范君民之间关系而制定的，君臣都必须遵守，体现了法治思想。满族和汉族为同一个民族，应该团结起来，一起建立一个

---

〔1〕 叶恩：《上振贝子书》，载张枬、王忍之编：《辛亥革命前十年间时论选集》（第一卷上册），生活·读书·新知三联书店1960年版，第207—210页。

统一的立宪政体国家。以上观点表达了海外立宪人士建立强大国家的共同愿望,即在保障民权、实行法治的基础上,建立一个大民族主义的君主立宪政体国家。

二、立宪政体抑或民主共和政体？

立宪人士认为当时最适合中国局势的、最优良的政体是君主立宪政体,而当时在中国比较有影响力的另一个政治派别——革命人士则坚持选择民主共和政体。二者在革命人士的机关报《民报》成立后展开了激烈论战。本部分主要阐述立宪人士的法治观点。

针对革命人士提出的通过革命方式实现共和政体的观点,梁启超提出,革命决不能得到共和,而只能得到专制。他引用波伦哈克的学说,论述道:

> 波氏曰：共和国者,于人民之上别无独立国权者也。故调和各种利害之责任,不得不还求之于人民自己之中,必无使甲之利害,能强压乙之利害,而诸种之关系,常克相互平等,而自保其权衡。……若夫数百年卵翼于专制政体之人民,既乏自治之习惯,又不识团体之公益,惟知持个人主义以各营其私,其在此等之国,破此权衡也最易,既破之后而欲人民以自力调和平复之,必不可得之数也。其究极也,社会险象,层见迭出,民无宁岁,终不得不举其政治上之自由,更委诸一人之手,而自帖耳复为其奴隶,此则民主专制政体之所由生也。凡因习

惯而得共和政体者常安，因革命而得共和政体者常危。[1]

梁启超以此说明生活在专制政体之下的人民没有能力建立共和政体国家，而革命之后，人民更没有能力处理共和政体下各种社会势力之间的纷争，革命之后将会出现的必定是民主专制政体。对于革命人士提出的革命经过"军政、训政、宪政"三阶段，最终实现民主共和政体的途径设计，梁启超提出质疑，他说：

> 彼首难革命者，其果能有此优美高尚之人格，汲汲于民事乎？若非其人，则一切成反对之结果矣。……佐命者果皆能有此优美高尚之人格乎？皆能以此人之心为心乎？吾见其百人千人而不得一也。……万一彼破我约法以凌踏吾民，奈何？……夫人民所有区区之权利，出自军政府之殊恩，非自初有所挟，而使军政府不得不予我者也，军政府欲夺回之，随时可以夺回之，此正波氏所谓猫口之鼠之权利也。人民所恃以抵抗唯一之武器，毋过不纳租税，即论者所谓不负当履行之义务也，而军政府屯一小队以督收，其何术以不应？[2]

通过革命建立的军政府不可能保障民权，并且通过革命也不

---

[1] 饮冰（梁启超）：《开明专制论》，载张枬、王忍之编：《辛亥革命前十年间时论选集》（第二卷上册），生活·读书·新知三联书店1960年版，第165—166页。
[2] 饮冰（梁启超）：《开明专制论》，载张枬、王忍之编：《辛亥革命前十年间时论选集》（第二卷上册），生活·读书·新知三联书店1960年版，第169页。

能教育民众使其具备共和国民的资格,而中国国民的受教育程度在当时还不足以培育完美的政党。"今之中国无三人以上之团体,无能支一年之党派,虽今后或者少进乎,然亦仅矣!"所以梁启超得出结论:"今日中国国民未有可以行议院政治之能力者也。……故今日中国国民,非有可以为共和国民之资格者也;今日中国政治,非可采用共和立宪制者也。"[1]梁启超认为革命者以共和立宪政体为主张,"必曰共和焉共和焉,苟非欺人,必其未尝学问者也"。他得出结论,"欲为种族革命者,宜主专制而勿主共和;欲为政治革命者,宜以要求而勿以暴动。"[2]

经过论争,梁启超认为中国目前不能实行共和政体,而君主专制政体又存在许多弊端,那么中国只有实行君主立宪政体,这也是立宪人士一直所标榜的政纲。然而他又提出,即使是君主立宪政体,中国也不能立刻施行。他提出两条理由,一是现今人民的受教育程度还未及格,一是施政机关还未齐备。关于人民的受教育程度问题,梁启超认为实行君主立宪政体,必定要有议院,议院作为国家机关,具有监督政府的责任,它既然具有法律上应享有的权利,则必定有法律上应尽的义务,如国务大臣对议会负责任、议会具有法律预算权、议员内部的自治、保障人民的选举权以及鉴别政治得失的能力等,这些都需要议员具有非常高的学识和政治能力。"夫学识幼稚之民,往往沐猴而冠,沾沾自喜,有权而滥用焉,其常态矣。故吾以为今日中国之民,非稍经训练

---

[1] 饮冰(梁启超):《开明专制论》,载张枬、王忍之编:《辛亥革命前十年间时论选集》(第二卷上册),生活·读书·新知三联书店1960年版,第182页。
[2] 饮冰(梁启超):《开明专制论》,载张枬、王忍之编:《辛亥革命前十年间时论选集》(第二卷上册),生活·读书·新知三联书店1960年版,第190页。

后，其必不免此弊也。"[1] 况且议员在制定政策和讨论问题时经常会有争论，而幼稚之民往往因为辩论而生意见，又因意见而生仇恨，从而使问题无法得到妥善的解决。这是议员应该具有的政治能力。而普通民众也需要有一定程度的政治能力，如人民之选举权，既是权利又是义务，不可以放弃；选举必须是选民自由意志的表达，而幼稚之民可能会受到贿赂而被胁逼，其投票未能表达其真意；选举必须以正当的手段展开竞争，而幼稚之民可能使用武力以致破坏秩序；议员为代议士，是代表人民总体的意见，非代表个人之意见，而幼稚之民则可能因私人之利害而对议员相怨相仇。[2] 因此梁启超认为，无论是议员还是普通民众，他们的政治能力都有待教育训练。而关于施政机关方面，他认为现今中国义务教育未实行，选举区未划定，地方自治未颁布，铁路不多交通不便，各种法律如民法、刑法、行政法等还未制定，而这些都是立宪政体必须具备的要件，中国今日还未具备，因此不能立刻实行君主立宪政体。

梁启超认为中国今日应该实行开明专制的政体模式，以作为将来实行君主立宪政体的预备阶段。他给开明专制所下的定义为"以所专制之客体的利益为标准"，"然所谓客体，亦可析而为二：其一，即法人之国家。其二，则组成国家之诸分子（人民）也。故前哲学说之主张开明专制者，亦分为二：其一，则偏重国家之

---

[1] 饮冰（梁启超）：《开明专制论》，载张枬、王忍之编：《辛亥革命前十年间时论选集》（第二卷上册），生活·读书·新知三联书店1960年版，第192页。
[2] 饮冰（梁启超）：《开明专制论》，载张枬、王忍之编：《辛亥革命前十年间时论选集》（第二卷上册），生活·读书·新知三联书店1960年版，第193—194页。

利益者；其他则偏重人民之利益者也"[1]。梁启超认为开明专制的学说在西方已经被摒弃二百年了，在西方17、18世纪流行的学说是："国家者为人民而存在者也。为人民利益故，方便以设置国家，故人民者，目的也；而国家则供此目的之手段也。"而19世纪流行的学说是："国家固为人民而存在，人民亦同时为国家而存在。国家于一方面为人民谋利益，于一方面亦为自身谋利益；若人民利益与自身利益不两立，则宁先自身而后人民。故国家者，目的也；而人民则有时可以为供此目的之手段也。"[2] 这是数十年来思想变迁的潮流，虽然纯粹的开明专制已经绝迹于世界，但是开明专制的变体依然存在。而开明专制的变体最适合的国家社会环境是：

（一）当国家民智幼稚之时，此学说最有力。以人民未有立法之智识，且未有自治之能力也；（二）当国家贵族横恣之时，此学说最有力。以国权不统一，宜生破裂，且为被制者计，以其被制于多人，毋宁被制于一人也；（三）当国家外竞剧烈之时，此学说最有力。以非有强大的中央政府，则不能厚集国力以对外，且行政机关不敏活，易致失败也。[3]

---

[1] 梁启超：《开明专制论》，载吴松等点校：《饮冰室文集点校》，云南教育出版社2001年版，第1392页。

[2] 梁启超：《开明专制论》，载吴松等点校：《饮冰室文集点校》，云南教育出版社2001年版，第1396页。

[3] 梁启超：《开明专制论》，载吴松等点校：《饮冰室文集点校》，云南教育出版社2001年版，第1396页。

梁启超认为普通国家经过开明专制时代，时间不必太长，再进于立宪，这是国家进步之顺序；如果不能进入立宪，则必生革命，而革命之后，又将经过开明专制再次进入立宪，"故开明专制，实立宪之过渡也，立宪之预备也。"[1] 既然开明专制是立宪的过渡阶段，那么开明专制的主要目的在于通过国家政策实行对民众的教育，使民众养成自治和行宪的政治能力，从而为立宪做准备。所以梁启超说：

> 夫要求必须与国民实力相待，无待言也。然实力必须养之而后成，吾以为养之之途，分两方面：开明专制其一也，政治革命思想之普及其二也……
>
> 吾主张将来之政治革命，同时主张今日之行开明专制。开明专制行得一分，则国民实力增得一分……
>
> 吾以为一日不行开明专制，一日不行政治革命，则教育一日不普及，而人民一日不能得共和之程度。……不先利用国家之强制力，以实行一切行政法规，则教育断无普及之理。大多数之人民，其眼光无从射及国家，虽以一部分人抵抗政府，而哀号者自哀号，嬉笑者自嬉笑耳……
>
> 尤当知开明专制与教育相倚，政治革命与教育相倚，经此两阶级后，则虽民族主义缘兹普及焉可也，虽共和资格缘兹养成焉可也。而不然者，则岂惟共和资格不能

---

[1] 梁启超：《开明专制论》，载吴松等点校：《饮冰室文集点校》，云南教育出版社2001年版，第1402页。

养成，即民族主义亦安从普遍也?[1]

梁启超引用西方学者笕克彦的话加以论证，他说："夫开明专制，非不美之名词也。笕克彦曰：'开明专制，以发达人民为目的者也。'又曰：'开明专制，与立宪同一状况，而为立宪所由之阶级也。'又曰：'开明的专制，一立宪制度，皆已实行，但未公开宪法耳。'"[2]最后他指出中国在立宪和革命之前实行开明专制是最合适的，应该担心的是专制是否能真正做到开明，而不是对开明专制提出质疑，他呼吁普天下的爱国君子认真加以思考。

第三节 立宪人士对清廷政体选择的影响

1905年，清政府的新政改革计划发生了戏剧性的变化，原来以教育、军事、经济等改革为中心的新政开始转向以君主立宪政体为中心的政治改革。由此史学界以1905年为界将十年的清末新政分为两个时期：清末新政（1901—1905）；立宪运动（1905—1911）。[3]立宪运动的兴起有几大因素的刺激，张玉法指出，"主要是由于下列诸要素激荡而成：（一）康梁诸人的不断鼓吹，（二）革命运动的刺激，（三）日俄战争的启示，（四）俄

---

[1] 梁启超：《答某报第四号对于本报之驳论》，载吴松等点校：《饮冰室文集点校》，云南教育出版社2001年版，第1449—1451页。
[2] 梁启超：《答某报第四号对于本报之驳论》，载吴松等点校：《饮冰室文集点校》，云南教育出版社2001年版，第1448页。
[3] [美]徐中约：《中国近代史》，计秋枫、朱庆葆译，香港中文大学出版社2001年版，第409—413页。

国革命运动的影响"[1]。特别是日俄战争，成为立宪运动的直接导因。对很多中国人来说，俄国——一个西方的大专制国家被东方的小君主立宪国打败，这是立宪政体有效的有力证明。中国人还发现，差不多所有西方强国都实行立宪政体模式，而且他们发现俄国也在国民的要求下于1905年实行了政体变革，[2] 因此中国人相信自己终于找到了一种"生存模式"，一种适合本国的政体模式。由士绅变成著名工业家的张謇激动地说："日本的胜利和俄国的失败是立宪主义的胜利和专制主义的失败。"[3] 在轰轰烈烈的立宪运动和清廷预备立宪的次第展开中，立宪人士对清廷进行了持续的关注和力所能及的渗透，从而对清廷的决策产生了很大的影响。

立宪人士关于君主立宪政体的构想在报刊中大量出现，形成立宪运动的浪潮并普及全国。一些出版社大量出版有关宪政的书籍，如当时上海积山乔记书局出版的《新学大丛书》，收集了许多关于宪法的书籍，包括《宪法通义》《宪法溯源》《宪法论》《各国宪法论略》《日本宪法创始述》《英国宪法沿革考》《德意志

---

[1] 张玉法：《清季的立宪团体》，北京大学出版社2011年版，第224页。

[2] 关于1905年俄罗斯发生的政体变革，即1905年俄罗斯革命，梁启超在《俄罗斯革命之影响》一文中详细阐述了俄罗斯革命的原因、革命之动机及其方针、革命之前途、革命之影响。在论述革命之"影响于中国者"时，梁启超指出："自此次战役，为专制国与自由国优劣之试验场，其刺激于顽固之眼帘者，未始不有力也。顾犹未也，若此次之要求能成，见夫赫赫积威之政府，遂不能不屈于其民，则夫老朽且死之长官，虽或若无赌焉，若乃次焉稍有人气者，其必膛然反视而有所鉴也。而人民之见有助我张目者，而神气加发扬焉，又无论矣。此其影响于我内治问题者又一也。"（梁启超：《俄罗斯革命之影响》，载张枬、王忍之编：《辛亥革命前十年间时论选集》（第二卷上册），生活·读书·新知三联书店1960年版，第10—21页。）

[3] [美]徐中约：《中国近代史》，计秋枫、朱庆葆译，香港中文大学出版社2001年版，第413页。

宪法沿革考》《普鲁士宪法沿革考》《法兰西宪法沿革考》等。[1] 1905年,日俄战争爆发,俄国战败,以梁启超为主编的《新民丛报》刊登一些评论时局的文章,文章称:"觇国之士,见日本之强盛,群归美于变法数十年之功",[2]从而大力宣传日本战胜俄国是立宪国战胜君主国的有力证明。这时立宪人士张謇从日本归国,受到日本立宪政体的鼓舞,便积极宣传和鼓吹立宪。"光绪三十年(1904年)三月,与蒯光典论立宪之事。四月,代张之洞拟立宪奏稿,并致书袁世凯,袁答以'尚须缓以俟时'。五月,与赵凤昌刻印《日本宪法》,送达清廷,慈禧颇为动心,枢臣瞿鸿禨即遣人至沪购宪法各书。八月,复印《日本宪法义解》《议会史》送侍郎铁良,与论宪法。于是铁良、徐世昌、端方、载振等均言立宪。"[3] 可见立宪人士对清廷官员立宪思想的影响。

关于立宪运动兴起的四大因素中,康梁等的不断宣传和日俄战争的影响前面已经述及,而俄国革命运动在中国的影响则不得不承认是梁启超的功劳。梁启超在《新民丛报》上发表了一系列关于俄国立宪的文章,如《俄国立宪政治之动机》《呜呼!俄国之立宪问题》《俄罗斯革命之影响》《续纪俄国之立宪问题》等,可见梁启超对此事的关心和重视。他评论道:"俄国犹有地方议会,所缺者,中央参政之权利耳;俄国犹有法律,所缺者法律之制定权及监督权耳。若吾中国则何如?"[4]

---

[1] 张玉法:《清季的立宪团体》,北京大学出版社2011年版,第221页。
[2] 观云:《日俄战争之感》,载《新民丛报》第四十六、四十七、四十八号合本,第32页。
[3] 张謇:《啬翁自订年谱》卷下,转引自张玉法:《清季的立宪团体》,北京大学出版社2011年版,第221—222页。
[4] 饮冰(梁启超):《续纪俄国之立宪问题》,载《新民丛报》1904年第十二号,第76页。转引自张玉法:《清季的立宪团体》,北京大学出版社2011年版,第235页。

清朝末年的法治思想

立宪人士的持续鼓吹和影响，再加上清廷官员们的陈奏，清廷的态度开始发生转变，乃派遣五大臣分赴欧美考察，并设置考察政治馆。沙培德曾强调了宪政专家梁启超对清政府派出五大臣出洋考察的推动之功，"梁启超数量众多的著作不仅仅代表着其本人独一无二的地位，更代表了初露端倪的精英意识。……1900年至1905年间，梁启超致力于建设中国为宪政帝国的努力，1905年至1906年，清政府基本上接受了他的主张。"[1] 梁启超早在1901年就撰成《立宪法议》一文，提出立宪实施次序的设想，其中一个环节就是政府派遣大臣三人带领随员出国考察。

清廷下达五大臣出洋的谕旨之后，《东方杂志》发表评论赞扬道：

> 伟哉此举，询改革政治之先务而朝廷以实心变法之意宣布于天下者乎。甲午之议，和议既定，即遣李鸿章历聘欧美诸国，重臣奉使，环球丛听，然其意专以联结邦交，固不甚措意于其他政治也。庚子之间，醇王振贝子叠使欧美，虽亲王之重，然谢过赛会各有专任，亦未遑考察政治之事。比年以来，考察政务于东洋者，趾踵相错，然派遣者不过各省疆吏私遣之委员，考察者亦仅警察学务一部之庶务，人微事轻，其影响于我国政界者，区区至不足道。今朝廷赫然发愤，特简专员，游历各国，其所简者皆内参枢密外膺疆寄于政界占大势力之重臣也，而其职任又令聚精会神以考求一切政治为专职者也，而

---

[1] Peter Zarrow, *The Search for Political Modernity in the Late Qing*, Constitutionalism and the Imagination of the State, "中央研究院"近代史研究所主办："生活、知识与中国现代性国际学术研讨会"，2002年11月21日至23日。

122

受任诸公又类皆才略素裕雅负时望于政界铮铮有声者也，其影响我国宜非曩者之比。[1]

五大臣出洋考察政治时期，梁启超在《申论种族革命与政治革命之得失》一文中，再次强调了立宪的要义："故夫吾之言立宪，非犹流俗人之言立宪也。流俗人之言立宪，则欲其动机发自君主，而国民为受动者；吾之言立宪，则欲其动机发自国民，而君主为受动者。……故流俗人之言立宪，见夫朝廷派大臣出洋考察政治，则欣然色喜，谓中国立宪将在此役。吾之言立宪，则认此等举动与立宪前途殆无关系，即有之，而殊不足以充吾辈之希望，或且反于吾辈之希望，而所谓真正之立宪政治，非俟吾民之要求，不能得之。"[2] 五大臣出洋考察回国后，梁启超又代考察团起草奏折、考察报告。经学者夏晓虹的考察可知："梁启超在1906年6、7月间，为清廷派遣的出使各国考察政治大臣戴鸿慈与端方代拟了五篇奏稿，即《请定国是以安大计折》、《请改定官制以为立宪预备折》、《请定外交政策密折》、《请设财政调查局折》与《请设立中央女学院折》。"[3] 而这五篇奏稿在清末的政体变革中又发生过怎样的作用呢？时人已经注意到，"计自四大臣归国以迄宣布立宪，才足一月"。出洋大臣的建议对清廷的影响可见一斑，随后，宣示预备立宪的诏书也显然接受了诸王公、大臣共同阅看的戴鸿慈与端方奏稿《请改定官制以为立宪预备

---

[1]《东方杂志》1905年第2卷第9期。
[2] 梁启超：《申论种族革命与政治革命之得失》，载张枬、王忍之编：《辛亥革命前十年间时论选集》（第二卷上册），生活·读书·新知三联书店1960年版，第231页。
[3] 夏晓虹：《梁启超代拟宪政折稿考》，载《现代中国》第十一辑，北京大学出版社2008年版，第28页。

折》中的建议，明确强调"预备立宪基础"，"必从官制入手，亟应先将官制分别议定，次第更张"。[1] 由此可见，梁启超所代拟的奏稿在清廷预备立宪中所起的作用甚大，正如夏晓虹所说："清廷从宣示立宪，到中央与地方的官制改革以及其他体制变更，在前台积极出演的固然是戴鸿慈、端方直至奕劻等大臣，而背后的设计者与总顾问实为梁启超。"[2] 这已经足以说明在清末政体改革过程中，立宪人士的主要代表人梁启超直接介入到了清廷最高层的政治决策运作中。

1907年，当立宪人士与《民报》的论争告一段落后，梁启超又主张速开国会，他的这次转变受到了杨度的影响，杨度在给梁启超的信中曾阐述过关于速开国会的思考和主张。同时，梁启超的这次转变也与他自身观念的一些变化息息相关。1906年之前梁启超在论述议院和国会时，认为还不能实行立宪，因为当时民众还不具有制定宪法等法律的能力，也即民众还没有能力实行立法权。但是1907年之后，梁启超特别关注改造政府的问题，"改造政府者，亦曰改无责任之政府，为有责任之政府云尔。"而如何改造政府，他认为"斯则在国民也已矣"，[3] 也即通过国民的监督改造政府。正如李晓东所说，"梁启超不再把讨论的重点放在立法权和宪法上，而是放在国会的监督机能上，他主张通过国会

---

[1]《宣示预备立宪先行厘定官制谕》，载故宫博物院明清档案部编：《清末筹备立宪档案史料》（上册），中华书局1929年版，第44页。

[2] 夏晓虹：《梁启超代拟宪政折稿考》，载《现代中国》第十一辑，北京大学出版社2008年版，第31页。

[3] 梁启超：《政闻社宣言书》，载张枬、王忍之编：《辛亥革命前十年间时论选集》（第二卷下册），生活·读书·新知三联书店1960年版，第1055页。

的监督，使政府成为一个'有责任的政府'"。[1] 不仅如此，梁启超认为政府和国民可以相互促进，立宪政治是一种国民政治，要使立宪政治成为现实必须求诸国民，如上文所阐述的，须国民具有立宪的能力。他说："夫国民必备此三种资格，然后立宪政治乃能化成，又必先建设立宪政治，然后国民此三种资格乃能进步。谓国民程度不足，坐待其足然后立宪者妄也；但高谈立宪，而于国民程度不一厝意者，亦妄也。"[2] 以此梁启超把"实行国会制度建设责任政府"作为政闻社的第一大纲，从而通过立宪请愿运动提出了"速开国会"的政治口号。梁启超的这一转变，固然与对政府的不信任有关，"'国民程度'说，尚为无责任之政府所借口，思假此以沮其（立宪）进行，则与国民相提携以一雪此言，其事更刻不容缓"[3]；同时也与传统的民本思想具有密切的关联，为了使君主政府成为有责任的政府，人民必须自己联合起来对政府进行监督，而国会在他看来正是发挥了这一作用，"在这个意义上，国会对梁启超来说，是克服传统民本思想的缺陷、使民本思想制度化的机关"。[4] 此后，梁启超专注于国会请愿运动，在《国风报》上陆续发表文章，如《为国会期限问题敬告国人》《论请愿国会当与请愿政府并行》《论政府阻挠国会之非》等文章，阐述各省谘议局议员吁请缩短国会期限的缘由在于政府的

---

[1] 李晓东：《东亚的民本思想与近代化——以梁启超的国会观为中心》，"中央研究院"东北亚区域研究所2001年版，第35页。
[2] 梁启超：《政闻社宣言书》，载张枬、王忍之编：《辛亥革命前十年间时论选集》（第二卷下册），生活·读书·新知三联书店1960年版，第1059页。
[3] 梁启超：《政闻社宣言书》，载张枬、王忍之编：《辛亥革命前十年间时论选集》（第二卷下册），生活·读书·新知三联书店1960年版，第1063页。
[4] 李晓东：《东亚的民本思想与近代化——以梁启超的国会观为中心》，"中央研究院"东北亚区域研究所2001年版，第41页。

筹备立宪有名无实。他认为"是故速开国会云者,非谓宪政以有国会而即为告成,正谓宪政必赖国会而始能预备耳。"[1] 速开国会,能够革除一切贫弱的根源,如"吾国速开国会,士民既有议政之权,忠爱油然发生,自当受国法之检束","若速开国会,即无官僚不负责任之弊也。夫立宪国之所谓责任内阁者,指内阁对国会负责任而言。"[2] 在国内立宪人士组织的轰轰烈烈的国会请愿运动中,梁启超成为实际的精神指导者。国会请愿运动不仅改变了清廷预备立宪的期限,而且逐渐改变了清廷预备立宪的实质。正如有学者所说:"1909年省谘议局作为新生力量登上了历史舞台。到1908年为止,立宪概念和准备计划的发展始终局限在清政府内部。而省谘议局成立后,形势剧变。三年之中,省谘议局成功地改变了政府的立场,并和革命党人一起开始主张实行立宪,其主要精神是将主权从天上转到人间,从皇帝手中转到百姓手中。"[3] 关于清廷对立宪概念的认识和准备计划将在第四章中论述。

小 结

清朝末年是一个风云变幻的时代,庚子国变之后西方列强以

---

[1] 沧江(梁启超):《国会期限问题》,载张枬、王忍之编:《辛亥革命前十年间时论选集》(第三卷),生活·读书·新知三联书店1960年版,第601页。

[2] 《国会请愿同志会意见书》,载张枬、王忍之编:《辛亥革命前十年间时论选集》(第三卷),生活·读书·新知三联书店1960年版,第607—608页。

[3] [瑞士]诺柏尔特·麦恩北:《清政府对立宪的准备——清政府对宪政的理解》,载明清史国际学术讨论会秘书处论文组编:《明清史国际学术讨论会论文集》,天津人民出版社1982年版,第356页。

无形瓜分的方式加紧对中国主权的渗透和掠夺,西方文化和政治思想接踵而至。本章在此背景下论述了立宪人士关于君主立宪政体构想的产生依据、形成过程以及对清廷的影响,主要由立宪人士的民权与法治思想、立宪人士的政体选择构想和立宪人士对清廷的影响三部分构成。

关于立宪人士的民权和法治思想。立宪人士首先从现代民族国家思想入手,论述了国家与国民的密切关系,认为国家是由国民组成的,民强则国强;国权与民权相辅相成,民有权则国有权。国家的存在是为了保护国民的天赋人权,国民应该拥有立法权,通过制定良善的法律保障民权不受侵害。而中国贫弱的原因在于专制政府专权和毁坏民权,致使民众无权。其次,立宪人士通过培育新民达到"兴民权"的目的。新民必须拥有权利思想、自由权利、独立和自治思想。在塑造新民的思想中,立宪人士既关注到新民的权利思想,又关注到权利是需要法律保障的,因此争取立法权制定良善的法律是保障权利的重要途径;既关注到新民必须拥有自由思想,又关注到自由是以不侵犯其他人的自由为限,自由与服从相关联,因此新民必须服从公理、法律和多数人的决议;既关注到新民的自治和独立思想,又关注到自治和独立需要制度的保障,而设立地方议会、实行地方自治就是培育新民自治性和独立性的重要手段。再次,在政府与人民的关系方面,立宪人士认为政府和人民需要一定的权限划分,而权限划分需要法律的规范和政治制度的保障,立宪政体的制度设计是规范政府和人民权限的制度保障,他们引入孟德斯鸠的三权分立学说,认为通过政治制度的设计能够实现对民权的保障。总之,立宪人士认为中国要富强,首先需要改变君主专制政体,实行立宪政体,实现法治以保障民权，而民权的强大是国家强大的基础。

关于立宪人士政体选择的构想及其与革命人士的论争。立宪人士首先从西方政体的类别分析入手，认为君主立宪政体是最优良的政体。君主立宪政体是有限权的政体，是限制君权官权、保障民权的政体，是宪法至上的法治政体。中国当时由于民智未开不能立刻施行君主立宪政体，需要一定的预备期。立宪人士提议实行地方自治，推行地方议会和选举制度，并认为地方自治是保障民权和实现法治的重要途径。他们认为满汉应该团结，建立一个大民族主义的君主立宪政体的国家。其次，在与革命人士的论争中，立宪人士阐明革命的方式不可能实现民主共和政体，中国民众目前没有能力建立民主共和政体，并且中国目前也不能立刻实行君主立宪政体，因此中国目前应该实行的是开明专制的政体模式，以作为君主立宪政体的预备阶段。

关于立宪人士对清廷政体选择的影响。立宪人士通过对君主立宪政体的宣传和对俄国革命运动的分析，让清廷逐渐接受了君主立宪政体的模式，然后通过对清政府官员的渗透和影响，使官员们广泛地陈请立宪，特别是为出洋考察政治的五大臣代拟奏折使立宪人士的主张直接参与到清政府的高层决策中，在清廷的政体选择中发挥了重要作用。后期，立宪人士通过参加谘议局，组织国会请愿运动，进一步改变了清廷立宪预备计划的期限和方向。立宪人士对清廷的政体选择可谓影响深远。

第四章
清末革命人士民主共和政体的构想

清末庚子国变以及随后《辛丑条约》的签订，进一步暴露了清政府的无能和卖国行径。许多有识之士对清政府失去信心，由此革命的思想和观念开始涌动。受到革命思潮影响的革命人士态度激烈，他们远离统治者，构想推翻清政府，建立一个新政权，"采取暴烈手段，不惜牺牲一切，从事根本而彻底的改造"[1]。随着中国局势的变化，革命人士的影响逐渐扩大。1900年革命人士组织惠州起义，虽然以失败告终，但是以孙中山为首的革命人士在国人特别是青年学生的眼里形象却大大地改善了。他们不再被看作叛乱者，而是"为改善国民的境况而工作的爱国的、忠诚的革命者"[2]。国内的青年学生和留日学生开始支持革命活动，在日本的学生还发行了《国民报》和《二十世纪之支那》等报纸，以宣传革命事业。特别是1903年，邹容在《苏报》上发表《革命军》一文，以激扬的文字宣传革命，攻击清政府。清政府以武力镇压，将邹容、章太炎逮捕，造成轰动的"苏报案"。随

---

[1] 张朋园：《立宪派与辛亥革命》，吉林出版集团有限责任公司2007年版，第7页。
[2] [美]徐中约：《中国近代史》，计秋枫、朱庆葆译，香港中文大学出版社2001年版，第467页。

清朝末年的法治思想

后，年仅20岁的邹容死于狱中，这极大地激起了国人的愤怒，革命浪潮迅速掀起。国内成立了一些支持革命活动的社团，如蔡元培在上海创立了光复会，黄兴在长沙组织了华兴会。1905年，在孙中山的倡议下，革命人士决定联合成立一个统一的组织，即中国同盟会，简称同盟会。同盟会以"驱除鞑虏，恢复中华，创立民国，平均地权"为纲领，并选举孙中山为主席，黄兴为执行部庶务长，黄兴有权在孙中山缺席时代行其职权，在成立仪式上约有七十人加入该会。同盟会成立后，在他们的机关报《民报》[1]的发刊词上，孙中山将同盟会的纲领进一步发挥，解释成"民族、民权、民生"三大主义。革命人士以《民报》为阵地展开了与以梁启超为主的立宪人士的激烈论战，[2]革命人士在论战中不仅更详尽地解读了民族、民权、民生三大主义，宣扬了革命理论，而且进一步扩大了影响，使同情和参与革命人士的人渐多。《中兴日报》有论云："《民报》与《新民丛报》笔战，《新民丛报》失败，而东京革命党日多；《中国日报》与某报笔战，某报失败，而香港、内地之革命成；本报与该报（《南洋总汇》报）笔战，该报失败，而南洋各埠侨民之表同情者日众。"[3]可见文字宣传在革命运动中所起的重要作用。

---

[1] 同盟会成立时，黄兴将《二十世纪之支那》转变为同盟会的机关刊物，但是不久，由于《二十世纪之支那》刊发了一篇题为《日本政客之经营中国谈》的文章，触怒了敏感的日本政府而被停刊，革命人士于是将之改名为《民报》，《民报》就成为同盟会的机关刊物。（参见［美］徐中约：《中国近代史》，计秋枫、朱庆葆译，香港中文大学出版社2001年版，第469页。）

[2] 这场论战带有很大的情绪性和人身攻击性，列文森记录了梁启超在政闻社第一次大会上讲话时被革命人士围攻的事情。（参见［美］约瑟夫·列文森：《梁启超与中国近代思想》，刘伟、刘丽、姜铁军译，四川人民出版社1986年版，第99页。）

[3] ［日］御胡次郎：《咄咄虏廷创设华字日报能解散革命党耶》，载《中兴日报》1909年3月28日。

第四章　清末革命人士民主共和政体的构想

第一节　革命人士的民权和法治思想

清朝末年，西方学者的政治思想和著作被广泛地介绍到中国来，前文已经进行了详细的介绍。在世纪之交的思想观念移植中，当时年轻的留日学生积极参与到对新思想的介绍和传播中，他们利用学习之余翻译一些日文的西方学者著作，急切地向国人宣传西方的政治思想，并形成了他们关于中国政局的认识和观点。这些留日学生中有一部分就是革命人士，还有的后来成了革命人士。庚子国变后中国的局势日益恶化，西方列强运用"无形之瓜分"的方式逐渐侵蚀中国的主权，清政府无力回应和无望的举措激怒了有识之士。西方民族独立的思想、民权革命的观念、天赋人权等自由、平等观念的传入更增强了他们的反政府情绪，建立一个现代民族国家成为革命人士的共同追求。

一、主张建立现代国民国家的民权和法治思想

革命运动兴起之后，革命志士创办报纸、期刊，大力宣传西方的革命思想和民主观念，倡导民族主义，宣扬建立现代的国民国家。他们宣传君臣平等的思想，如在《国民报》上刊登的《原国》一文中说："故所谓君者出焉，所谓臣者出焉，皆为民理事者也"[1]，指出君臣都是代民办事的人，与民地位是平等的。不仅如此，君臣和民都同时受到国法的限制，"聚人民、君主、官

---

[1]《原国》，载张枬、王忍之编：《辛亥革命前十年间时论选集》（第一卷上册），生活·读书·新知三联书店1960年版，第63页。

清朝末年的法治思想

吏各部而谓之国，其义一也。故一国之中有国法，为民者守之，为君、为臣者守之。民犯国法，谓之乱民；君犯国法，谓之暴君；臣犯国法，谓之贼臣。其名不同，其罪同也。"[1] 只是文中并没有指出君臣民触犯法律要受同样的制裁。20世纪初革命人士受到激荡局势的刺激，对中国的学术、政治、法律进行了批判，并倡导20世纪的中国是民权国家，国民应该承担起国家兴亡的责任。《二十世纪之中国》一文中这样说道：

> 故夫学术者，所以智民也，而民贼愚之。……是故中国之学术，为一人矣，而中国无学术。政治者，国民公共之机挽也，而民贼专之。……是故中国之政治，为一人矣，而中国无政治。法律者，国民之公器，称之曰国法，非一家之法也，而民贼私之。……是故中国之法律，为一人也，而中国无法律。
>
> 在种吾民革命之种子，养吾民独立之精神，而可一言以蔽之曰：民权而已。……"民权之公理，非奴隶所敢"言。呜呼，民权之集，是为国权；民而无权，国权何有？
>
> 今日已二十世纪矣！我同胞之国民，当知一国之兴亡，其责任专在于国民。……二十世纪之中国，为民权之枢纽矣。[2]

---

[1]《原国》，载张枬、王忍之编：《辛亥革命前十年间时论选集》（第一卷上册），生活·读书·新知三联书店1960年版，第64页。

[2]《二十世纪之中国》，载张枬、王忍之编：《辛亥革命前十年间时论选集》（第一卷上册），生活·读书·新知三联书店1960年版，第68—71页。

他们列举欧洲国家的事例，说明民权兴起的过程，认为当时法兰西国家自由平等思想的宣传起到了很大的作用。文中说："岂知自由平等之主义，已浸淫于国民之脑筋，民政之党密布于全欧，主权在下之说，一倡百和，云集景从，以反抗维也纳之会议。……于是荷兰王国由立宪政而议院政矣；丁抹国由专制政而立宪政矣；法、奥二国，本民主旨义，立宪法、开议院矣。由是而成今日民权之世界。呜呼，公理所在，固非人力所能压抑也。"[1] 由此说明自由、平等、民权思想对国家政治的影响。

关于国民与奴隶的区别，《国民报》刊登了一篇《说国民》，文中说道："何谓国民？曰：天使吾为民而吾能尽其为民者也。何为奴隶？曰：天使吾为民而卒不成其为民者也。故奴隶无权利，而国民有权利；奴隶无责任，而国民有责任；奴隶甘压制，而国民喜自由；奴隶尚尊卑，而国民言平等；奴隶好依傍，而国民尚独立。此奴隶与国民之别也。"[2] 作为一个国家的国民，应拥有一定的权利，如自由权、平等权，并承担一定的责任。该文对何谓权利、责任、平等、自由进行了解读：

> 何谓权利？曰：天之生人也，既与以身体自由之权利，即与以参预国政之权利。故一国行政之权吾得而过问之，一国立法之权吾得而干涉之，一国司法之权吾得而管理之。
>
> 何谓责任？曰：奴隶之所顾者为一人一家之事，国

---

[1]《二十世纪之中国》，载张枬、王忍之编：《辛亥革命前十年间时论选集》（第一卷上册），生活·读书·新知三联书店1960年版，第70页。

[2]《说国民》，载张枬、王忍之编：《辛亥革命前十年间时论选集》（第一卷上册），生活·读书·新知三联书店1960年版，第72页。

民之所顾者为同国同种之事。……国民之遇事也，有勇往冒险之心，故一国之事即一人之事，一人之事即一国之事，是率一国之人而皆任事者也。……无责任者，非国民也。

何谓自由？曰：粗言之则不受压制，即谓之自由焉耳。压制之道不外二端：一曰君权之压制，一曰外权之压制。……且也欲脱君权、外权之压制，则必先脱数千年来牢不可破之风俗、思想、教化、学术之压制。盖脱君权、外权之压制者，犹所谓自由之形体；若能跳出于数千年来风俗、思想、教化、学术之外，乃所谓自由之精神也。无自由之精神者，非国民也。

何谓平等？曰：天之生人也，原非有尊卑上下之分；自强凌弱众暴寡，而贵贱形焉，主奴判焉。故治人者为主则被治者为奴，贵族为主则平民为奴，自由民为主则不自由民为奴，男子为主则女子为奴，若是者谓之奴隶之国。国民则不然。冲决治人者与被治者之网罗，则人人皆治人者，即人人皆被治者；……夫然后一国之内无一人不得其平，举国之人无一人不得其所，有平等之民斯为平等之国，故不平等者，非国民也。[1]

由上文可知，国民拥有的权利是"天赋之权"，是因为"天之生人"所给予人的权利。文中关于自由、平等的解读显然并没有抓住其本质，只是描述了其某一个方面或现象而已。这也说明

---

〔1〕《说国民》，载张枬、王忍之编：《辛亥革命前十年间时论选集》（第一卷上册），生活·读书·新知三联书店1960年版，第72—74页。

当时法治思想的影响并不是太强。不过文中还指出了"权"需要宪法和法律规定,"中国之无国民,不自今日始也。……所谓国民者,有参政权之谓也。所谓权也者,在君主之国须经君主与议员所承认,在民主之国须经国民全体代表所许可,定为宪法布之通国,彼暴虐之君主,专擅之政府,多数之党派,皆不得而破坏之、专横之、攘窃之也。要之,国民之权利,须经宪法法律所定者,然后谓之权,不然则否。"[1] 可见革命人士已经逐渐认识到宪法的重要性。

关于自由、平等的思想,在《为外人之奴隶与为满洲政府之奴隶无别》一文中有如下论述:"今之所谓自由,所谓平等者,以其独立不羁完全无缺也。于一国之内,言论自由、出版自由、迁徙自由、集会自由、本身自主、家宅自主,下及诉求请愿、秘密书函、干涉行政之得失、选举议员之资格,无不有焉,此自由也。若夫上对君主,下对细民,均处一律之地位,无稍差异,此平等也。"[2] 由此可见革命人士在追求自由和平等时并没有充分考虑法律的规范,其法治思想的薄弱可见一斑。

革命人士还认识到国民与国家的密切关系,1903 年在《论中国之前途及国民应尽之责任》一文中说道:"夫国者,合无数之公民而为一有机体之物。政治之善恶,常视国民进化之程度为正比例,其民为自主独立之民,其国即为自主独立之国。故政治者

---

[1]《说国民》,载张枬、王忍之编:《辛亥革命前十年间时论选集》(第一卷上册),生活·读书·新知三联书店 1960 年版,第 76 页。
[2]《为外人之奴隶与为满洲政府之奴隶无别》,载张枬、王忍之编:《辛亥革命前十年间时论选集》(第一卷下册),生活·读书·新知三联书店 1960 年版,第 526 页。

不过人民之集合体而放一迴光返照者也。"[1] 可见国家政治的善恶与国民的进化程度紧密相连。在《新政府之建设》一文中也论述过："人民与国家有密接之关系，亡则人民与国家俱亡，存则人民与国家俱存，从未有国家亡而人民存，人民与国家离为二体者"，"吾中国固明明有国也，所以陷于无国之域者，惟吾国民不能尽政治上之责任故；吾中国固明明有主也，所以陷于无主之域者，亦惟我国民不能尽政治上之责任故"。[2] 可见国民与国家的存亡也是息息相关的。

二、主张建立民族国家的民权和法治思想

革命人士主张建立现代民族国家。在《民族主义论》一文中曾论述道："凡可以为国民之资格者，则必其思想同，风俗同，语言文字同，患难同其同也。根之于历史，胎之于风俗，因之于地理，必有一种特别的固结不可解之精神。盖必其族同也，夫然后其国可以立，可以固，不然则否。"此种说法所表达的观点就是，只有属于同一个民族的民众才有资格成为国民，才能建立一个国家。文章进一步指出："惟民族的国家，乃能发挥其本族的特性；惟民族的国家，乃能合其权以为权，合其志以为志，合其力以为力，盖国与种相剂者也。国家之目的，则合人民全体之力之志愿，以谋全体之利益也。"[3] 一民族一国家，民族与国家合

---

[1] 《论中国之前途及国民应尽之责任》，载张枬、王忍之编：《辛亥革命前十年间时论选集》（第一卷上册），生活·读书·新知三联书店1960年版，第463—464页。

[2] 《新政府之建设》，载张枬、王忍之编：《辛亥革命前十年间时论选集》（第一卷下册），生活·读书·新知三联书店1960年版，第580—581页。

[3] 《民族主义论》，载张枬、王忍之编：《辛亥革命前十年间时论选集》（第一卷下册），生活·读书·新知三联书店1960年版，第487页。

二为一的思想昭然若揭。

1905年在《同盟会宣言》中,孙中山指出:"中国者,中国人之中国,中国之政治,中国人任之,驱除鞑虏之后,光复我民族的国家。敢有为石敬瑭、吴三桂之所为者,天下共击之!"[1] 从而阐述了他关于中国民族的认识。同年在《〈民报〉发刊词》中,孙中山阐明了民族主义、民权主义、民生主义三大革命纲领,并阐述他是以欧美社会进化历程为蓝本来设计三民主义的。他说:

> 余维欧美之进化,凡以三大主义:曰民族,曰民权,曰民生。罗马之亡,民族主义兴,而欧洲各国以独立。洎自帝其国,盛行专制,在下者不堪其苦,则民权主义起。十八世纪之末,十九世纪之初,专制仆而立宪政体殖焉。世界开化,人智益蒸,物质发舒,百年锐于千载,经济问题继政治问题之后,则民生主义跃跃然动,二十世纪不得不为民生主义之擅场时代也。是三大主义皆基本之民,递嬗变易,而欧美之人种胥冶化焉。[2]

这彰显了孙中山按照欧美社会的民族主义—民权主义—民生主义的顺序推进革命运动的思想。他认为中国几千年的专制统治,"异种残之,外邦逼之,民族主义、民权主义殆不可以须臾缓,而民生主义,欧美所虑积重难返者,中国独受病未深,而去

---

[1] 孙中山:《同盟会宣言》,载《孙中山选集》(上册),人民出版社1956年版,第68—69页。
[2] 孙中山:《〈民报〉发刊词》,载《孙中山全集》(第1卷),中华书局1981年版,第288页。

之易",所以"不可不并时而弛张之"。[1] 三民主义的宗旨在《民报》社章所标举的六大宣传目标中得以阐发,这六大宣传目标是:(一)颠覆现今之恶劣政府;(二)建设共和政体;(三)土地国有;(四)维持国家之真正和平;(五)主张中国、日本两国之国民的联合;(六)要求世界列国赞成中国之革新事业。[2]

汪精卫在《民报》上发表了《民族的国民》一文,对民族国家与国民的复杂关系进行了阐述。他首先阐述了欧洲的民族公例,即在一个国家中民族与国民的关系是复杂的,一般有两大例,一是以一民族为一国民;二是民族不同,同为一国的国民。后者又分为两类:即不同的民族不加以变化就成为同一国家的国民,这种情况可能形成仅在政治上统一的松散国家,征服民族与被征服民族不平等地共存于一个国家;另一类为不同民族同化为一民族而成为一个国家的国民,同化的方法有四个,即势力相同的诸民族融合成一个新民族,多数征服者吸收少数被征服者,少数征服者同化多数被征服者,少数征服者被多数被征服者同化。[3] 以民族公例为前提,作者进行了具体的分析。他认为,四千年来我国处于多数民族吸收同化少数民族的状态,而到了清朝我国则沦落为另一种状况,即作为少数民族的满族从各方面强迫其他民族与之同化,迫使民众铲除民族思想,因此作者呼吁,"呜呼!吾愿我民族实行民族主义……呜呼!吾愿我民族自审民

---

[1] 孙中山:《〈民报〉发刊词》,载《孙中山全集》(第1卷),中华书局1981年版,第288页。
[2] 张玉法:《清季的革命团体》,北京大学出版社2011年版,第278页。
[3] 精卫(汪兆铭):《民族的国民》,载张枬、王忍之编:《辛亥革命前十年间时论选集》(第二卷上册),生活·读书·新知三联书店1960年版,第83—85页。

族同化公例上之位置，以求自处。"[1]

孙中山在日本东京《民报》创刊周年纪念会上的演说中指出，"民族主义，并非是遇着不同种族的人，便要排斥他，是不许那不同种族的人，来夺我民族的政权，因为我们汉人有政权才是有国，假如政权被不同种族的人所把持，那就虽是有国，却已经不是我汉人的国了。"[2] 他指出，有人说民族革命是要灭绝满洲民族，这是大错特错的，"民族革命的缘故，是不甘心满洲人灭我们的国，主我们的政，定要扑灭他的政府，光复我们民族的国家"[3]，从而把民族主义与狭隘的种族革命进行了区分。

从以上革命人士关于建立民族国家的认识上可以看出，他们把国民的资格局限在同一个民族上，从而把民权也局限在同民族的民众中。在建立民族国家的构想中，革命人士对法治思想很少阐发，他们运用的理论是民族公例。

然而刊登在《江苏》杂志中的《新政府之建设》一文需要引起重视。在这篇文章中，作者汉驹在关注民族建国主义和帝国主义两大思潮之外，还关注了平民政治和法治主义两大思想学说。他在文章中说道："组织民族的国家，建设新政府，为强立中国之基础，为保存汉种之本根，是固然矣；然凡一国之内，同时不能并立两政府，专制政体之下必无共和政体出，旧政府之下必无新政府立。故东西爱国之士，欲开共和政体必先破专制政体吗，

---

[1] 精卫（汪兆铭）：《民族的国民》，载张枬、王忍之编：《辛亥革命前十年间时论选集》（第二卷上册），生活·读书·新知三联书店1960年版，第100页。
[2] 孙中山：《三民主义与中国前途》，载《孙中山选集》（上册），人民出版社1956年版，第73页。
[3] 孙中山：《三民主义与中国前途》，载《孙中山选集》（上册），人民出版社1956年版，第74页。

清朝末年的法治思想

欲立新政府必先倒旧政府，是不得不然之阶级也。"[1] 表达了他关于建立民族国家新政府必须推翻旧政府和旧政体的思想。然后他又指出，在一个专制的国家想要建设新政府，"必以全国人民政治上之思想、之智识、之能力为精髓、为骨骼，必也全国人民富于政治思想、足于政治智识、强于政治能力而后始可以成功。"[2] 文章认为欧美国家盛行的平民政治和法治国两大主义是建设新政府必备的思想和智识，并对这两大主义进行了详尽的介绍。

所谓平民政治者，乃大出现于十九世纪。自平民政治之主义一出而政治界之魔贼不存，于是乎一国主权平民操之，万般政务舆论决之，政治之主人则属一国之平民，政治之目的则在平民大多数之幸福，政治之之策略则取平民之公意。国中有国民而无臣民，有主人而无奴隶。一国大多数之平民莫不享有公权，法律之外无论何人均不得而剥夺之，而人之天赋权能得以保存不失。

为文明之实体、为幸福之保障者，非近世法治国之一大主义耶？法治国一主义，在欧美非已成为立国之基础耶？法治国之实体，非所谓法律神圣之一物耶？法律者，非总本原于宪法，总表准于宪法而制出耶？宪法一物，在近世欧美，未发布者尚有若干国耶？自欧美各国承大革命大破坏之后，爱国者救世者，知人民之自由权

---

[1] 汉驹：《新政府之建设》，载张枬、王忍之编：《辛亥革命前十年间时论选集》（第一卷下册），生活·读书·新知三联书店1960年版，第581—582页。
[2] 汉驹：《新政府之建设》，载张枬、王忍之编：《辛亥革命前十年间时论选集》（第一卷下册），生活·读书·新知三联书店1960年版，第582页。

利，不可以强权压抑也，革命破坏之祸，知非大张民权纯任自由不可混也；于是乎莫不有宪法之发布，煌煌然悬为国典，有神圣不可侵犯之威严。宪法既布，遂尔公平法律渊源之而出焉，法治国之实体表准之而立焉。率一国人民无强无弱、无尊无卑、无智无愚、无贵无贱，均受治于法律下而无稍偏陂。举人群之生命财产、身体名誉、无大无小，无彼无此，均支配于法律下而莫不公平。[1]

从以上的介绍可知，人民主权、天赋人权的思想以及法律至上的法治观念已经受到革命人士的特别关注。他们认识到这些思想所形成的"光明政局"和"伟大昌隆的气象"，都有些心花怒放和欢欣鼓舞之感。但观察中国现状，他们又认为中国无平民政治、无法治国主义，要使中国国民的权利得到保障，人民的幸福得以实现，必须用心经营平民政治和法治主义。文章说道：

> 平民政治也、法治国也，非生长于自然，而构成于人为之竞争。彼方之开拓此平民政治也，莫不由先倒寡人政治而来；彼方之构造此法治国也，莫不由先破专制治国而成。从未有不加人为之经营，不费心力之规画，任其自然，而能自伴社会以次第进化者也。然则吾国民而欲享受平民政治之权利，其必自倒寡人政治始；吾国民而欲沐浴法治国之幸福，其必自破专制治国始。诚欲

---

[1] 汉驹：《新政府之建设》，载张枬、王忍之编：《辛亥革命前十年间时论选集》（第一卷下册），生活·读书·新知三联书店1960年版，第584—586页。

倒寡人政治，诚欲破专制治国，则必自自建设新政府始。[1]

文章分析了平民政治、法治国主义、民族、帝国四大主义，提出了建设新政府的主张，认为政府是国家的机关，并指出政府的三大性质，即"一、政府必由全国国民所组织，而以全国国民为政府之实体；一、政府必为全国国民之机关，而以全国公共事务为政府之职掌；一、政府必以全国国民为范围，而专谋全社会幸福为目的。"[2] 可见新政府是专为国民的幸福而设计的。文章最后指出，如果由一个民族所组成的国家具有这样的政府的话，这个国家必定强大，这个民族必定繁荣昌盛。

邹容在《革命军》中从民众革命教育的角度阐述了建立民族国家的民权和法治思想。他提出民众革命教育的要点主要有以下几点：一是"去奴隶根性"[3]。去奴隶根性是确立民权的基础，是让"人人当知平等自由之大义，有生之初，无人不自由，即无人不平等，初无所谓君也，所谓臣也。若尧、舜；若禹、稷，其能尽义务于同胞，开莫大之利益，以孝敬于同胞，故吾同胞视之为代表，尊之为君，实不过一团体之头领耳，而平等自由也自若。"[4] 同胞知道了人人拥有平等自由之权利，那么今日的革命

---

[1] 汉驹:《新政府之建设》，载张枬、王忍之编:《辛亥革命前十年间时论选集》(第一卷下册)，生活·读书·新知三联书店1960年版，第587—588页。

[2] 汉驹:《新政府之建设》，载张枬、王忍之编:《辛亥革命前十年间时论选集》(第一卷下册)，生活·读书·新知三联书店1960年版，第593页。

[3] 详见邹容:《革命军》，载载张枬、王忍之编:《辛亥革命前十年间时论选集》(第一卷下册)，生活·读书·新知三联书店1960年版，第671—674页。

[4] 邹容:《革命军》，载张枬、王忍之编:《辛亥革命前十年间时论选集》(第一卷下册)，生活·读书·新知三联书店1960年版，第667页。

就是共同驱逐"君临我之异种，杀尽专制我之君主"，从而恢复民众的天赋之权利。二是教育同胞当有政治法律的观念。"政治者，一国办事之总机关也，非一二人所得有之事也。……法律者，所以范围我同胞，使之相无过失耳。"[1] 以上是民众革命教育的主要方面，通过教育还将使国民拥有以下方面的道德：

一，曰养成上天入地，惟我独尊，独立不羁之精神。

一，曰养成冒险进取，赴汤蹈火，乐死不避之气概。

一，曰养成相亲相爱，爱群敬己，尽瘁义务之公德。

一，曰养成个人自治，团体自治，以进人格之人群。[2]

三、革命人士建国争取民权的思想

革命人士认为在专制政体的国家中，要争取民权自由必须经过流血牺牲，必须推翻专制政府的统治，而在这个过程中，革命人士肩负重任。在《中国灭亡论》一文中，作者指出，世界上无论何种政体的国家都拥有主权，"世界之国，不论为君主、为民主、为君民共主，凡有主权者则其国存，无主权者则其国亡。故独裁君主之国其主权萃于元首，民主之国其主权萃于国民全体之代表，君民共主之国其主权萃于君主与议院。……若是者乃谓之主权，若是者乃谓之有主权之国。"[3] 唯独中国，由于西方列强

---

[1] 邹容：《革命军》，载张枬、王忍之编：《辛亥革命前十年间时论选集》（第一卷下册），生活·读书·新知三联书店1960年版，第667页。

[2] 邹容：《革命军》，载张枬、王忍之编：《辛亥革命前十年间时论选集》（第一卷下册），生活·读书·新知三联书店1960年版，第667页。

[3] 《中国灭亡论》，载张枬、王忍之编：《辛亥革命前十年间时论选集》（第一卷上册），生活·读书·新知三联书店1960年版，第79页。

的侵蚀，中国已经"失兵权、失法权、失江海权、失财政权、失交通权"，而中国要改变这种悲惨的状况，首先需要豪杰之士的倡导和率领。文中说道：

> 凡国之所以因祸而为福、转败而为功者，必赖千百志士不畏艰难以肩巨任，杀身以易民权，流血以购自由，前仆后兴，死亡相继，始能扫荡专制之政治，恢复天赋之权利。此今日民权之世界所由来也。……故有志士则兴，无志士则亡。
>
> 且夫世界文明之邦，其民之所以能革独裁专制之乱政，脱压抑羁绊之巨祸，享自由平等之幸福，操代议监政之实权者，岂有他哉，是必先有豪杰之士，其威望及于一部之国民，率彼以化导一国之舆论公议而日进于文明，以结成一公党为彼野蛮政府之劲敌，卒能组织内阁、出入国会以统辖一国人民，而一国骤至昌盛，此一定不拔之原因也。[1]

民众要获得民权、自由和平等，恢复天赋的权利，并推翻专制政体建立宪政政体，必须有志士的倡导和率领。这种观念与孙中山后期提出的革命党人是"先知先觉者"的理论非常相通，体现了一种精英政治的思想。章太炎在《正仇满论》中也表达了这种观念，"凡一国专制之主，而欲立之权限勿使自恣者，必有国会议院以遏其雷霆万钧之势者也，而是二者皆起于民权，非一人

―――――――
〔1〕《中国灭亡论》，载张枬、王忍之编:《辛亥革命前十年间时论选集》（第一卷上册），生活·读书·新知三联书店1960年版，第85页。

之所能立。方今霾曀屯否之世,愿所谓民权者安在乎?其必睿圣仁疆之大人,文能附众、武能却敌者,纠合众志,大鞃大搏,以与凶顽争命,而后可以就事;事之既就,人心所归必在英桀,则此睿圣仁疆者虽欲不居帝位,而抑无所遁。"[1] 可见,民权的争取需要仁人志士的倡导和率领,通过革命的方式才能成功。

第二节 革命人士的政体选择构想及与立宪人士的论争

政体选择属于政治革命的范畴。而政治革命则是"革专制而成立宪之谓也",即由专制政体转变为立宪政体,其转变的原因在于为保障民权和实现法治。随着民族国家思想的传播和西方政治思想的渗透,国民在国家公共事务中享有一定权利的思想已经被广为接受,通过政治革命实现民权和确立法治是立宪人士和革命人士的共识。但由于他们关于民权和法治思想认识的差异以及民族主义思想的不同,使他们在政体选择上出现了分歧。立宪人士希望通过渐进改良的方式实现君主立宪政体,而革命人士希望通过武力革命的方式实现民主共和政体。革命人士通过报刊文章和演说等方式对立宪人士的君主立宪政体构想进行了批驳,并阐发了他们关于政体选择的构想。

早在1901年,东京《国民报》刊登了《二十世纪之中国》一文,文章主旨在倡导革命,并引介了西方国家建立立宪政体的历史来激励国人:"昔者法兰西之民,受君主压抑之祸为最惨酷。

---

[1] 章炳麟:《正仇满论》,载张枬、王忍之编:《辛亥革命前十年间时论选集》(第一卷上册),生活·读书·新知三联书店1960年版,第98页。

清朝末年的法治思想

十八世纪之末，大革命起，倡自由平等之义者，声震全欧，列国专制之君闻声震骇，相与合从，求免复亡。……于是荷兰王国由立宪政而议院政矣；丁抹国由专制政而立宪政矣；法、奥二国，本民主旨义，立宪法、开议院矣。由是而成今日民权之世界。呜呼，公理所在，固非人力所能压抑也。"[1] 西方的立宪政体成为民权的保障，这已经成为一大公理被人们所接受。

1903年发表在《浙江潮》的《近时二大学说之评论》一文对立宪学说进行了评论：

中国者中国人之中国也，果为中国人之中国，立宪可，专制亦未尝不可，如今日之中国而立宪乎，则我亦犹是奴也，于我乎何有。……吾今日者，平其心，静其气，就实事不就空论，就势不就理，以与诸君论立宪。则分其节为三：曰中国之存亡其果立宪不立宪乎？曰今日之政府其果能立宪乎？曰立宪即可以求和平乎？夫原立宪说者万不得已之苦衷，则亦曰求和平而不打破局面已耳。

是故立宪者，大革命之媒也。世之求和平而又反酿乱者，未有不如是者也。夫日本昔日为争权也，故诏敕一下而即平，盖亦历史之故，而时机之得也。今日中国历史又不同，而其民既争权尤须争命，予其权而不救其命，此大革命之所由来也。[2]

----

[1]《二十世纪之中国》，载张枬、王忍之编：《辛亥革命前十年间时论选集》（第一卷上册），生活·读书·新知三联书店1960年版，第70页。

[2] 飞生：《近时二大学说之评论》，载张枬、王忍之编：《辛亥革命前十年间时论选集》（第一卷下册），生活·读书·新知三联书店1960年版，第522—524页。

并指出保留清政府的立宪政体设计存在的弊端,其中提到的三个问题发人深思。

同年,在《浙江潮》上发表的《敬告我乡人》一文论述了地方自治的政体设计,并认为自治是官治的补充。其中对自治的论述可谓详尽。

> 自治云者,对乎官治而言。近世之国家,其行政之机关,大别之为二:一曰官府,一曰自治体。官府为国家直接之行政机关,以直接维持国权为目的,如外交、军事、财政之类,皆官府所司之政务也。自治体为国家间接之行政机关,以地方之人治地方之事,而间接以达国家行政之目的,如教育、警察及凡关乎地方人民之安宁幸福之事皆是也。直接之行政名曰官治,间接之行政名曰自治。此行政法上常用语,而近世文明诸国皆行之有其实例者也。自治之制,盖所以补官治之不足,而与官治相辅而行……
>
> 而中国今日,以某之见,则必要之原因,尚有二事如下:其一,分政府之劳,以速改革之事业;其二,养人民之政治思想,炼人民之政治能力,以为立宪之准备。中国今日,非改革一切,不足以言自存,此人人知之……
>
> 立宪政体之要素,在人民之有参政权。参政权者,所以表国民为国家之分子。故有参预国家政治之职,谓

曰权利，实则义务是也。[1]

同年，《江苏》上发表了《政体进化论》和《中国立宪问题》两篇文章，对政体的选择提出了构想。其中《政体进化论》一文提出"政体之变，固贵因时，然先时则弊少，后时则弊多"。政体进化的标准在于民众所得到的幸福的多少，政体的进化与国民的文明程度相辅相成。文中说道："然政与民互为因亦互为果，政因民而日修，民亦因政而日化。政体之善者，必适合国民之程度，而又能谋将来之发达，使民日进于文明。故穆勒氏之论政体也，一则曰能使人民发达其智识道德及活动力者为善，否则为恶；再则曰设适宜之机关利用其智识道德及活动力者为善，否则为恶。"[2]根据这些标准，文章提出中国实际上存在由专制变为民主的希望。

> 如吾前所举民主政体成立之四因，吾国实有其三焉：（一）十八省得天然之地势，远胜美之十三州，以地理论可独立而为民主也；（二）专制之毒受之独久，反动力当独强，以物理论可独立而为民主也；（三）同胞四亿万，同文同风同利害，群策群力何事不成，以民族论尤可独立而为民主也。要之，具此三因，旧染之污必去之净尽，而新国既立人皆平等，更无人敢出而独揽大权，

---

[1]《敬告我乡人》，载张枬、王忍之编：《辛亥革命前十年间时论选集》（第一卷下册），生活·读书·新知三联书店1960年版，第497—499页。
[2] 竞盦：《政体进化论》，载张枬、王忍之编：《辛亥革命前十年间时论选集》（第一卷下册），生活·读书·新知三联书店1960年版，第542页。

第四章　清末革命人士民主共和政体的构想

二十世纪中,必现出一完全无缺之民族的共和国耳。[1]

以上文字说明,20世纪的中国有很大的希望成为民主共和政体国家。在《中国立宪问题》一文中,作者激愤地表达了自己的态度,"吾固崇拜立宪、馨香立宪、神圣不可侵犯立宪者也。虽然,吾独不愿中国言立宪,吾独不愿中国言君主立宪。"接着文章阐述了君主立宪政体的由来,"人心发奋,群思爱护祖国要求权利,而所谓同胞同种之王,亦具聪明文思之姿,鉴查利斯第一、路易第十六之前事,顺其风潮乘其时势,因成此过渡之政体,西欧列强莫不如是。"[2] 文章强调,君主立宪政体要求必须是同民族的君主,并且君主立宪只是一个过渡的政体。何况中国国民尚没有"要求宪法、拥护宪法、享受宪法之能力!徒使擅权据位之徒,出其狙公饲狙之手段,造成沐猴而冠之政体,于寻常专制腐败法律之中,添一钦定宪法以饰大地万国之瞻听,毋亦崇拜朝鲜而为斯效颦之下策乎,于国民幸福固何有也!"[3] 文章指出,民智不开无所谓立宪,立宪也不会给国民带来幸福,如果民智既开,君主立宪又不是国民所期望的,因此立宪毫无根据。

同年,《黄帝魂》上发表了章太炎的《驳康有为书》一文,批驳了立宪人士所倡导的君主立宪政体。文章指出,立宪而可以上书奏请是甚为可笑的事情,并且"以一人之诏旨立宪,宪其所

---

[1] 竞盦:《政体进化论》,载张枬、王忍之编:《辛亥革命前十年间时论选集》(第一卷下册),生活·读书·新知三联书店1960年版,第545页。
[2] 亚卢(柳亚子):《中国立宪问题》,载张枬、王忍之编:《辛亥革命前十年间时论选集》(第一卷下册),生活·读书·新知三联书店1960年版,第594页。
[3] 亚卢(柳亚子):《中国立宪问题》,载张枬、王忍之编:《辛亥革命前十年间时论选集》(第一卷下册),生活·读书·新知三联书店1960年版,第595页。

清朝末年的法治思想

宪，非大地万国所谓宪也"。[1] 而革命则能够开民智，"人心之智慧，自竞争而后发生，今日之民智，不必恃他事以开之，而但恃革命以开之。"革命也能达到建立民主政体的目的，"是故以赈饥济困结人心者，事成之后，或为枭雄；以合众共和结人心者，事成之后，必为民主。民主之兴，实由时势迫之，而亦由竞争以生此智慧者也。"[2]

1905年，中国同盟会成立，在《同盟会宣言》中，孙中山提出同盟会的四大纲领，并进行了解读。其中"建立民国"阐述了实行民权的制度设计，"建立民国。今者由平民革命以建国民政府，凡为国民皆平等以有参政权。大总统由国民共举。议会以国民公举之议员构成之，制定中华民国宪法，人人共守。敢有帝制自为者，天下共击之！"[3] 在宣言中，孙中山还提出了三个实现步骤，即第一期为军法之治，第二期为约法之治，第三期为宪法之治，"此三期，第一期为军政府督率国民扫除旧污之时代；第二期为军政府授地方自治权于人民而自总揽国事之时代；第三期为军政府解除权柄，宪法上国家机关分掌国事之时代。俾我国民循序以进，养成自由平等之资格，中华民国之根本胥于是乎在焉。"[4]

同年，中国同盟会的机关报《民报》上发表了陈天华的《论

---

[1] 章炳麟：《驳康有为书》，载张枬、王忍之编：《辛亥革命前十年间时论选集》（第一卷下册），生活·读书·新知三联书店1960年版，第758页。

[2] 章炳麟：《驳康有为书》，载张枬、王忍之编：《辛亥革命前十年间时论选集》（第一卷下册），生活·读书·新知三联书店1960年版，第760页。

[3] 孙中山：《同盟会宣言》，载《孙中山选集》（上册），人民出版社1956年版，第69页。

[4] 孙中山：《同盟会宣言》，载《孙中山选集》（上册），人民出版社1956年版，第70页。

中国宜改制民主政体》一文,文章提出军政、训政、宪政三阶段论,"满不去则中国不能以复兴。此吾侪之所以不欲如日本之君主立宪,而必主张民主立宪者,实中国之势宜尔也。……吾侪既认定此主义,以为欲救中国惟有兴民权改民主,而入手之方,则先之以开明专制,以为兴民权改民主之豫备,最初之手段则革命也。"[1]并指出欲养成国民的行宪能力,需要先经过开明专制的阶段训练,由此梁启超关于开明专制观点的影响力可见一斑。

同年,《民报》刊登了汪精卫的《民族的国民》,文章指出"立宪政体"的实质就是"法治国"。

> 国民者何?构成国家之分子也。以自由平等博爱相结合,本此精神,以为国法。法者,国民之总意也。政府者,国法所委托者也。故曰"法治国",故曰"立宪政体"。由之而政治根本与专制大异。……而立宪政体,有君权立宪、民权立宪二种。语君权立宪之由来,大抵其政体本为君权专制,殆国民主义日发达,政府人民互相反抗,而求相调和,乃立宪法,是故立宪君权国之宪法,其中根据事实而不合法理之污点,皆国民所未尝以血涤而去之者也。我民族而持民族主义与国民主义以向于吾国之前途也,则其结果,必为民权立宪政体,可预决也。[2]

---

[1] 思黄(陈天华):《论中国宜改创民主政体》,载张枬、王忍之编:《辛亥革命前十年间时论选集》(第二卷上册),生活·读书·新知三联书店1960年版,第125页。

[2] 精卫(汪兆铭):《民族的国民》,载张枬、王忍之编:《辛亥革命前十年间时论选集》(第二卷上册),生活·读书·新知三联书店1960年版,第111页。

点明了革命人士政治革命的宗旨在于建立保障民权、实现法治的民权立宪政体。而关于实现的步骤，汪精卫进一步阐扬了孙中山的三阶段论：

> 先生之言曰：革命以民权为目的，而其结果，不逮所蕲者非必本原，势使然也。革命之志，在获民权，而革命之际，必重兵权，二者常相抵触者也。使其抑兵权欤，则脆弱而不足以集事；使其抑民权欤，则正军政府所优为者，宰制一切，无所掣肘，于军事甚便，而民权为所掩抑，不可复伸，天下大定，欲军政府解兵权以让民权，不可能之事也。……察君权民权之转捩，其枢机所在，为革命之际，先定兵权与民权之关系。盖其时用兵贵有专权，而民权诸事草创，资格未粹，使不相侵，而务相维，兵权涨一度，则民权亦涨一度。逮乎事定，解兵权以授民权，天下晏如矣。定此关系厥为约法。革命之始，必立军政府，此军政府既有兵事专权，复秉政权。譬如既定一县，则军政府与人民相约，凡军政府对于人民之权利义务，人民对于军政府之权利义务，其荦荦大者悉规定之。军政府发命令组织地方行政官厅，遣吏治之，而人民组织地方议会，其议会非遽若今共和国之议会也，第监视军政府之果循约法与否，是其重职。他日既定乙县，则甲县与之相联，而共守约法。……推之各省各府亦如是。使国民而背约法，则军政府可以强制，使军政府而背约法，则所得之地咸相联合，不负当履行之义务，而不认军政府所有之权利。如是则革命之

始，根本未定，寇氛至强，虽至愚者不内自戕也。洎乎功成，则十八省之议会，盾乎其后，军政府即欲专擅，其道无繇。而发难以来，国民瘁力于地方自治，其缮性操心之日已久，有以陶冶其成共和国民之资格，一旦根本约法，以为宪法，民权立宪政体，有磐石之安，无漂摇之虑矣。〔1〕

从而实现孙中山的由军事扫除障碍，进而以约法训政培养国民的政治能力，最后达成立宪政治的三阶段论。

1906年，《民报》刊登了胡汉民的《"民报"之六大主义》一文，对孙中山的"民族、民权、民生"三大主义进行了阐发。关于政治革命，该文指出要"倾覆现今之恶劣政府"和"建设共和政体"，即倾覆清政府的君主专制政体，建立共和政体。文中说道："普通政治之论，反乎君主专制者，为共和。故共和政体，广义有三：曰贵族政体，曰民权政体，曰民权立宪政体。"而革命人士要实现的即民权立宪政体，"惟我汉族，民族思想与民权思想发达充满，故能排满，能立国，而既已能排满立国，则探乎一般社会之心理，必无有舍至平等之制不用，则犹留治人者与治于人者之阶级也。"〔2〕

同年，《民报》刊登了汪精卫的《再驳"新民丛报"之政治革命论》一文，批驳《新民丛报》中关于"我国民能为君主立

---

〔1〕 精卫（汪兆铭）：《民族的国民》，载张枬、王忍之编：《辛亥革命前十年间时论选集》（第二卷上册），生活·读书·新知三联书店1960年版，第112—113页。

〔2〕 汉民（胡汉民）：《"民报"之六大主义》，载张枬、王忍之编：《辛亥革命前十年间时论选集》（第二卷上册），生活·读书·新知三联书店1960年版，第376—377页。

宪，而不能为民主立宪"的观点，认为"以立宪为目的，至于其结果，则为君主立宪与为民主立宪，皆存乎事实，而非由国民之能力有优劣使之然也。"[1]《民报》还刊登了孙中山的《"民报"周年纪念大会上的演说》，孙中山在演说中重申了三民主义，"讲到那政治革命的结果，是建立民主立宪政体。照现在这样的政治论起来，就算汉人为君主，也不能不革命。……中国革命之后，这种政体最为相宜，这也是人人晓得的。"[2]

1907年9月3日，中华国民军南军都督王和顺的起事文告称："及从孙文先生游，得与闻治国之大本。始知民族主义虽足以复国，未足以强国，必兼树国民主义，以自由、平等、博爱为根本，扫专制不平之政治，间民主立宪之政体，行土地国有之制度。"[3]

革命人士关于政体选择的构想是民主立宪政体。革命人士主要从民族主义的角度思考，认为清政府并非汉人的政府，必须首先进行革命，推翻清廷的统治，然后再建立以保障民权和实现法治为要义的民主立宪政体。关于政体选择构想，除了孙中山在同盟会成立的纲领和《民报》发刊词中进行阐述外，主要通过革命人士与立宪人士的论争文章进行阐扬，在论争中进一步展现革命人士提出的实现民主立宪政体三阶段理论。

---

[1] 精卫（汪兆铭）：《再驳"新民丛报"之政治革命论》，载张枬、王忍之编：《辛亥革命前十年间时论选集》（第二卷上册），生活·读书·新知三联书店1960年版，第477页。

[2] 孙文（孙中山）：《"民报"周年纪念大会上的演说》，载张枬、王忍之编：《辛亥革命前十年间时论选集》（第二卷上册），生活·读书·新知三联书店1960年版，第537页。

[3]《中兴日报》1907年9月2日二版。转引自张玉法：《清季的革命团体》，北京大学出版社2011年版，第270页。

第三节　革命人士对清廷预备立宪的回应

革命人士在与立宪人士论争过程中,其民权和法治思想以及政体选择构想逐渐彰显。随着1906年清廷颁布预备立宪的谕旨,以及之后清廷开展了一系列预备立宪的举措,革命人士开始对清廷的立宪提出质疑和批驳,这对清廷起到直接的促进和监督作用,进一步督促清廷开展立宪准备工作。

1905年,《醒狮》上刊登宋教仁的《清太后之宪政谈》一文,文章针对西太后所说的关于立宪的一段话,即"立宪一事,可使我满洲朝基础永久确固,而在外革命党亦可因此消灭,候调查结局后,若果无妨害,则必决意实行"进行评论。文章认为"立宪一事,非利于国民,而不利于国政府者乎,非利于汉人,而不利于满人者乎。"[1] 进一步阐明,清廷如果实行立宪,必须要做到以下三点:"一、立宪国民,其义务必平等;其最普通者,则纳国税是也。……今能停给此项而令其与汉人同纳税乎?一、立宪国民,其权利必平等;其最普通者,则人人有被选举之权利是也。……今能破除此不平等之例,而将来选举议员,即一准人数以为率乎?一、立宪国民,有监督财政之权。汉人所纳国税,那拉氏任意挥霍。今能由议会制定其数,而一切财政皆能行预算决算法,使国民尽知乎?"[2] 文章认为清政府一定不能实行立

---

[1] 宋教仁:《清太后之宪政谈》,载张枬、王忍之编:《辛亥革命前十年间时论选集》(第二卷上册),生活·读书·新知三联书店1960年版,第70页。

[2] 宋教仁:《清太后之宪政谈》,载张枬、王忍之编:《辛亥革命前十年间时论选集》(第二卷上册),生活·读书·新知三联书店1960年版,第71页。

清朝末年的法治思想

宪，因为立宪会侵害满人的切身利益。

同年，《民报》上发表《论满洲虽欲立宪而不能》一文，文章指出："夫立宪者，非其条文是尚也，其民协同而能自治，然后宪法生，故能宪治者，惟民族之同。"[1] 由此对清政府实行立宪提出质疑。

五大臣出洋考察政治期间，载泽在日本邀请宪政专家伊藤博文演讲宪法，汪精卫在《民报》上专门刊发《希望满洲立宪者盍听诸》一文，不仅详细记录了伊藤博文的演说全文，并逐条批驳之。

> 伊藤氏所言只日本宪法中关于君主大权之规定，略举条文，落落数语，本无评论之价，惟吾有不能已于言者。……夫公等非以为立宪之后，则可申民权乎？可得自由乎？可得平等乎？然使如伊藤氏所教，如载泽等果从伊藤氏所教，则公等之希望将无一能达。
>
> 日本明治维新以前权在幕府，天皇拥虚名而已。迫与西洋相接，而有权夷倒幕及开港护幕之两派，迫其结果，乃开港而倒幕。幕府既倒，主权已移，实政治上之革命也。天皇为万世一系，曩者弃髦大位，无怨于民，归政之后，励精图治，犹有西乡隆盛挺起于西南，自由党弥漫于国内，然后二十三年之宪法，乃不能不发布也。[2]

---

[1] 蛰伸（朱执信）：《论满洲虽欲立宪而不能》，载张枬、王忍之编：《辛亥革命前十年间时论选集》（第二卷上册），生活·读书·新知三联书店1960年版，第114页。

[2] 精卫（汪兆铭）：《希望满洲立宪者盍听诸》，载《民报》第3号。

第四章　清末革命人士民主共和政体的构想

文章还指出宪政改革的推行实源于民权之增长：

> 宪法之制定率由于人民之力，大抵国家专制时代，民权孳孕已富，奋起与角彼专制者，必不遮让也。且力与民权相抵，犹两物相持，此进一步，彼脑一步，其民权锐进而君权姜缩，以至于尽者。……要之，君权在专制时代决不无故而自为制限，其不能不自为制限者，以民权逼之使然也。民权既奋，若不相让，终必糜碎，故不如制限之为愈也。……有民权而有宪法者矣，未闻因有宪法而有民权者也。何也？以民权能制造宪法，宪法不能产出民权也。
>
> 民权者，自生之、自长之者也，非他人授与之者也。公等诚生长其民权，则可以革命矣，若望立宪则是望人以民权授我也。英人、法人、普人、日本人奋其民权，而其结果或为民权立宪，或为君权立宪，由所遇之敌，与其为因应者不同，要其民权则固，自内发而非由外铄者也。[1]

文章指出，先有民权而后再制定宪法，实行立宪政体，而清政府的做法颠倒了立宪和民权的关系。

1906年清廷颁布预备立宪的谕旨后，举国欢呼相庆。而革命人士则持悲观看法，认为清廷的立宪必不能给国民带来幸福。"然则所谓国权者，非立法、行政、司法三大权乎？既欲立宪以

---

[1] 精卫（汪兆铭）：《希望满洲立宪者盍听诸》，载《民报》第3号。

划清国权,则必设议院、立内阁、创裁判所,各任其责,各行其是,夫然后国权可谓之划清矣。而今之立法者谁与?吾可断言曰政府。所谓贵族宪法是也。行政及司法者,舍今日之亲公、贝子、王侯、大臣者,其有谁属?盖举固有之政体易其名而已矣。"[1]其认识可谓不幸言中,后期清廷的预备立宪确实出现这种状况,正如时人孙宝瑄所记载的:"今朝廷革官制,厘权限,期清界域不相侵也;而诸部院行政范围,犹视其长官之强弱为广狭,强者往往横溢其势,虽涉人之藩不顾。弱者含忍,不敢与争,乌得云平,是固当置权限争议裁判矣,乃阒然无闻,宪法安在乎?"[2]

1908年,清廷的预备立宪已经全面展开,但是在实施过程中,一些举措并不尽如人意,反而让有识之士更加失望。《民报》发表《预备立宪之满洲》一文,列举预备立宪后的一些事实:一是通过立宪预备,满族扩张了在政事上的特权;二是巩固了满族军事上的实力;三是阻遏汉族的民气,如封禁报馆、拿办主笔等事情的发生;四是扩张满族人的生计。[3]从而深刻揭露了清廷的预备立宪实质。

章太炎在《代议然否论》一文中,对代议政体进行了批驳,他认为代议政体就是封建的变体。因为无论是通选、限选、单选还是复选,选出的代表都是豪强。并提出在法律方面的改进方法,"凡制法律,不自政府定之,不自豪右定之,令明习法律者,

---

[1] 娲石女氏:《吊国民庆祝满政府之立宪》,载张枬、王忍之编:《辛亥革命前十年间时论选集》(第二卷下册),生活·读书·新知三联书店1960年版,第862页。
[2] 孙宝瑄:《忘山庐日记》(下册),上海古籍出版社1983年版,第1005页。
[3] 阙名:《预备立宪之满洲》,载张枬、王忍之编:《辛亥革命前十年间时论选集》(第三卷),生活·读书·新知三联书店1960年版,第37—40页。

第四章 清末革命人士民主共和政体的构想

与通达历史、周知民间利病之士参伍定之,所以塞附上附下之渐也。法律既定,总统无得改,百官有司毋得违越。有不守者,人人得诉于法吏,法吏逮而治之,所以戒奸纪也。"[1]

小　结

清朝末年,清政府在国人眼中的形象进一步恶化,而革命人士在国人特别是青年留学生中颇受欢迎。本章在此基础上论述了革命人士关于民主共和政体构想的思想根源、形成过程和对清廷的回应。本章由三部分组成,即革命人士的民主和法治思想,革命人士的政体选择构想与革命人士对清廷预备立宪的回应。

关于革命人士的民权和法治思想。首先从国民与国家的关系入手进行阐述,革命人士认为国家和国民密切相关,国家政治的善恶与国民的文明程度相关联,国民与国家的存亡息息相关。国家中君臣地位是平等的,同受国法的限制。要改变中国民众的奴性,培育其独立精神,唯有提倡和给予民众权利,因为国民和奴隶的区别就在于国民拥有自由和平等的权利。国民拥有的权利来源于天赋之权,但革命人士对自由、平等权利仅描述了部分现象,未与法治形成关联。其次,从民族和国民的关系论述民权和法治思想。革命人士坚持一个民族建立一个国家的原则。同时,革命人士了解到平民政治和法治主义两大学说,认为应推翻旧政府,建立一个平民主权的法治国家的新政府。最后,革命人士坚

---

[1] 太炎(章炳麟):《代议然否论》,载张枬、王忍之编:《辛亥革命前十年间时论选集》(第三卷),生活·读书·新知三联书店1960年版,第95页。

159

信争取民权的途径在于革命志士精英的发动和倡导，他们认为革命人士应该肩负起这个责任。

关于革命人士的政体选择构想及其与立宪人士的论争。革命人士认识到立宪政体能够保彰民权，但是立宪人士所主张的在中国保留清政府的君主立宪政体设计是不可能实现的；政体的进化与国民的文明程度相辅相成，选择政体必须适合国民的文明程度；革命能够起到开民智的作用，因此中国经过革命之后有希望成为民主共和的政体国家。革命人士提出实现民主共和政体的三个步骤：即军法之治、约法之治、宪法之治，由军法之治实现推翻清政府，由约法之治实现开明专制，作为兴民权改民主的预备，最后由宪法之治实现民主立宪的政体。立宪政体就是法治政体，革命人士开展政治革命的宗旨就在于建立保障民权、实现法治的民权立宪政体。

关于革命人士对清廷预备立宪的回应。根据西方立宪政体理论，一个国家要实行立宪政体，必须先有民权再制定宪法，而清廷的预备立宪却颠倒了立宪与民权的关系，因此他们认为清廷的立宪政体不会实现真正的立宪，也不会给国民带来幸福。

第五章
清政府官员政体选择的思考和实践

第一节 政体选择的先声和酝酿

清末的庚子国变,彻底颠覆了清廷顽固守旧势力在政府中的地位,以慈禧太后为首的清政府再也无法按照旧有的体制实施统治。在西方列强的压力下,慈禧太后于1901年1月29日以光绪皇帝的名义发布了一道新政改革的上谕,内称:"深念近数十年积弊相仍,因循粉饰,以致酿成大衅。现在议和,一切政事尤须切实整顿,以期渐致富强。……不易者三纲五常,……而可变者令甲令乙。"[1] 这是清廷对庚子政局的无奈回应,[2] 也是清政

---

[1] 中国第一历史档案馆编:《光绪宣统两朝上谕档》(第26册),广西师范大学出版社1996年版,第460—462页。

[2] 庚子国变后,列强曾经提出两个重要的议和前提条件:一是"惩凶",主要是惩办把持中央政权的顽固派势力;二是"两宫回銮",也是为了使慈禧太后脱离顽固派的控制。列强甚至还有另组"新政府"的意图,可见列强对清政府顽固守旧的极度不满。清政府新政改革上谕的发布,也可以说是在向西方列强表示一个政府开明、不顽固守旧的姿态。(参见李细珠:《张之洞与清末新政研究》,上海书店出版社2003年版,第81页。)

清朝末年的法治思想

府决意"自强雪耻"[1]的新政的开始。

一、《江楚会奏变法三折》所蕴含的政体突破

清政府发布改革的上谕之后，当时督抚大臣中资格最老、影响最大的地方实力派代表张之洞和刘坤一就联名发出了著名的《江楚会奏变法三折》。慈禧太后在收到奏折的当天就发布懿旨："刘坤一、张之洞会奏整顿中法、仿行西法各条，事多可行；即当按照所陈，随时设法，择要举办。各省疆吏亦应一律通筹，切实举行。"[2]此后清末新政即按照《江楚会奏变法三折》中的内容正式进入具体实施阶段。正如时人所说："惟是中朝宗旨，实以江、鄂为南针。江、鄂之言不必尽行，而江、鄂奏入之后，大局未必不从兹而定。"[3]《江楚会奏变法三折》是督抚大臣们多数意见的集中体现。[4]

《江楚会奏变法三折》包括改善教育四条、整顿中法十二条和采用西法十一条。在改善教育方面，督抚大臣认为中国之弱在于人才，"窃谓中国不贫于财而贫于人才，不弱于兵而弱于志气。

---

[1] 庚子国变和西逃的狼狈颠簸之苦给慈禧太后留下了难以弥合的心灵创伤，也强烈地刺激了她改弦更张的念头。据曾经卧随扈的岑春煊回忆说："太后虽在蒙尘，困苦中尚刻意以兴复为念。一日诸人于召对之际，太后忽顾问：'此耻如何可雪？'众未有应者。余独进曰：'欲雪此耻，要在自强。'……两宫卧薪尝胆亟求自强雪耻之志，此时亦为最切矣"，"朝廷自经庚子之变，知内忧外患，相迫日急，非仅涂饰耳目，所能支此危局。故于西狩途中，首以雪耻自强为询。……辛丑回銮以后，即陆续举办各项新政"。（岑春煊：《乐斋漫笔》，中华书局2007年版，第88—89、99页。）

[2] 中国第一历史档案馆编：《光绪宣统两朝上谕档》（第27册），广西师范大学出版社1996年版，第188页。

[3] 沈曾植：《扬州与南皮制军书》、钱仲联辑注：《沈曾植未刊文稿》，载王元化主编：《学术集林》卷3，上海远东出版社1995年版，第106页。

[4] 关于《江楚会奏变法三折》的酝酿和出台的过程，李细珠进行了详细的阐述，而从其形成过程也可以看出各省督抚们的集体意志。（参见李细珠：《张之洞与清末新政研究》，上海书店出版社2003年版，第84—97页。）

162

第五章　清政府官员政体选择的思考和实践

人才之贫，由于见闻不广，学业不实；志气之弱，由于苟安者无履危救亡之远谋，自足者无发愤好学之果力。保邦致治，非人无由。谨先就育才兴学之大端，参考古今，会通文武，筹拟四条：一曰设文武学堂；二曰酌改文科；三曰停罢武科；四曰奖劝游学。"[1]改善教育的这四条建议明显地参酌了西方国家的学校制度和教育内容，并认为它们之法具有中国三代的遗意，是中国走向兴盛的参照。"今泰西各国学校之法，犹有三代遗意，礼失求野，或尚非诬，其立学教士之要义有三：一曰道艺兼通；二曰文武兼通；三曰内外兼通。其教法之善有四：一曰求讲解不责记诵；一曰有定程亦有余暇；一曰循序不躐等；一曰教科之书官定颁发，通国一律，大小各学，功有浅深，意无歧异。"[2]可见督抚大臣们对泰西教育宗旨和教育方法的认可和称赞，尤其对东临的日本的教育制度更是赞誉有加，并认为日本的教育制度是最适合中国的，"饬取日本学校章程，迅速详议，乾断施行，收人心以固国基。四海瞻仰，首在此举矣"[3]。而采用日本的教育制度，其宗旨也是培养贯通中西、能使国家富强的人才。

关于整顿中国法律方面，其宗旨是除旧弊以便行新法，而施行新法的根本目的在于使国家富强。"整顿中法者，所以为治之具也；采用西法者，所以为富强之谋也。"而整顿中法主要有十二条："一曰崇节俭；二曰破常格；三曰停捐纳；四曰课官重禄；五曰去书吏；六曰去差役；七曰恤刑狱；八曰改选法；九曰筹八

---

[1] 刘坤一、张之洞：《江楚会奏变法三摺》，文海出版社1977年版，第3页。
[2] 刘坤一、张之洞：《江楚会奏变法三摺》，文海出版社1977年版，第6—7页。
[3] 刘坤一、张之洞：《江楚会奏变法三摺》，文海出版社1977年版，第30页。

163

清朝末年的法治思想

旗生计；十曰裁屯卫；十一曰裁绿营；十二曰简文法。"[1] 这十二条揭示了中国贫弱积弊的原因，也长期受到外国的指摘，通过整顿这些旧弊可实现"或养民力，或澄官方，或作士气"的目的。督抚大臣们进一步指出，当今的民情趋向已经发生了改变，"近日民情，已非三十年前之旧，羡外国之富而鄙中土之贫；见外兵之强而疾官军之懦；乐海关之平允而怨釐局之刁难；夸租界之整肃而苦吏胥之骚扰。于是民从洋教，商挂洋旗，士人入洋籍，始由否隔，浸成涣散，乱民渐起，邪说乘之，邦基所关，不胜忧惧。"[2] 中国旧弊所造成的恶果使民众向往西法，中法在与西法的对比中败下阵来。

关于采用西法方面，督抚大臣们选择的标准是"易行""急行""不至于骇俗"。他们认识到仿效西法已经成为世界趋势，"今环球各国，日新月盛，大者兼擅富强，次者亦不至贫弱。究其政体学术，大率皆累数百年之研究，经数千百人之修改，成效既彰，转相仿效。"[3] 在此已经点出西法政体的优越。在奏折中，采用西法十一条："一曰广派游历；二曰练外国操；三曰广军实；四曰修农政；五曰劝工艺；六曰定矿律、路律、商律、交涉刑律；七曰用银元；八曰行印花税；九曰推行邮政；十曰官收洋药；十一曰多译东西各国书。大要皆以变而不失其正为主。"[4] 这十一条内容涉及教育、军事、经济及公共事业方面，而对政治

---

[1] 刘坤一、张之洞：《江楚会奏变法三摺》，文海出版社1977年版，第45—46页。
[2] 刘坤一、张之洞：《江楚会奏变法三摺》，文海出版社1977年版，第114页。
[3] 刘坤一、张之洞：《江楚会奏变法三摺》，文海出版社1977年版，第117页。
[4] 刘坤一、张之洞：《江楚会奏变法三摺》，文海出版社1977年版，第118—119页。

第五章　清政府官员政体选择的思考和实践

方面尚未涉及，但是在多译东西各国书部分，奏折中指出"今日欲采取各国之法，自宜多译外国政术学术之书"。而施行西法的宗旨在于"大指尤在考西方富强之本源，绎西人立法之深意……早赐施行，使各国见中华有发愤为难之志，则鄙我侮我之念渐消，使天下士民知朝廷有改弦更张之心，则顽固者化其谬，望治者效其忠，而犯上作乱之邪说，可以不作"[1]。可见采用西法的宗旨范围之广泛，已经深入到"西人立法"的根源研究了。

《江楚会奏变法三折》虽然处处表示以"不失其正"为根本，以"布告天下则不至于骇俗；施之实政则不至于病民"为目标，但是奏折中关于教育、军事、经济及公共事业方面的改革和建议却直接来源于西方。正如马克思理论所指出的，经济基础决定上层建筑，既然经济基础已经开始西方化，那么上层建筑的西方化仅仅是时间问题了。而清廷对《江楚会奏变法三折》的批准和认可也具有深刻的意味，正如有学者所指出的："一方面，表明清廷的权威已明显下降，已无力把握新政的方向，结果在新政过程中处处被动；另一方面，地方督抚对新政决策的参与，地方势力膨胀、离心力增大，使朝廷与地方的关系显得更加微妙"[2]。由此可见，清末新政是督抚大臣们共同参与政事的结果，其局势朝着中央权力的分化发展。

上文已经指出《江楚会奏变法三折》是督抚大臣们共同参与的结果，大臣们在商议奏折的过程中，对中国变革发展的问题进行了广泛而深入地思考，特别是作为主笔的张之洞，其思考的深度远远超过了奏折当中的内容。这一时期，张之洞的思想较为激

---

[1] 刘坤一、张之洞：《江楚会奏变法三摺》，文海出版社1977年版，第183—184页。
[2] 李细珠：《张之洞与清末新政研究》，上海书店出版社2003年版，第110页。

进，他不仅主张"大变西法"，甚至还提出了"仿行"西方议院和"公举"各级官员的主张。有学者认为这是他的"中国官僚系统民主化构思"[1]。1901年4月4日，张之洞于致两江总督刘坤一等八位封疆大吏的电文中声称：

> 其实变法有一紧要事，实为诸法之根，言之骇人耳。西法最善者，上、下议院互相维持之法也。中国民智未开，外国大局茫然，中国全局、本省政事亦茫然，下议院此时断不可设，若上议院则可仿行。考宋磨勘转官之法，必有荐主十人；明廷推之法，则大臣皆与，似可略仿之。督抚由司道府县公举，司道由府县公举，府由州县公举，州县由通省绅民公举。但不能指定一缺，举员多者用之。京官除枢垣不敢轻议外，部院堂官由小九卿翰詹科道部属公举，科道由翰詹部属公举，司员掌印补缺，由本部候补者公举，每一缺举二三员，候钦定，岂不胜于政府数人之心思耳目乎？……流弊亦不能无，总是利多害少。贿赂情面、庸劣尸位之弊，必可绝矣。姑妄言之，请诸公略本此意而思一可行之法，则幸甚。[2]

在此电文中，张之洞明确提出设立议院是变法中最根本的事情，是政治改革的关键。从电文的内容中可以看出张之洞的几点

---

[1] 苏云峰：《张之洞的中国官僚系统民主化构思——对张之洞的再认识》，载《近代中国史研究通讯》1989年第8期。
[2] 《致江宁刘制台广州陶制台德抚台济南袁抚台安庆王抚台苏州聂抚台杭州余抚台上海盛大臣》（光绪二十七年二月十六日），载《张文襄公全集》卷171，中国书店1990年版，第37—38页。

重要的思想倾向。首先,张之洞对普通民众的权力持否定的态度。他的理由是中国民智未开,民众对国内、国外以及本省的局面茫然无知,因而"下议院此时断不可设"。张之洞的这一思想与他在戊戌时期关于民权的认识如出一辙,是他"民权有百害而无一利"思想的延续。其次,张之洞提倡官权和士绅权力对君权的分享。他主张各级官员通过选举产生,而不是完全由皇帝任命,下层官员能够选举上层官员,"督抚由司、道、府、县公举;司道由府县公举;府由州县公举",而最底层的官员则由士绅阶层选举,"州县由通省绅民公举",可见张之洞对官僚和士绅权力的重视。最后,君主之权在张之洞心目中不可动摇,因为他认为官僚和士绅公举之后的结果需要君主的钦定。尽管如此,他对于官僚分享君权以及官权的公平分配的思考仍是对君主专制政体的超越,并且他虽然深知在君主专制条件下"言之骇人耳",却仍然建议其他督抚"略本此意而思一可行之法",这既反映出张之洞作为"儒臣"[1]对限制君权的内在追求,又反映出张之洞对君主专制政体的大胆挑战。对此,苏云峰也给予了较高的评价,"张之洞主张先仿行英国国会之上议院制度的精神,其实,他的构思比英国上议院更具民主性。目的是欲使中国之官僚体制民主化。"[2] 关于在电文中提到"略仿"宋明传统选官制度的说法,

---

[1] 关于"儒臣"的说法来自辜鸿铭,他曾说:"张文襄儒臣也,曾文正大臣也,非儒臣也。三公论道,此儒臣事也;计天下之安危,论行政之得失,此大臣事也。国无大臣则无政,国无儒臣则无教。政之有无,关国家之兴亡,教之有无,关人类之存灭,且无教之政终必至于无政也。……文襄之效西法,非慕欧化也;文襄之图富强,志不在富强也。盖欲借富强以保中国,保中国即所以保名教。吾谓文襄为儒臣者为此。"(辜鸿铭:《张文襄幕府纪闻·清流党》,载黄兴涛等译:《辜鸿铭文集》(上卷),海南出版社1996年版,第418—419页。)

[2] 苏云峰:《张之洞的中国官僚系统民主化构想——对张之洞的再认识》,载《近代中国史研究通讯》1989年9月第8期。

清朝末年的法治思想

有学者认为"其实只不过是一种'西学中源'式的表述方式,其用意无非是欲使民众能够更加容易地接受选举制度而已"。[1] 其实在清末乃至整个近代,通过拿中国传统的制度和文化与西方的制度和文化作比较,进而认可乃至接受西学观点是一个普遍的思想转化过程,也正说明了张之洞以"中学"为根基接受和借鉴"西学"的思想演变历程。

以《江楚会奏变法三折》为蓝本的清末新政对中国政局的影响是巨大的,并受到了广泛的关注。曾在中国工作和研究的外籍人士濮兰德与巴克斯在论及慈禧1901年1月28日的上谕以及随后开始的新政时,表示:

> 她推行的政策事实上就是皇帝于1898年以无比热情颁布的举措的翻版,尽管她从来都不承认这一点。但她的方法不同于皇帝,她从不忽视安慰皇位周围各种冲突利益集团和解除行省中强硬反对派的武装。转向新思想并以皇帝名义颁发的1901年1月28日上谕,是慈禧男性智慧和治国方策的卓越样板,虽然它还有中国上谕原来固有的那种令人生厌的重复。它被帝国各地的知识阶级热情欢迎和接受。中文报纸声称它是中国历史上最杰出的上谕。它雄辩地请求人民接受改革理念和直面外部世界。
>
> 年轻人特别热心,因为由这个上谕可以断定,她已经放弃了绝对专制的信条,该信条是中国数世纪以来政府制度的支柱。它被认为是一个与满洲王朝、皇家家族

---

[1] 李细珠:《张之洞与清末新政研究》,上海书店出版社2003年版,第291页。

政治传统以及所有相应的此前存在的信念的完全断裂。

当然，根据经验，开始时人们，包括她的臣民和大多数外国人，还怀疑她的诚实，有人还把她的这个上谕当成无数上谕中一个"魔鬼生病时"的偶然事例。但是，在她的朝廷回到北京以后，在京大臣们渐渐明白这个自信的女人是真正急切地要改革，因为她持续不断地对那些不愿改革的近支王公和普通民众申明她的新政策。……此后直至她去世，不论人们对她的顾问或高级官员信心好坏，她的事业的每一个举措都明白无误地打上了她真心改革的印记，包括记录在案的言与行两方面。[1]

由此可知，由慈禧太后的上谕所推行的清末新政引起了巨大反响，她所推行的一系列改革措施进一步坚定了人们对于政府的信心。随着新政在各领域的推展，中国社会出现了日新月异的景象，特别是在教育方面尤其显著。新政实行以来，按照《江楚会奏变法三折》的建议，各地都开办了一些现代学堂，但是由于科举制度的存在，许多人对学堂并不热心。1904年，督抚大臣们再次联衔会奏要求"立停科举"，认为"以科举不停，学校不广，士心既莫能坚定，民智复无由大开，求其进化日新也难矣"[2]。奏折强调了立停科举的必要性和紧迫性。奏折呈上两日后即1905年9月2日便获得慈禧的谕准，下达了永远停止科举的谕旨。关于中国废除科举制度的意义和影响，时人多有议论和评价。如当

---

[1] J. O. P Bland and E. Backhouse, *China under the Empress Dowager*, Henri Vetch, Peking, 1939, p. 371-372.

[2] 端方：《请立停科举折》（光绪三十一年八月），载《端忠敏公奏稿》。

时任美国驻华公使的柔克义（William W. Rockhill）在将停止科举的上谕译传给美国国务卿时，指出"在所有能够采行的举措中没有任何其他措施能比此举更有效地摇撼中国社会的基础"。[1] 严复也评价道："此事乃吾国数千年中莫大之举动，言其重要，直无异古者之废封建、开阡陌。"[2] 其认识可谓深刻！20世纪80年代研究中国史的西方学者吉尔伯特·罗兹曼（Gilbert Rozman）就1905年废除科举制度一事，评论道："1905年是新旧中国的分水岭。它标志着一个时代的结束和另一个时代的开始。它比1911年的革命更具有转折点的意义，因为它开启了一系列的变革，这些变革引发了制度的结构性的变化……这次改革在政治结构方面的重要性正如1949年共产主义在中国的胜利。"[3] 从政治体系的角度分析，学者们对此更是非常重视。有学者这样评价道："科举制的废除无异于摘除了传统官僚制度的心肝，导致了传统官僚制度的断裂，进而引发了帝国政治体系的整体性变迁。"[4] 把政府废除科举制度的重要影响提高到至重地位。

1905年之前，以《江楚会奏变法三折》为蓝本的清末新政推动了中国教育制度、军事制度、经济制度等方面的重大变革，在这一系列的变革中孕育了深层的政治制度的变革，因此这一时期的新政与后期的宪政改革是连续的过程。

---

[1] September 19, 1905. Minister Rockhill to the Secretary of State, Papers Relating to the Foreign Relations of United States, With the Annual Message of the President Transmitted to Congress, No. 69, p. 182, Washington Government Printing Office, 1909.

[2] 严复：《论教育与国家之关系》，载王栻主编：《严复集》，中华书局1986年版，第166页。

[3] Gilbert Rozman, *The Modernization of China*, 1981, the Free Press, p. 261.

[4] 谷宇：《轴心制度与帝国的政治体系——中国传统官僚制度的政治学解读》，上海人民出版社2011年版，第295页。

二、驻外公使及政府官员的宪政声音

1901年5月，驻日公使李盛铎在关于复奏变法的奏折中提出了立宪的主张，"变法之道，首在得其纲领。纲领不得，枝枝节节，不独图新诸政窒碍难行，且恐依违迁就，未睹变法之利，先受变法之害。……查各国变法，无不首重宪纲，以为立国基础。惟国体、政体有所谓君主、民主之分，但其变迁沿改，百折不回，必归依于立宪而后底定。……当此更定要政之时，愿我圣明近鉴日本之勃兴，远惩俄国之扰乱，毅然决然，首先颁布立宪之意，明定国是。"[1] 他明确指出变法的根本在于确立宪法，而宪法是一个国家的"立国基础"，是确定一个国家国体、政体的根本大法，由此指出清政府变法的当务之急在于"颁布宪法之意，明定国是"。关于李盛铎的奏折，《时报》评论道："当时廷议尚无敢以宪法为言，独李能探本源"[2]。后来，李盛铎把奏稿寄赠给张之洞，张之洞在回函中大加赞赏："他人皆云变法，大疏独云国体，可谓知本之言，识时之务，自强之基，具于是矣。"[3] 尽管如此，李盛铎的探源之论在当时并没有引起反响，也没有得到清廷的赞同。但是他却因最先直接提出立宪主张而后来成为出洋考察政治五大臣之一。

1902年夏，翰林院侍讲学士朱富诜将一篇札记呈送给朝廷。内言："处今日而欲挽回世运，收拾人心，固非立宪不可。夫事

---

[1]《追录李木斋星使条陈变法折》，载《时报》1905年11月28日（光绪三十一年十一月初二）。

[2]《追寻李木斋星使条陈变法折》，载《时报》1905年11月28日（光绪三十一年十一月初二）。

[3]《辛丑九月初三日致出使日本大臣李》，载《张之洞致外洋函稿》，所藏档甲182。

清朝末年的法治思想

事综核，非不足以为治，然中国因循粉饰，视为故常，非大有作为，不足划除积习。惟有改定宪法，以移天下之耳目，震慑薄海之心思，使凡平权自由流血革命之徒，一皆回视返听，而乐为我用。……采辑各国政治，参用本国制度，定为改宪章程，归国后奏而行之，其上也。"[1]可见"改定宪法"是当时中国重新挽回人心的根本，是抵御革命党"流血革命"的当务之急。

1902年8月，翰林院编修赵炳麟进呈"防乱策"，指出："欲固国本，必达下情；欲达下情，必行宪法。……民主、联邦宪法断不可行于中国，惟君主宪法，其君执一切主权，其民有一切公例，参酌行之，有利无害。……宪法既行，一切用舍、举废、兵刑、财赋，皆秉公约，君以民为心，民以君为心，安有革命之说摇惑众志哉！"[2]他主张实行君主宪法，君主执掌国家主权，民众参与。宪法作为沟通下情和规范一切的公约，成为君民相安相守的共同规范。

1904年1月18日，云贵总督丁振铎与云南巡抚林绍年联衔电奏请迅速实行全面变法。他们主张："中国自今以后，一切即尽行改革，期于悉符各国最善之政策而后已。……即力行改革，期如不数年即悉如泰西各国而后已"。[3]1904年3、4月间，张之洞在南京小住期间，江浙立宪人士张謇等人经常与他讨论立宪

---

[1]《摘录海盐朱学使富诜壬寅夏进呈札记》，载《时报》1906年2月26日。转引自侯宜杰：《二十世纪初中国政治改革风潮：清末立宪运动史》，中国人民大学出版社2011年版，第20—21页。

[2] 赵炳麟：《防乱论》，载《赵柏岩集·文存》（卷1），广西人民出版社2001年版。

[3]《癸卯十二月初三日云南丁制台、林抚台来电》，载《张之洞存来往电稿》，所藏档甲182—436。

的问题。据张謇的记载，张之洞论立宪时"其论亦明，其气殊怯"[1]，这表明张之洞对立宪政体愈是了解则愈是因"胆怯"而抱持谨慎的态度。1905年5月，《时报》转载《大阪朝日新闻》消息："袁世凯、张之洞、周馥三总督近曾联衔奏请，自今一十二年以后实行立宪政体。唯其奏议内容，现尚不得而知。"[2] 正如《中国立宪之起原》一文中所说："及甲辰日俄战起，识者咸为之说曰：'此非日俄之战，而立宪专制二政体之战也。'自海陆交绥，而日无不胜，俄无不败，于是俄国人民，乃群起而为立宪之争。吾国士夫，亦恍然知专制昏乱之国家，不足容于廿禩清明之世。于是立宪之议，主者渐多。时孙府尹宝琦适奉使于法，首以更革政体为请。疆吏如署江督周制军馥、鄂督张制军之洞、署粤督岑制军春萱又以立宪为言。而枢臣懿亲亦稍稍有持其说者。乙巳六月，直督袁制军世凯奏请：'简派亲贵，分赴各国，考察政治，以为改政张本'。"[3] 可见，日俄战争爆发之后，关于立宪的议论骤然增多，而立宪的风潮也直接影响到清廷的官员们，这充分说明日俄战争成为清廷政体选择的催化剂，它促使立宪思潮受到清政府的关注，并日益成为社会舆论的主流。

驻外公使作为中国近代新型知识群体之一，他们特殊的身份和阅历使之对西方国家的经济、政治、军事、法律和教育等社会状况的了解更加直接和深刻，这直接影响了他们思想的变化和认

---

[1]《日记》、《啬翁自订年谱》，载《张謇全集》第6卷，上海辞书出版社2012年版，第528页。

[2]《袁张周三督奏请十二年后实行立宪政体》，载《时报》1905年7月2日（光绪三十一年五月三十日）。

[3]《中国立宪之起原》、《宪政初纲·立宪纪闻》，载《东方杂志》1906年第3卷第12期，增刊。

清朝末年的法治思想

识的高度；作为政府外交官员，他们在清末预备仿行宪政中"无一例外地被卷于运动"[1]，并率先发出了请求清廷实行宪政的呼吁。其中驻法公使孙宝琦的奏折受到学界的广泛关注，他的思想变化和倾向在驻外公使中很有代表性。正如孙宝琦的胞弟在1908年的日记中回忆的："犹忆及七年前同居椿树胡同庆小山家，当时余草立宪之议，欲言之当路，颂年亲见之。是时天下犹骇其事，孟晋疑而不敢上。岂其一作海外游，竟翻然有悟，而身为宪政之先导也。"[2] 驻法公使孙宝琦曾两次条陈，一次是在日俄战争刚爆发，即1904年2月所上的《驻法孙钦使宝琦条陈时政折》；一次是在战争中所上政务处的《出使法国大臣孙上政务处书》。其中第二次的上政务处书更加明确地表达了其立宪的思想，现以此分析他关于政体选择的思想。首先，孙宝琦认为确定政体是必要的，"溯自庚子以来，维新谕旨不为不多，督励臣工不为不切，而百事之玩世依然。天下之精神不振者，则以未立纲中之纲，而壅蔽之弊未除，无由上下一心共扶危局也。"[3] 即新政的改革举措未能使国家振作富强的主要原因在于"未立纲中之纲"。其次，孙宝琦认为效法各国的立宪政体能够实现"君民上下一心"。他说：

> 欲求所以出壅蔽，则各国之立宪政体询可效法。夫日本之由变法而强固，朝野之所共知也。考明治维新之

---

[1] 郭双林：《驻外公使与清末立宪运动》，载《中国人民大学学报》2013年第2期，第128页。

[2] 孙宝琦：《忘山庐日记》（下册），上海古籍出版社1983年版，第1280页。

[3] 孙宝琦：《出使法国大臣孙上政务处书》，载《东方杂志》1904年9月4日第1卷第7期。

第五章　清政府官员政体选择的思考和实践

初，祭告天地神邸，宣誓五条：一曰广开议会，万机决于公论；二曰上下一心，广行经纶；三曰官民一途，下至庶民各遂其志，勿令怠倦；四曰破旧来之陋习，基天地之公道；五曰求智识于世界，大振皇基。此日本变法之宗旨，至明治六年确定为立宪政体，随命元老通儒，合集讨议。至二十二年始发布宪法于通国，于是君民上下一心，遂成巩固不摇之势。……宝琦尝详考各国之大势，确见夫政体既立则弱者渐强，乱者渐治，何也？合通国之民共治一国，何弱不可强？何乱不可戢？不立政体则民气涣散，国势日微弱者，被兼乱者被取，何也？君臣孤立，民不相亲也。

日本之立宪，非同欧美各国之迫于他国兵力，或迫于民乱，其势由大以及小，其事由上而命下，故顺而不逆，安而不危。其立宪政体第二条特为剖明曰：日本帝国万世一系之天皇，统治之所以定一尊而防流弊，盖立宪政体者，实所以尊君权而固民志。与我大清一统抚驭全国之宏谟，适相吻合。近年中国民志大开，凡有血气者，无不痛国势之衰微，愤外侮之凭陵，昌言改革莫之能遏。宝琦窃维倡论自下恐为酿祸之阶，决议于上乃为致治之本。……吁恳圣明仿英德日本之制，定为立宪政体之国，先行宣布中外，于以固结民心，保全邦本。[1]

可见孙宝琦认同日本立宪之宗旨，并认为给予民众参与政事

[1] 孙宝琦：《出使法国大臣孙上政务处书》，载《东方杂志》1904年9月4日第1卷第7期。

175

的权利，遂民志、求公道、开民智等立宪时务，是实现君民共治和国家富强的根本。孙宝琦虽然没有呼吁民权，但是其所倡导的各项又是实现民权所必备的。他又进一步分析，日本立宪政体不但固民志，而且尊君权，因此认为自上而下的立宪政体变革是避免祸乱和巩固邦本的根本。

再次，孙宝琦在上书中提出了实行立宪政体的步骤和方法。他认为需要先派大臣出访考察政治，"饬儒臣采访各国宪法折衷编定"。立宪政体重要的在于宪法的确立，"饬修律大臣按照立宪政体参酌改订，以期实力奉行宪法，关系全国之精神必须从容考定，颁布自必需时。"他认识到立宪的精髓在于议会，在于"公论"，"急应博开议会，以鼓舞群材，庶一切应行改革之事，皆赖众论决议施行，无复盈庭唯诺筑室道谋之患"[1]。然后他着重论述了各国议院情况以及中国参酌变革的具体方法：

> 各国议院咸分为二，曰上议院，大抵以元老及贵族充之，取其与国同休戚之意；曰下议院，大抵以乡绅通儒充之，则专取其才望以系万民之观听，以聚天下之英俊。下院详议，上院覆议，国君决议。固下院之责任尤重，议绅由民公举。别有选举之例，中国似可先行变通，举行查二十七年奉旨设立政务处，实为议院之基础，拟请即定为上议院。特派资深望重之大员为院长，王公世爵以及年老之四品以上官员皆可充院绅。由军机大臣及京外大臣保荐其都察院，为朝廷耳目所寄，各科道原有

---

[1] 孙宝琦：《出使法国大臣孙上政务处书》，载《东方杂志》1904年9月4日第1卷第7期。

批驳之权，应即定为下议院。请特简通达时务饶有才智者为院长，不拘官阶之大小，其现在翰林院及科道人员，择其才学兼优品望相孚者，由钦派大员会同院长严密挑选：约大省挑取四人，中省挑取二人，小省挑取一人，并由各省督抚、各省每府访问平正通达之绅士一人，不拘士商，咨送京师下议院协议。凡所兴革之事，分股执掌而合众详参，下议院议妥，送上议院覆议，议定奏明请旨颁行。各部院及各省督抚所行之事，非经议院核准，不得擅改条例。议院应随时考查各部院、各督抚，如有办事贻误，及有擅专情事，即可罗列事迹请旨惩办。至于各省城及各府县城，尤足系民观听，宜仿古乡校之制名为公议堂特设公所，就地之大小酌量选举绅士，大抵省城合各府县之绅，一府合各县之绅，一县合各村之绅，凡地方应办之事，如学校、农工商务、工程、善举各种捐项，皆由地方官与公议堂绅士详细筹商，以其众擎易举自无阻挠之患。目下国民程度只能如此参酌变通，十年当另详定选举之规则，更足以顺民心。总之，不外破除壅蔽之积习，冀决是非于公论！[1]

孙宝琦对中国上下议院的设计显示了他对官权和绅权的认同和主张，但对普通民众的权利却不予主张，他认为国民文明程度低下，无法承担参政的责任。在设计中，他把都察院定为下议院，并且议绅都是经过挑选的，也因此失去了代表民众利益的功

---

[1] 孙宝琦：《出使法国大臣孙上政务处书》，载《东方杂志》1904年9月4日第1卷第7期。

能，而督抚和部院的监督之权却实现了作为"朝廷耳目"的功能。虽然有学者认为"它基本上是集思广益、通达下情的会议制度和君主咨询机关，更多闪耀出传统的民本主义光亮，民主色彩较弱"。[1]但是他们对制定宪法的倡导和对日本宪法宗旨的认同，也昭示了他们思想上的进步性。只是作为政府官员与政治家，他们的建言要更多地考虑清政府的可接受性和可行性。尽管如此，作为官员的孙宝琦的上书仍给了立宪人士极大的鼓舞。《时报》曾载文欢呼："数月以来，吾国有大喜过望、易亡为存之一大纪念，出现于黑幕时代，则吾人宜如何鼓舞而欢迎之也。现此一大纪念维何？曰驻法公使孙宝琦氏上王大臣书请立宪法事已。"[2]

立宪的呼声在全国响起，清政府内部各督抚大臣和驻外公使等宪政势力的大力倡导，都直接影响了清政府的选择。1905年7月16日，清廷发布谕旨："方今时局艰难，百端待理，朝廷屡下明诏，力图变法，锐意振兴。数年以来，规模虽具而实效未彰，总由承办人员向无讲求，未能洞达原委。似此因循敷衍，何由起衰弱而救颠危。兹特简载泽、戴鸿慈、徐世昌、端方等，随带人员，分赴东西洋各国考求一切政治，以期择善而从。嗣后再行选派分班前往。"[3]这就是著名的"五大臣出洋"，标志着政府官员和立宪知识分子们的立宪请求取得了实质性进展和阶段性胜利。清廷派遣五大臣出洋的消息引起了外国关注，英国《泰晤士

---

[1] 祖金玉：《清末驻外使节的宪政主张》，载《南京社会科学》2005年第4期，第33页。

[2] 《论朝廷欲图存必先定国是》，载《时报》1904年8月7日。

[3] 《派载译等分赴牙西洋考察政治谕》（光绪三十一年六月十四日），载故宫博物院明清档案部编：《清末筹备立宪档案史料》（上册），中华书局1979年版，第1页。

第五章 清政府官员政体选择的思考和实践

报》除了在1905年7月22日转引过日本关于清廷派遣大臣的报章外，还于8月30日刊登了一篇题为《中国预备立宪》的文章，文章中说："各国大使参加了庆亲王给中国使团成员举行的欢送宴会，这个使团将进行环球旅行，其目的是考察世界各国的宪政。皇太后打算在新年的时候宣布以12年为期预备立宪。同时，清政府将在国外保留一个学生团体，以为国家的宪政准备。"[1]清廷是否有以12年为期开展预备立宪的打算尚不明确，或许只是外国人的推测，但他们关注中国的改革却是明确的。

三、新一轮的立宪风潮

五大臣出洋考察的谕旨下达之后，随即开始了考察团出行前的一系列准备工作，如考察团随从人员的选拔、考察经费的筹措以及确定考察国别等，经过两个多月的多方努力，筹备工作终于完成。考察团定于1904年9月24日从北京站出发，但天有不测风云，考察团在出发的当天在北京车站遭遇"吴樾炸弹案"[2]。炸弹案爆发后，社会各界反应强烈，舆论界普遍倾向于批评革命党，为政府推行宪政改革加油鼓劲。炸弹案的发生也引起了国外媒体关注，英国的《泰晤士报》反应迅速，于第二天即9月25日刊发了一篇题为《北京的炸弹暴乱》文章，文章在介绍了炸弹案的情况之后，又介绍了中国改革使团及成员的情况，"中国改革使团将要访问日本、欧洲和美国，它的主要目的是研究世界各国宪政。上个月发布了皇太后将在新年颁布以12年为期实行预

---

[1] *Proposed Parliament for the China*, The Times, 1905-08-30. 转引自陈丹：《百年前北京正阳门车站爆炸案的反响》，载《北京社会科学》2008年第2期，第61页。
[2] 参见潘崇：《清末五大臣出洋考察研究》，南开大学历史学院2010年博士论文，第78—81页。

清朝末年的法治思想

备立宪的谕旨，使团的任务就是为这个重大的宪政变革铺平道路。这个使团由满族亲王载泽带领，成员包括兵部侍郎绍英（此人受伤）、户部侍郎戴鸿慈以及前两江总督端方。"[1] 文章第一次比较详细地介绍了清廷派遣出洋使团的目的、原因和成员等。紧接着在《泰晤士报》9月26日的报道中出现了一篇题为《北京的炸弹爆炸》文章，文章较为详细地介绍了炸弹爆炸的情况。在同一天的社论（Leeding Articles）一栏中又出现了一篇题为《中国和改革》的文章，文章中说：

在中国，事情肯定在发展。不久之前，有消息说，中国政府任命由满族亲王载泽带领的一个使团去环游世界以学习外国的制度。昨天我们得知，在使团还未离京之前，他们经历了一场最恶劣的政治灾难，这种行为可能是东方从西方借用过来的。包括载泽殿下在内的至少24人，因为一个炸弹而受到了不同程度的伤害。在他们正要离开北京时，这个炸弹在他们的私人车厢中爆炸。据说凶手在爆炸中丧生。它似乎就是各种困难的征兆，如果中国想沿着改革的道路继续前进，就必须将它们克服。中国近来已经蹒跚地沿着改革之路在前进。上个月有消息说，皇太后尽管已经70岁高龄，还在新年颁布了以12年为期预备立宪的法令。这个重大决定的结果，是组成了现在的这个使团——这种程序暗示了重大试验的到来，即先颁布法令，然后再进行调查。据说，除了研

---

[1] *Bomb Outrage in Peking*, The Times, 1905-09-25. 转引自陈丹：《百年前北京正阳门车站爆炸案的反响》，载《北京社会科学》2008年第2期，第62页。

180

究宪政，这些大臣还将致力于研究经济问题，同时，他们还希望了解其他文明的道德和风俗习惯等，通过适当的媒介将其扩散到中原地区的广大省份，从而提高国民的举止和道德素养。他们工作的这一部分将得到一些经心挑选的学生帮助并由他们予以实施，这些学生在其他国度生活一段时期后受到了启发，他们将被赋予特殊任务，利用他们所学的知识以及亲身经历与偏见进行斗争。这些偏见在他们祖国的边疆十分盛行。对于这些试图获得光明的努力，我们除了表示同情和赞成外，不可能会有其他想法。国外调查是日本人的做法，他们模仿欧洲从而将一个更新的文明嫁接到自己古老的文明。中国希望通过模仿日本而最终获得相似的结果，这是有可能的。所谓的'觉醒'，中国可能在任何合理的时间获得那些成果，在此过程中，如果说有困难，那就是改革过程中牵涉到的问题太多了。中国幅员这么广大，政治管理这么松散，以至于国家体制的聚合与重组，不会像一个人脱下一件衣服换上另外一件那样简单地完成。这种变化最终只能通过缓慢的也许是痛苦的过程才能到来，今天为12年后做准备的使团的出发以及同时发生的反对派的炸弹就是痛苦过程的一个暗示以及一种形式。[1]

这篇文章以一个外国人的眼光观察中国，他认为中国正在改革的道路上缓慢前进和发展，这次出使预示着更大改革的开始，而使团出行的困难也正说明中国的改革将会遇到许多的困难，需

---

[1] *China and Reform*, The Times, 1905-09-26.

要在改革中去克服这些困难。文章对中国的改革给予赞扬，对清政府选择模仿日本的改革路径给予认同，同时提示由于中国幅员辽阔，政治管理松散，在改革中会遇到许多的困难，改革不会是轻松的、简单的，而将是缓慢的、痛苦的演变过程。

从中外报刊的报道看，炸弹案的发生使舆论更多地倾向于支持清政府改革，谴责革命党的破坏活动。更为重要的是，"它以一声爆炸将中国的形势宣告于世界，让世界瞩目于中国国内正在发生的变化"。[1] 炸弹案对政府官员也产生了不可忽视的影响。尤其驻外大使和考察政治大臣对推行宪政改革的紧迫性有了更为深切的认知，以他们为主导在清政府中掀起了又一轮奏请立宪的风潮。

作为唯一一位京外官员的考察政治大臣，端方到京后受到隆重的欢迎，并蒙慈禧太后的召见。《南方报》对端方召对演说立宪事记载颇详："端中丞召见时，于军机大臣退后又请叫起，详陈立宪之要。太后云：如果立宪，岂不于君权有碍？中丞谨对云：现在君权不专即因不立宪之故耳。又历陈各国立宪事及其条例，并将日本宪法天皇万世一系之义奏明。太后闻奏遂谓：汝等此去务当详细考查。"[2] 可见端方认为立宪改革不仅不会妨碍君权，而且会改善当时君权不专的状况。炸弹案发生后，端方又建言清政府"先行颁告立宪期限，以昭示中外，然后出洋考察政治

---

[1] 陈丹：《百年前北京正阳门车站爆炸案的反响》，载《北京社会科学》2008年第2期，第63页。

[2]《详志端中丞力请立宪》，载《南方报》1905年9月17日（光绪三十一年八月十九日）；《端抚条陈立宪》，载《大公报》1905年9月14日（光绪三十一年八月十六日）。

一切，以慰舆情而树风声"。[1] 其他考察政治大臣及政府官员也纷纷奏请关于立宪期限之事，国内媒体对他们的态度给予了密切关注，《南方报》《时报》《大公报》纷纷予以报道：

> 立宪一事端中丞（端方）主之最力，前与袁慰帅（袁世凯）商妥拟请先降谕旨，定以十五年为期实行宪政，目前先立宪法调查局一所，俟游历各大臣在外详考求各国宪法，随时函报该局斟酌情形、详慎编辑等因。闻此事并经端午帅电商各省将军、督抚。业经周玉帅（周馥）、赵留守（赵尔巽）先后覆电附和；岑云帅（岑春煊）并嫌十五年期限太久，拟更改速，惟于调查一节则不甚谓然；而张香帅（张之洞）电覆独谓，此时降旨立宪未免过早，其意以为中国虽宜立宪，然亦不可过急，总须教育普及之后，始能议行。目前办法宜由渐而入，不如俟五大臣游历归国，酌夺地方民情，再行妥议，云云。慰帅（袁世凯）颇讥香帅（张之洞）此论为模棱，然立宪之事因此固不无稍梗。[2]

由此可见，政府官员关于立宪期限的意见并不统一，但实行立宪的呼声很一致，而他们的奏请也引起了清政府高层的关注。

---

[1]《请颁立宪期限》，载《大公报》1905年11月4日（光绪三十一年十月初八）。

[2]《各省督抚对立宪之意见》，载《南方报》1905年11月27日（光绪三十一年十一月初一）；《各大员对于立宪意见》，载《时报》1905年11月27日（光绪三十一年十一月初一）；《立宪意见不同》，载《大公报》1905年12月7日（光绪三十一年十一月十一日）。

清朝末年的法治思想

驻外公使在五大臣出洋一事中非常积极，他们在清廷发布五大臣出洋的谕旨后，又收到了清廷的又一份谕旨，即1905年9月18日上谕："前有旨派载泽等分赴各国考察政治，该大臣等各至一国，著各该驻使大臣，会同博采，悉心考证，以资详密。"[1]各驻外公使接到上谕后积极准备，炸弹案为五大臣再次出行争取良好的社会氛围，他们一改从前对立宪保持缄默的态度，积极会商并联衔提交了《出使各国大臣奏请宣布立宪折》[2]。奏折彰显了驻外公使群体关于立宪思想的认识水平。以下就奏折内容予以分析：

首先，奏折点明了立宪的本质和立宪政体的好处。奏折中说："宪法者，所以安宇内，御外侮，固邦基，而保人民者也。"立宪的本质是保护人民。国家实行立宪政体具有以下便利：

> 且夫立宪政体，利于君，利于民，而独不便于庶官者也。考各国宪法，皆有君位尊严无对，君统万世不易，君权神圣不可侵犯诸条，而凡安乐尊荣之典，君得独享

---

[1] 转引自《出使各国大臣奏请宣布立宪折》（光绪三十一年八月二十日），载《东方杂志》1906年8月14日第3卷第7期，第1—3页。

[2] 该折在编入《中国近代史资料发刊·辛亥革命》第四册中时，署名为"载泽等"；在编入《清末筹备立宪档案史料》上册时，以"出使各国考察政治大臣载泽等奏请以五年为期改行立宪政体摺"为题。两书的署名和题目实际上是张冠李戴，混淆了"出使各国大臣"和"出使各国考察政治大臣"的区别。事实上，该奏折是由出使美国大臣梁诚和新任出使英国大臣汪大燮共商主稿，会衔上奏的还有：前出使英国大臣张德彝，前出使法国大臣孙宝琦，新任大臣刘式训（兼出使西班牙大臣），前出使比利时大臣杨兆鋆，前出使德国大臣荫昌（兼出使荷兰大臣），前出使奥地利大臣、调任出使德国大臣杨晟，共八位驻外大使约于1905年11月21和22日上奏的奏折。（参见伊杰：《〈出使各国大臣奏请宣布立宪折〉非载泽等所上》，载《社会科学研究》1989年第2期；潘崇：《何以张冠李戴：再论〈出使各国大臣奏请宣布立宪折〉署名错误》，载《保定学院学报》2013年第2期。）

184

其成，艰钜疑难之事，君不必独肩其责。民间之利，则租税得平均也，讼狱得控诉也，下情得上达也，身命财产得保护也，地方政事得参预补救也。之数者，皆公共之利权，而受治于法律范围之下。至臣工则自首揆以至乡官，或特简，或公推，无不有一定之责成，听上下之监督，其贪墨疲宂、败常溺职者，上得而罢斥之，下得而攻退之。东西诸国，大军大政，更易内阁，解散国会，习为常事，而指视所集，从未及于国君。此宪法利君利民，不便庶官之说也。而诸国臣工，方以致君泽民，视为义务，未闻有以一己之私，阻挠至计者。[1]

在"利于君"的分析中，驻外公使们关于君权的认识有失偏颇，可见在他们的思想中君权独尊的不可动摇性；在"利于民"的分析中，他们指出，民所得之利是法律范围之内的公共利权，从其所列的权利看，权利是被动的、政府给予的，而非人民本身所固有的权利。

其次，立宪是世界各国的趋势。奏折指出，立宪"滥觞于英伦，踵行于法、美，近百年间，环球诸君主国，无不次第举行"。并且认为越是弱小的国家越应早实行立宪，在激烈竞争的世界，"不得不出于立宪，以冀挽回国势"，以致今日之世界立宪成为一大趋势。这是驻外大使们的一致观感。时人孙宝瑄在日记中也有记载："迩日不独我国议改立宪，如俄，如土耳其，如波斯等国，皆日日言立宪。不独法国实行政教分立，如英国，如西班牙，皆

---

[1]《出使各国大臣奏请宣布立宪折》，载《东方杂志》1906年8月14日第3卷第7期。

清朝末年的法治思想

谈政教分立。盖风气所趋，际时遭会，鲜不踵相仿效者也。"[1]

最后，奏折在历数中国面临的内忧外患之后，指出当前应该实行的三件事情：

> 一曰宣示宗旨。……将朝廷立宪大纲，列为条款，誊黄刊贴，使全国臣民，奉公治事，一以宪法意义为宗，不得稍有违悖。二曰布地方自治之制。……三曰定集会、言论、出版之律。集会、言论、出版三者，诸国所许民间之自由，而民间亦以得自由为幸福。然集会受警察之稽察，报章听官吏之检视，实有种种防维之法，非若我国空悬禁令，转得法外之自由。与其漫无限制，益生厉阶，何如勒以章程，咸纳轨物。宜采取英、德、日本诸君主国现行条例，编为集会律、言论律、出版律，讯即颁行，以一趋向而定民志。
>
> 以上三者，实宪政之津髓，而富强之纲纽。……期以五年改行立宪政体。一面饬下考察政治大臣，与英、德、日本诸君主国宪政名家，详询博访，斟酌至当，合拟稿本，进呈预览。并请特简通达时事、公忠体国之亲贤大臣，开馆编辑大清帝国宪法，颁行天下。一面将臣等所陈三端，预为施行，以树基础。[2]

奏折"所陈三端"，彰显了法律的重要性。驻外公使们认识

---

[1] 孙宝瑄：《忘山庐日记》（下册），上海古籍出版社1983年版，第1123页。
[2] 《出使各国大臣奏请宣布立宪折》，载《东方杂志》1906年8月14日第3卷第7期。

到宪法是根本宗旨,不得违背,建议清政府设专门机构为制定宪法做准备;还认识到所谓自由是法律范围内的自由,而不是法外自由,建议制定集会、言论、出版等法律;并建议立宪的期限定为五年。奏折虽然认识到法律在治理国家中的重要性,但更多关注的是法律的限制和规范作用,而对保护民众利益方面的考虑有所阙失。奏折在当时受到舆论的密切关注,《时报》在专门刊发的舆论文章中说:"中国立宪之说萌芽于戊戌,渐盛于庚子,顾其时倡之者一二中流学界中人耳,全部之多数政治家与全国之官民,初未尝公认也。日俄战后外界之刺激骤增,于是爱国之士大夫群动色,奔走相告,语曰:立宪、立宪。……比者出使各大臣又联衔入禀,请即宣布实行。……今而后立宪一事,庶几为上下公认之议案乎?凡此者,我国政界进化之现象,不可诬也。"[1]可见,驻外公使们的奏折引领了中国当时的立宪风潮。

在驻外公使和国内政府官员的积极奏请下,清政府于1905年11月25日颁布设立考察政治馆的上谕:"前经特简载泽等出洋考察各国政治,著即派政务处王大臣设立考察政治馆,延揽通才,悉心研究,择各国政法之与中国体治相宜者,斟酌损益,纂订成书,随时呈进,候旨裁定。"[2]清政府上谕的颁发引发了官员和国民更大的立宪热情。有论者认为考察政治馆的设立表明政府"已隐然以预备立宪之举动昭示于人民",并倡议国民应该行动起来"设立宪法研究会"[3],积极研究宪法,为将来的立宪做

---

[1]《出使大臣奏请宣布立宪折书后》,载《时报》1906年5月9日。
[2] 中国第一历史档案馆编:《光绪宣统两朝上谕档》(第31册),广西师范大学出版社1996年版,第191页。
[3]《论今日宜亟设宪法研究会》,载《时报》1906年1月15日(光绪三十一年十二月二十一日)。

清朝末年的法治思想

准备。

在此期间，御史刘汝骥于1906年1月14日所上的奏折引起了笔者的注意，虽然刘御史所上的是关于"张君权"的奏折，并在奏折中强调："而政界、学界聚讼盈廷，皆以为我国将立宪。臣非敢阻挠大计也，特是非之间，君权、民权之界限，不敢不辨，拟请断自宸衷，坚持宗旨，以定国是。"他极其鲜明地表达了反对在中国实行立宪政体的观点。尽管如此，他对立宪的认识水平却不容忽视。首先，他认为国体有三种，即君主、民主、君民共主；国政也有三种，即专制、立宪、共和立宪，而立宪的宗旨在于"抑君权以张民权"。其次，他认为立宪实施于中国"有百害而无一利"，原因在于欧洲君权太专制所以用立宪抑制之，而中国君权不振，既不专又不制，实施立宪只能使国家更加混乱，"孟德斯鸠倡无门阀无特权之说，此立宪之萌芽也，而革命党、公产党、无政府党之效果，遂滋蔓而不可图。黄宗羲创天下为主君为客之说，此立宪之嫡乳也，不轨之士心醉神眩，又从而叫嚣之，遂酿成戊戌党人之祸。"[1]可见立宪风气的嚣张是中国祸乱的根源。再次，他认为所谓君主和民主的区分，就是君权和民权的界限划分。刘御史认为日本明治维新的实质是政权从德川幕府向天皇的转移，明治元年的诏令大小政令自天子出即是明证，称明治为专制君主尚可，称为立宪是不恰当的。"君者，积民之权以为权者也，故君为本位，而民为动位者，分君之权以为权者也，故民为分子，君为分母，未有君权朒而民权独赢者也。故观人国者恒以君权之消长为断，入其国而法度修明，百废具

---

[1]《御史刘汝骥奏请张君权折》（光绪三十一年十二月二十日），载故宫博物院明清档案部编：《清末筹备立宪档案史料》（上册），中华书局1979年版，第110页。

举，必其君之骏发严肃，神圣而不可侵犯者也。……何以君权既一蹶不振，而所谓民权者亦为虫沙，为幺匿，为乌托之邦也。"[1] 刘御史的这段论述实在值得深思和玩味，"积民之权以为权"，明明应该推出的是民为本位，而他偏偏推出"君为本位"；立宪国家抑制君权并且国内"法度修明"，明明应该推出的是宪政之下法治的作用，他反而推出必定是君权至尊，从而最后得出君权不振民权也将不存的结论。作为官僚的刘御史对于西方国家的观察是深刻的，即认识到君权是积民之权而成，认识到立宪国家的法度修明；但作为儒家士大夫的刘御史，他的君权至尊、法律位低的思想又是根深蒂固的。正如有学者指出的："自晚清到民国，中国的宪政化运动一波三折，它遭遇到儒家传统的君主官僚制的顽强抵抗。"[2] 这种以儒家传统的君主官僚制来观察和理解西方国家的立宪政体的思想在清末政府官员中是一种普遍现象，甚至把君主官僚制的完善和改造看成是立宪政体的也比比皆是。

第二节 政体考察中关于民权和法治的认识

随着清末新政的启动和推行，中国在教育制度、经济制度、军事制度等方面的改革也逐渐展开和深入，这时政治体制改革逐渐受到关注。特别是日俄战争爆发后，立宪人士和革命人士对立宪的呼声勃兴，也促使清政府不得不做出政治体制改革的抉择，

---

[1]《御史刘汝骥奏请张君权折》（光绪三十一年十二月二十日），载故宫博物院明清档案部编：《清末筹备立宪档案史料》（上册），中华书局1979年版，第109页。
[2] 王人博：《宪政的中国之道》，山东人民出版社2003年版，第228页。

以迎合立宪人士而对付革命人士。正如时论所说："于是我政府有鉴于此，如梦初觉，知二十世纪之中，无复专制政体容足之余地，乃简亲贵，出洋游历，考察政治，将取列邦富强之精髓，以药我国垂危之痼疾。"[1] 因此，可以说清末宪政改革既是新政改革自身发展的内在要求，同时也是外在政治形势的压力所致。

考察政治大臣的第一次出行因炸弹案的发生而耽搁，经过两个多月的重新准备，他们第二次出行，受到社会各界的热情颂扬。其中《大公报》于出行前刊发《饯行文》，文中说："此次考察政治以为立宪之基础兮，则中国四百兆民之前途均被其庥；从兹民权尽可发达兮，将享受文明之自由；其政治改良而将二千余年昏暗沉黑之地狱一朝而大放光明兮，则将参酌法意于孟德斯鸠，回视我国旧日之秕政与腐败之劣员兮，则将叹息蹙额而视同赘疣。"[2] 可见民众对五大臣出洋考察政治的期待，以及他们对立宪改革将根本改变中国昏暗专制政体的期待。历史也已经证明，五大臣出国考察各国政治的结果确实直接关系到中国宪政的前途。对于清廷的这一举措，德国著名汉学家福郎克（Otto Franck）曾评论说："他们此次出洋是为了学习日本、美国和重要的欧洲国家的宪法、政治制度和经济体系，特别是有着极大可能，将西方的宪法、政治制度和经济体系结合中国的情况移植到中国去。"[3] 福郎克的猜测大体不错，五大臣出洋的确以考察各国的宪法、议院、官制、财政、和地方自治为主，同时也关注经

---

[1] 觉民：《论立宪与教育之关系》，载张柟、王忍之编：《辛亥革命前十年间时论选集》（第二卷上册），生活·读书·新知三联书店1960年版，第360页。
[2] 《践行文〈饯五大臣第二次出发也〉》，载《大公报》1905年12月6日（光绪三十一年十一月初十）。
[3] 鸽子：《隐藏的宫廷档案：1906年光绪派大臣考察西方政治纪实》，民族出版社2000年版，第90页。

济、教育和公共事业方面的发展。正如有学者所指出的："五大臣对立宪政治的认识和谋划，的确对清末'预备立宪'产生了若干实际影响。（一）扩充见闻，增进统治集团内的立宪倾向。……（二）'排击俗论'，促成'预备立宪'的宣布。……（三）参与决策，初定官制改革基调。"[1]那么，五大臣通过出洋考察政治对立宪政体产生了怎样的认识？他们又是通过什么样的谋划使清政府最终接受了立宪政体并宣布预备立宪的？以及他们是如何移植西方的宪法和政治制度的？下文将予以阐述。

一、端戴考察团对考察国政治的认识

考察政治大臣共分两路，一路由戴鸿慈、端方带领，主要考察英国、德国、意大利、奥匈帝国诸国；一路由载泽、李盛铎、尚其亨带领，主要考察日本、英国、法国、比利时诸国。两路考察团有所分工，载泽考察团偏重宪政方面的内容，端戴考察团偏重经济、教育和公共事业等方面的考察。但是从所提交的报告来看，端戴考察团对宪政的考察也非常重视。

戴鸿慈和端方考察团于1905年12月19日从上海出发，取道日本前往欧美各国，开始了他们探求西方国家政治的旅程。为使考察收到良好的效果，戴鸿慈在船上召集随员商定旅行预算和日程安排，并制定了一份详细的"敬事预约"，包括"立宗旨、专责任、定体例、除意见、勤采访、广搜罗"六个大项：

一、立宗旨：欧美进化，实擅专长，合炉而治，陶

---

[1] 罗华庆：《论清末五大臣出洋考政的社会影响》，载《中国社会科学院研究生院学报》1992年第4期，第31—32页。

清朝末年的法治思想

铸乃良。政体由系，宪法是详。体国经野，惟富与强，财用兵制，厥类惟彰。其馀庶政，敢谢弗遑，次第及之，在提其纲。

二、专责任：先民有言，众擎易举，矧兹令典，名类繁侈。各奏尔能，相资以理，或认专门，或兼数诣，或聚而谋，或分而纪。集腋成裘，殊涂同轨，纲举目张，始基视此。

三、定体例：斯文撰述，体裁贵先。马氏通考，矩矱前贤，条分缕析，厘然秩然……

四、除意见：是非可否，或难强同，从容辩难，亮哉协恭。……通力合作，以讫成功……

五、勤采访：著乃形式，藏乃精神，批隙导窾，周爰咨询。……造门请益，务得其真。

六、广搜罗：寰球一览，目力其劬，赖有图籍，菁英是储。政界学界，汗牛充间，多多益善，购盈巾车。付之邮船，传之沪壖，以编以译，快睹成书。事半功倍，兹行非虚。[1]

六条规约是端戴考察团的办事规则，后来的考察活动基本照此进行。船行一周后，到达檀香山。在此逗留期间，考察团注意到作为美国殖民地的檀香山，其民众没有选举主体和议院的权利，"檀民之有自治权及立法权也，非完全之权，实有限制之权也（如不得违背美国宪法及初得檀岛时之原例），故美人皆有选

---

[1] 戴鸿慈：《出使九国日记》，载钟叔河主编：《走向世界丛书》，岳麓书社1986年版，第332—333页。

举美总统权,而檀人无之也。各省可公举上下院议绅,而檀人不能也(但许其派一员至下院,而亦无发言及决议之权……)。法既不平等若此,而犹干彼族之忌不置,亦奈之何哉?"[1]虽然在檀香山仅停留一天,端方、戴鸿慈还不忘率领参随人员拜会总督和大法官,向其索要宪法等书。

1906年1月6日,端戴考察团再次乘船东行,于1月12日抵达美国的旧金山海口。考察团在美国逗留了一个月零三天,主要考察了旧金山、内布拉斯加、芝加哥、匹兹堡、华盛顿、纽约、费城、伊萨卡、波士顿等主要城市。在欧洲一共逗留4个月,考察的国家和时间分别是:英国5天、法国7天、德国44天、丹麦6天、瑞典5天、挪威3天、奥地利6天、俄国8天、荷兰6天、比利时4天、瑞士4天、意大利10天等,其中考察时间较长的是德国。对于一些重要国家的重点考察项目,考察团实行在离开后留下个别随员继续广咨博访,或者先派个别随员前往考察的形式,以达到充分考察的目的。考察团几乎每天都是早出分头考察,晚归集中整理,尽可能把所造访国家的各种信息收集完全,并每考察完毕一个国家即给皇上上奏考察情形。考察团如此大规模、地毯式地考察,引起了西方国家媒体的关注。如美国《教育杂志》在考察团还未到达时就报道说:

> 一个来自北京的特别使团将访问美国,以研究美国的政治、社会、教育以及工业组织和状况。使团将于1月21日前后到达华盛顿并留住三个星期。中国湖南巡

---

[1] 戴鸿慈:《出使九国日记》,载钟叔河主编:《走向世界丛书》,岳麓书社1986年版,第335—336页。

抚，也是中国政治家中最进步、最有活力的端方总督领导该使团。协助他的是中国户部尚书、协办大学士戴鸿慈，当然有一大队随从人员。同样的一个使团也被派到欧洲考察。尽管我们对中国自由现状还存在着广泛的怀疑，但这些使团被派遣意味着中国正像当年的日本一样正在觉醒。[1]

报道反映了美国尽管"对中国自由现状还存在着广泛的怀疑"，但是了解了考察团的实际行动后，又对中国即将通过改革谋求发展和改变有了确切的预期。端戴考察团横穿并离开美国后，该杂志又报道说：

以西方人都觉得忙乱的速度，中国钦差代表团已经横跨了美国，并考察了这个国家的工业和政治情况。他们对这里所有的事务都表现出浓烈的兴趣。他们温文尔雅的举止和品格，表明他们是他们人民中最上流的一族。他们的确是对自由制度甚表认同的中国第一层级的政治家。令人甚感不幸和不相协调的是，每当他们在华盛顿做出希望取得一致和相互理解时，他们总是被要求讨论美国军队在菲律宾驻留以防中国人可能出现的麻烦问题。他们在这里的任何表现都被美国人用发生在中国的两个重要城市的反教排外骚乱所判决。[2]

---

[1] Editor: A. E. Winship, Jan. 11, 1906, No. 2. *Journal of Education*, vol. 1562, Boston, The Week in Review.
[2] Editor: A. E. Winship, Feb. 22, 1906, No. 8. *Journal of Education*, vol. 1568, Boston, The Week in Review.

第五章　清政府官员政体选择的思考和实践

　　此报道反映了美国对中国考察团行动的肯定和赞誉，对考察团所受到的困扰和麻烦表示了同情。由此可知，西方国家因义和团事件对中国形成的负面印象是多么的根深蒂固，而考察团的行为对消除这一负面形象无疑起到一定的作用。

　　美国的权威报刊《纽约时报》也对端戴考察团的出访进行了报道。1906年1月24日，该报报道了端方、戴鸿慈及其考察团的主要成员前往美国国务院造访，国务卿艾利胡·卢特（Elihu Root）接见了他们，端方在会见时发表了一个简短的演说，表示他们前来美国的目的是期望在此学到东西以便回国造福国家。国务卿艾利胡·卢特在答词中也表示，"中国一定能够从世界学到东西，因为世界已经从中国学到了许多。"[1] 外国媒体的宣传报道和考察团成员们的实际行动已经向世界宣示了中国向外邦学习的决心，考察团成员们马不停蹄日夜奔波的情形也反映了中国官员们急于学到了西方富强真经的急切心情。

　　端戴考察团在欧美考察期间关于民权和法治的新认识主要有以下几个方面：

　　首先，关于国家政体变革和自由平等观念的新认识。考察团每到一个国家访问，都正式或非正式地会见西方各国人物，包括国王、亲王、总统、部长、州长、局长、议员、市长、校长、院系主任、图书馆长、教授、中小学教师、福利院院长、企业主管、海陆将校、退休官员及地方士绅等各个阶层的人员至少有近百位。在与西方这些人物的请教和交流中，考察团成员对国家变革和民权等观念有了新的认识和理解。关于国家政体的变革，他

---

[1] *China's Envoys at Capital*, New York Times, Jannury 24, 1906.

清朝末年的法治思想

们开始认识到这需要与本国的国情相符合,不能完全照搬其他国家的政体版本。戴鸿慈在其日记的序言中感慨道:"政事也、风俗也、言语也、文物也、宗教也、人种也,永永存在不可磨灭,如是者然后得谓之国。……萃群族之所长,择己国之所适,文明输入,而不害于国粹之保存,所以得也。"[1]因此他告诫国人在政体变革过程中勿忘国本,"凡取法他国,仍须勿忘本原。中国以文章著于世界,务当保存之。"[2]在与德国皇帝的交流中,德国皇帝也强调:"变法不必全学外国,总须择本国之所宜,如不合宜,不如仍旧。"[3]对于此观点,作为考察团成员的戴鸿慈非常赞同,但对于德国皇帝说宪政"而其大旨:立宪之要在自治,自治之要在民兵",戴鸿慈却并不以为然,他认为"法固是矣,然就中国现象思之,尚武精神固所缺乏,而通国皆兵之制尚不能急图。何也?诚虑其为兵之后,一不能谋生,必至于为匪,是教练之法,反以为悖乱之阶也。故其事必先在教育。"[4]他从中国的国情出发,认为中国立宪和自治在于教育,而不是民兵。虽然如此,但他对于立宪之要在自治,特别是地方自治是认同的。

考察团在美国的亲身经历,使他们对民权和自由的认识更加深刻。他们认识到民权不是分权,特别是国家主权是统一的;自由不是散漫无章,而是法律范围内的自由。正如戴鸿慈在日记中

---

[1] 戴鸿慈:《出使九国日记》,载钟叔河主编:《走向世界丛书》,岳麓书社1986年版,序,第295页。
[2] 戴鸿慈:《出使九国日记》,载钟叔河主编:《走向世界丛书》,岳麓书社1986年版,第364—365页。
[3] 戴鸿慈:《出使九国日记》,载钟叔河主编:《走向世界丛书》,岳麓书社1986年版,第407页。
[4] 戴鸿慈:《出使九国日记》,载钟叔河主编:《走向世界丛书》,岳麓书社1986年版,第398页。

所说的：

> 譬如民权，学者之所倡言也。我观西国，其重视主权也良至，凡百职司，权必归一，而下此服从焉，未有以分权而能治者也。共和之政治，学者梦想之所托焉耳，殆非我中土之所能有也。美为民主之国，而选举之法，弊亦随之，所见或不逮所闻，而况于人格之不美若乎？此民权之真相也。又如自由，自由云者，人人于其权利范围之中，得以为所欲为，不受压制焉耳，非夫放纵无节之谓也。我观欧美之民，无男妇老少，其于一切社会之交际，相待以信，相接以礼，守法律，顾公德，跬步皆制限焉。自其表观之，至不自由也。此自由之真相也。又如平等，西国之所谓平等者有之矣，上自王公，下逮庶民，苟非奴隶，皆有自主权，其享受国民之权利维均。一介之士，虽执业微贱，苟其学成专门，皆足以抗颜宰相之前而无所忐；盖其执艺平等，而非以爵位之贵贱论也。此平等之真相也。[1]

考察团的认识可谓把握了自由平等的实质。

其次，关于所考察国家的政体状况的认识。考察团访问了位于华盛顿的美国国会，目睹了美国参议两院的辩论："美国上下议院之制，上院议绅由各省选举。美分四十五省，省二人，故为额九十人。任期六年，每二年易其三分之一。议定律例、宪法一

---

[1] 戴鸿慈：《出使九国日记》，载钟叔河主编：《走向世界丛书》，岳麓书社1986年版，第296—297页。

切之事，大约关于议法者为多。下院议绅由地方选举。每户口满三万者，许举一人。任期二年一易。议定之事，大约关于筹款者为多。……下议院演说，每员限十五分钟，此上议院所无，亦以人众使然也。如立论激烈至于争竞者，议长得而退之。然文明国人，恒以正事抗论，裂眦抵掌，相持未下，及议毕出门，则执手欢然，无纤芥之嫌。盖由其于公私之界限甚明，故不此患也。"[1] 由此考察团厘清了美国上下议院的组成、议员的来源、各自的职责以及议员间坦诚的辩论，从而了解了美国议院制度。考察团又在位于华盛顿的中国驻美公使馆里，邀请美国参议院议员讲解华盛顿地方自治章程，从而了解了美国联邦制度的上下分权和地方自治的政治基础。在波士顿，考察团访问了州议会，并现场参观下议院的辩论，"议员分为政府党与非政府党两派。政府党与政府同意，非政府党则每事指驳，务使折衷至当，而彼此不得争执。诚所谓争公理、不争意气者，亦法之可贵者也。"[2] 由此了解到美国的政党制度——即两党制度的风采。在考察中，考察团得到一部"麻沙朱色得士州宪法"，从这部宪法中，考察团了解到美国地方政治制度的实质，是建立在"一切权力本为人民所有，而自人民取出以畀本省官吏，官吏不论立法、行政、司法皆为人民之经理人"的主权在民理念基础之上的地方自治制度。[3] 从考察团对美国的议院制度、联邦制度和政党制度的考察和记录可以看出，考察团了解到美国主权在民的政体实质，人

---

[1] 戴鸿慈：《出使九国日记》，载钟叔河主编：《走向世界丛书》，岳麓书社1986年版，第355页。

[2] 戴鸿慈：《出使九国日记》，载钟叔河主编：《走向世界丛书》，岳麓书社1986年版，第378—379页。

[3] 端方、戴鸿慈：《列国政要》卷二十五《地方制度五：美利坚国》，商务印书馆1907年版，第1—2页。

民主权是美国的立国基础。

考察团到达英国,参观访问英国的贵族院和下议院,详细了解了英国两院权力的差别,"自立法言之,两院之权力本相等。然以实际论,则下院之势力较大。凡立一法,在下院议案已成者,贵族院对之虽有修正之权,而无反抗之力。故虽名为共定法律,大抵仍视舆论为转移而已。"[1] 英国下议院的权力在逐渐扩展,由此可知英国的政策和法律是以民众的意见为转移的。考察团对英国政体赞誉有加,认为"英吉利为西欧老国,君主立宪,上下有章,又最重门第,有中华魏晋风气"[2]。从考察团对英国下议院权力扩展的认识可知,他们对英国人民主权的政体实质是有所了解的。

考察团在访问俄国时,专程访问了俄国前首相谢尔盖·尤利耶维奇·维特(Sergei Yulyevich Witte),并向其请教中国立宪时限的问题。维特答曰:"言中国立宪,当先定法律,务在延中西法律家斟酌其宜;既定之后,君民俱要实行遵守,然后可言立宪,约计总以五十年准备。谓欲速不能,过迟不可。上急行而下不足以追步,则有倾跌之虞;上不行而下将出于要求,则有暴动之举。"[3] 维特的回答强调了中国立宪中法律的重要性,以及法律确定之后君民共同遵守法律的前提基础,并提出以五十年为期培养君民上下的法律思想和宪政智识,从而点明法治是立宪的重要基础和保障。对此,考察团深有感触:

---

[1] 戴鸿慈:《出使九国日记》,载钟叔河主编:《走向世界丛书》,岳麓书社1986年版,第379页。

[2] 戴鸿慈:《出使九国日记》,载钟叔河主编:《走向世界丛书》,岳麓书社1986年版,第381页。

[3] 戴鸿慈:《出使九国日记》,载钟叔河主编:《走向世界丛书》,岳麓书社1986年版,第485页。

清朝末年的法治思想

> 余惟中国今日之事，方如解悬，大势所趋，岂暇雍容作河清之俟？准备之功，万不能少，然不必期之五十年之后。所谓知行并进者，乃今日确一不移之办法也。顾空言立宪，而国民无普通智识与法律思想，则议法与奉法，略无其人，弊与不立宪维均。故广兴教育与多设法律学校，分班出洋学习法律，尤为根本之图，此则归国后所亟宜注意之事也。询以财政，则言须立预计表，而总不外乎明定法律。盖凡事必以法律为基础，苟无法律，则事无可办者矣。维特君深识远虑，洞知时势。[1]

由此言论可知考察团对法治重要性的认同，"方今中国维新政治，凡商律、刑法之属，皆将斟酌损益，以期彼此通行，同沾利益"，[2]并表达了对中国国民缺乏法律思想的忧虑，拟回国后广泛兴办教育和多设法律学校。

考察团到达罗马，考察意大利上下议院，感叹其法律的完善，"任命大臣之权，操诸国王之手。而大臣之不职者，得由下议院控诉之，而由上议院以裁判之。欧洲诸国，政制相维，其法至善，胥此道也。"[3]考察团又与意大利上院议绅会见，与其谈论并请教宪政之事，"其言财政，则主借债以兴庶务，而农业工商，均推本于学堂、报馆，以开百姓智识为先。言宪政，则以渐

---

[1] 戴鸿慈：《出使九国日记》，载钟叔河主编：《走向世界丛书》，岳麓书社1986年版，第485—486页。
[2] 戴鸿慈：《出使九国日记》，载钟叔河主编：《走向世界丛书》，岳麓书社1986年版，第434页。
[3] 戴鸿慈：《出使九国日记》，载钟叔河主编：《走向世界丛书》，岳麓书社1986年版，第507页。

进为主义，若躐等强迫，则为害斯大云云。"[1] 从而确切地了解了意大利上下议院的职权，并对宪政应以渐进为主义印象深刻。

考察团在考察过程中也注意到了各国政制的某些区别，如他们指出德国的"大宰相"与英法等国的"首相"存在差别，"故德国大宰相之地位比之英法义之首相，其权务较大，责任亦较大，自卑斯麦创行此制，专政之弊势不能免，然国务之施行以是敏而有功，无滞而不举之患，则其得也。德意志大宰相代表皇帝，代皇帝负一切责任，其任免之权握之皇帝，与英、法、义诸国视议院之向背而决其进退者，固不侔也。"[2] 考察团对德国政体的设计给予了特别的关注，对大宰相和皇帝的关系也十分有兴趣。

端戴考察团考察的国家多，日程安排紧促，考察的内容也较载泽考察团更为丰富多彩，也更为庞杂。"端戴团的考察活动不像载泽团那样细那样专，没有专家讲解，安排的似乎也不如载泽团那样有条不紊，而是相当的庞杂。显然，两个团各有分工，载泽团注重宪法和政府职能，端戴团则偏重于教育、工业、文化及其他行业。"[3] 但是从他们的考察记录和后来所提交的报告来看，他们对宪政的考察不仅深入，而且细致。并且从他们的考察记录和认识可知，他们对立宪政体关于民权和法治的重视有充分的了解和阐述。

---

[1] 戴鸿慈：《出使九国日记》，载钟叔河主编：《走向世界丛书》，岳麓书社1986年版，第510页。

[2] 端方、戴鸿慈：《列国政要》卷十六《官制六：德意志国》，商务印书馆1907年版，第1页。

[3] 鸽子：《隐藏的宫廷档案：1906年光绪派大臣考察西方政治纪实》，民族出版社2000年版，第210页。

二、端戴考察团所上奏折和书籍的内容分析

端戴考察团所上的奏折主要有两部分，一是在考察期间所上的，考察团每经过和考察一个国家都会把考察情形上奏给朝廷，并请示将要游历的下一个国家。考察期间所上的奏折一般针对一个国家，记录比较详细。二是考察结束归国后所上的奏折，奏折内容比较概括，主要是对他国举措的借鉴和在中国的应用等，建议的内容较多。

(一) 端戴考察团在考察期间所上奏折的内容分析

关于美国考察情况的奏折认为，美国"任民权"，其富强之源在工商，"大抵美以工商立国，纯任民权，与中国政体本属不能强同，然其规划之周详，秩序之不紊，当日设施成迹，具在简编，要其驯致富强，实非无故，藉资取镜，所益甚多。至于商业之发达，工作之精良，包举恢宏，经营阔大，一学堂一工厂建造之费，动逾千百万金，不惟中国所难能，抑亦欧洲所叹畏。盖美为新造之国，魄力正雄，故其一切措施难以骤相仿效，而太平洋之商业航利，则我与美实共有之。此又中国所急宜注意竞争刻不容缓者也。"[1] 因为美国任民权而与中国政体不同，已被考察团排除在仿效之列，可以借鉴的主要有发达的商业、精良的管理等方面。可见考察团不接纳纯任民权的政体。

关于德国的考察情形，奏折中记录道："查德国以威定霸，不及百年，而陆军强名，几震欧海。揆其立国之意，专注重于练兵，故国民皆有尚武之精神，即无不以服从为主义。至于用人行

---

[1]《出使各国考察政治大臣戴鸿慈等奏到德后考察大概情形暨赴丹日期折》，载故宫博物院明清档案部编：《清末筹备立宪档案史料》（上册），中华书局1979年版，第7—8页。

政，则多以兵法部勒其间，气象森严，规矩正肃。其人民习俗，亦觉有勤俭质朴之风，与中国最为相近。盖其长处，在朝无妨民之政，而国体自尊，人有独立之心，而进步甚猛。是以日本维新以来，事事取资于德，行之三十载，遂致勃兴。中国近多歆羡日本之强，而不知溯始穷原，正当以德为借镜。"[1] 德国以练兵为首要，培养国民的尚武精神，人民拥有独立质朴之风气，以服从为主义，这正是考察团所崇尚的理念。德国政府有威权，实行严格的管理措施，以致国家秩序井然，而这又是考察团所追求的目标。因此他们表示日本维新正是以德国为榜样，因而德国正是中国立宪改革的效仿对象。

关于俄国的考察情形，奏折以俄国政局的演变情形警醒中国当局，从而为中国将来的改革提供可资注意的地方。"查俄国幅员最广，素以雄力横视环球各国，猜忌之萌，已非一日，其政体久以专制著称。从前兵力盛强，民间虽怀有追求立宪之心，尚不敢存暴动非常之想，战败之后，始有种种要求。当时迫于事势，不能不由政府允许，近则筹借国债，增练新兵，政府威权又稍稍复振，而议院所求各事未能事事允行，是以上下相持，颇滋疑沮。"突出俄国立宪改革是迫于事势而不得不为的无奈之举，而其窘迫的情形是，"臣等会与该国前首相维特接谈，据称该国预备立宪已逾百年，究之民间知识犹未尽开，一时甚难合度，大抵此次宣布，在政府不能不曲从舆论，而断不能满其所欲，深虑乱

---

[1]《出使各国考察政治大臣戴鸿慈等奏到俄考察大概情形折》，载故宫博物院明清档案部编：《清末筹备立宪档案史料》（上册），中华书局1979年版，第9—10页。

事难以消泯。此俄国现筹立宪之实在情形也。"[1] 突出俄国民智未开，立宪难以实行，而政府屈从舆论可能导致国家和社会混乱，从而警醒中国政府立宪应以开民智为预备。

（二）端戴考察团归国后所上奏折的内容分析

端戴考察团归国后有关立宪的奏折主要有：1906年8月11日第一次召见时所上奏折《回京覆命胪陈应办事宜折》，8月13日所上奏折《请定国是以安大计折》，8月25日所上奏折《请改定官制以为立宪预备折》，这三个奏折对于清廷下定决心预备立宪起到了举足轻重的作用。以下就各奏折的内容分析他们是如何理解和移植西方的立宪制度的。

《回京覆命胪陈应办事宜折》是端方、戴鸿慈对此次出洋考察所做的简短总结，概括地比较了各国的政治制度和风俗习惯。关于各国政体的差异，折中说道："美为合众而专重民权，德本联邦而实为君主，奥匈同盟仍各用其制度，法意同族不免偏于集权，惟英人循秩序而不好激进，故其宪法出于自然之发达，行之百年而无弊。"[2] 此外，奏折中还介绍了各国国力、外交策略和各国民风的差异。在比较中，端戴二人指出"君臣一心、上下相维"对国家强盛的重要性，并认为可能导致国家衰落的情况有三种，即"无开诚之心者其国必危"、"无远虑之识者其国必损"和"无同化之力者其国必扰"，这三种情况使国家"法制不一、畛域

---

[1]《出使各国考察政治大臣戴鸿慈等到俄考察大概情形折》，载《故宫博物院明清档案部编：《清末筹备立宪档案史料》（上册），中华书局1979年版，第17—18页。

[2] 端方、戴鸿慈：《回京覆命胪陈应办事宜折》，载《考察各国政治条陈折稿》，第2页。

不化",并最终导致国家"未有能享平和臻富强者矣"。[1] 端戴二人的论述为清廷敲响了警钟。在这一折中,端戴并没有提到立宪事项,并且言语非常隐晦,可见端戴二人是有意如此。他们首先需要对慈禧太后旁敲侧击,给她思想准备的余地,其次他们也需要时间探听慈禧太后以及政府官员们对立宪的态度。端戴的首次上奏引起了舆论界的关注,有报道称:"端、戴复命之折系列举各国调查之情状,但只陈其实,未下断语,其政见如何及改革中国下手之处均未发表,大约须俟第二折陈奏矣。"[2] 可谓一语道破端戴所思所想,也表现出对端戴的后续陈奏的期待。

《请定国是以安大计折》是端戴考察团回国后所上的重要奏折,对清廷最终确立预备立宪起到了决定性的作用。在这一奏折中,端戴二人结合考察各国的所见所闻,痛陈国事,倡言立宪,从而把他们关于立宪的观点和态度表达得淋漓尽致。折中首先论述他们对政体问题的认识,政体是一个国家内政是否修明的关键,"欲判其内政之能修与不能修,此不必问其他,但问其政体之为何,而可以判之矣。盖世界政体厥有二端:一曰专制,一曰立宪。专制之国,任人而不任法,故其国易危;立宪之国,任法而不任人,故其国易安。"[3] 随后指出专制政体是使君主和国家陷入危亡的原因。

---

[1] 端方、戴鸿慈:《回京覆命胪陈应办事宜折》,载《考察各国政治条陈折稿》,第3—4页。

[2]《京师近信》,载《时报》1906年8月18日(光绪三十二年六月二十九日)。

[3] 端方:《请定国是以安大计折》,载沈云龙主编:《近代中国史料集刊第十辑:端忠敏公奏稿》,文海出版社1918年版,第691页。

夫任人者，何以易危？任法者，何以易安？此不可不论者也。专制之国，凡一国中之事，无论大小皆由君主一人裁决之，是君主对于举国人民而负其责任者也。夫君主既负此至重且大、至难且苦之责任矣，然欲以一人之心力尽治天下之事，不待左右之赞助而可以为治，此其事必为势所不能，则不得已而必当委任官吏。国家之事体愈繁，则官吏之委任愈多，而此官吏者，奉一人之命以治民事，使官吏而皆仁贤能，奉行上命斯犹可耳然，官吏之不能尽贤，此又势所必然。……故专制国之君主，其不为人民所怨者，合东西古今历史计之，而常为少数，然问其怨之所由来，则皆其官吏有以使人民之怨其君也。夫君主以官吏不贤之故，而为人民所怨，则君主危。君主既危则国事愈以难治，官吏愈无忠实之心，人民愈有离散之势，一切政事愈以窳脞，而国家之危亡随之。……专制之国，任人而不任法，人之不能尽必其善者，此无待论，而欲恃此，以修内政，何可得也？……专制政体，有以使其君与国之两危也夫。[1]

奏折此处突出了专制政体下君主不仅肩负着"至难且苦"的责任，而且还要承担由于官吏的行政失误而引起的人民的怨恨。这些体会完全是从当政者即慈禧太后的角度去考虑的，可以说真正说到了慈禧太后的心坎上。奏折没有从政权的划分来说明君主承担全部责任的原因在于君主拥有全部的权力，专制政体的危险

---

[1] 端方：《请定国是以安大计折》，载沈云龙主编：《近代中国史料集刊第十辑·端忠敏公奏稿》，文海出版社1918年版，第693页。

恰恰在于君主权力的专制。而作为官僚的端方不可能意识不到这样的问题。可见奏折完全站在慈禧太后能够接受的角度去论述问题，这进一步说明奏折内容的倾向性。奏折紧接着论述了立宪政体使君主安宁和国家富强的缘由：

> 至于任法，则其君安，其国安，而富强之基亦以立矣。夫所谓任法而不任人者，不仅君主立宪政体为然也，即民主立宪政体亦然，所重者不在君主民主之别，而在立宪与专制之别，立宪之所以异于专制者，于宪法之有无别之。所谓宪法者，即一国中根本之法律，取夫组织国家之重要事件——具载于宪法之中，不可摇动，不易更改，其余一切法律命令皆不能出范围之中，自国主以至人民皆当遵。由此宪法而不可违反，此君主立宪国与民主立宪国之所同也。其所异者，虽不一端，而君主立宪国之所以位置君主者，则其君主无责任，必明载于宪法之中。……故君主立宪国之政府必有责任内阁之设。所谓责任内阁者，乃于内阁中设总理大臣一人及国务大臣数人，国务大臣以各部之行政长官充值，是之谓阁臣。凡此阁臣，皆代君主而对于人民负其责任者也。使其行政而善乎，则阁臣之位得安；使其行政而不善，为人民所怨，则是阁臣之责任，而非君主之责任，其怨毒之极亦不过变易阁臣而已。无丝毫之责任可以及于君主之身，故君主不仅常安而不危，且神圣不可侵犯之权亦载入于宪法中。此无他，既无责任则自不至有侵犯，此二者相

清朝末年的法治思想

因而并至者也。此所谓立宪则君主安者是也。[1]

此处奏折突出了立宪政体中宪法的重要地位，宪法是君主和人民都必须遵守的国家根本大法，国家机构的组织等事项都必须在宪法中得以规定。随后奏折指出立宪政体中君主的地位，即宪法中明确规定君主无责任，由责任内阁中的阁臣"代君主而对于人民负其责任"，行政的善与不善都由责任内阁来承担，君主的地位神圣不可侵犯。此处奏折为君主设计了轻松而永远享乐的权利，但奏折依然把权力的问题忽略了，并没有点明君主无责任也意味着无实际权力的政体内涵。奏折在认为立宪政体中的责任内阁是君主得以安宁的重要根源的同时，还认为立宪政体中的议会是国家得以安全的原因。"则人民之意向如何，不可不一视其从违以为行政之方针。而欲视人民意向之从违，又非可执国人而人人问之也，于是不能不设议会，由人民分区选举以为议会之议员，以议会之可决、否决而觇国民意思之从违焉。……故一国有议会，则政府之行动人民可以知之，人民之意志政府亦可以知之。上下之情相通，合谋以求一国之利益，故国事因此而得理，国家亦因此而得安矣。"[2] 在此，议会具有了西方立宪的形式，即议员由人民选举产生，议员拥有赞成或否决权，但是议员所表达的仅是人民意向，而人民意向又仅是官员制定行政方针的参考，人民所拥有的仅是民意的表达权，议会仅是人民表达意愿的地方而已。这与立宪国家的人民通过议会参与国家的管理和法律

---

[1] 端方：《请定国是以安大计折》，载沈云龙主编：《近代中国史料集刊第十辑：端忠敏公奏稿》，文海出版社1918年版，第697页。
[2] 端方：《请定国是以安大计折》，载沈云龙主编：《近代中国史料集刊第十辑：端忠敏公奏稿》，文海出版社1918年版，第698—700页。

第五章　清政府官员政体选择的思考和实践

制度的制定，拥有参政、议政和制定法律等权利大相径庭。这直接反映了政府官员思想中根深蒂固的主权在君的观念，虽然引进西方的立宪政体与议会，但仅仅把议会想象成使"上下之情相通"的场所而已。

端方在奏折中还注意到了司法独立的重要性。他认为在立宪政体中，责任内阁、议会和司法裁判所是同等重要的制度，"据一定之法律，以裁判刑事、民事之诉讼，乃以此保护人民之生命财产，而其所最重要者，则司法权独立于行政之外，不受行政官吏之干涉。"[1]其对司法的独立性和法律保护人民的生命财产的重要性认识得非常到位。而对于地方自治，他则认为是"以国事之一部分委之人民之自理，以补官吏之不及，此皆所以分行政官吏之责任，而使其事专而权一，得尽其职，而日进于贤者也"。[2]其把地方自治中实行人民自理的措施看作补充官吏不足的举措，可见并未认识到地方自治的实质，以及其深层的思想观念中民权思想的缺失。

奏折通过对专制政体和立宪政体的比较论述，最后得出结论："盖商战恃乎民智，兵战恃乎民力，欲民智、民力之发达而以专制临之，无异欲南行而北其辙，必不济也。由此论之，则中国而欲国富兵强，除采用立宪政体之外，盖无他术矣。"[3]在端方等清廷官僚们的心目中，中国选择立宪政体是达到国家富强的重要且唯一的手段。奏折在指出中国必须选择立宪政体后，又指

---

[1] 端方：《请定国是以安大计折》，载沈云龙主编：《近代中国史料集刊第十辑：端忠敏公奏稿》，文海出版社1918年版，第700页。

[2] 端方：《请定国是以安大计折》，载沈云龙主编：《近代中国史料集刊第十辑：端忠敏公奏稿》，文海出版社1918年版，第701页。

[3] 端方：《请定国是以安大计折》，载沈云龙主编：《近代中国史料集刊第十辑：端忠敏公奏稿》，文海出版社1918年版，第704页。

出中国不能立刻实行立宪政体，中国当前还不具备实行立宪的条件，此时政府需要做的是"明降谕旨，宣示天下，以定国是，约于十五年至二十年，颁布宪法，召议院开国会，实行一切立宪制度。"奏折中论述了中国实行立宪预备的必要性。

《请改定官制以为立宪预备折》是端戴考察团归国后所上的第三折，此折在端戴回国经过天津时曾经与袁世凯对照商讨过[1]。此折在第二折的基础上提出了中国立宪预备的第一步在于改革全国官制。正如有学者指出："耐人寻味的是，早已议定的奏稿，并不一次拿出，先上一折，把大政方针确定下来，然后又在第二道奏请中煞有介事地说什么前奏万一被圣明采用，却无具体措施，立宪终成一纸空文，因此再奏请改革官制作为第一步措施。这就给人留下了一个印象，他们好像是在演一场戏。……观众只有两个人，一是光绪皇帝，一是慈禧太后。……说得再直白一点儿，就是如何一步一步将老佛爷套在立宪改革的这驾大车上来。"[2]可见端方、戴鸿慈回国后所上的奏折不仅内容上是深思熟虑过的，而且所上奏折的顺序也是反复思考的，凸显出他们小心翼翼、稳扎稳打和步步为营的办事风格。在此奏折中，他们首先介绍了日本实行立宪的成功经验，认为日本宪法的有效推行在于官制设置得宜。而官制改革成功的标准在于"任法不任人"，因为"任人不任法者，法既敝虽圣智犹不足以圆功。任法不任人

---

[1] 袁世凯和端戴二臣在天津见面，袁先将自己拟好的一份关于改革官制的奏稿拿出来给他们看。结果端戴二臣发现，袁世凯的奏稿与他们在船上拟的奏稿不谋而合。双方还进一步商谈了实行地方自治的办法，并提出以津京地区为试点。（参见鸽子：《隐藏的宫廷档案——1906年光绪派大臣考察西方政治纪实》，民族出版社2000年版，第313页。）

[2] 鸽子：《隐藏的宫廷档案：1906年光绪派大臣考察西方政治纪实》，民族出版社2000年版，第313—314页。

者，法有常虽中材而足以自效"[1]。在此基础上，他们结合考察各国的情况，提出了一整套建立全国官制的方案。首先是责任内阁的设置，"各国每由君主自擢首相，由首相荐举阁臣，一切施政之方，由阁臣全体议定，然后施行，而得失功罪，则阁臣全体同负其责。所以必以阁臣负其责者，一则使之忠于职位，无取诿卸以误国，一则虽有缺失，有阁臣任之，则天下不敢怨君主，所谓神圣不敢干犯者此也。"[2] 其次是划定中央与地方的权限，"各国行政，大概可分为中央集权、地方分权两种。中央集权，例如日本，所有地方行政长官皆属于内务大臣监督之下，一切政策悉须禀承。地方分权，例如美国，中央政府仅掌军事、外交、交通、关税荦荦诸大政，其余大小诸务悉归各省巡抚自行办理。"而中国存在的问题是"因权限不清之故，各部与督抚往往两失其权"，解决的策略是"以为治泱泱之中国，万不能不假督抚以重权，而各部为全国政令所从出，亦不能置之不理，视为具文。诚宜明定职权，划分限制，以某项属之各部，虽疆吏亦必奉行，以某项属之督抚，虽部臣不能搀越。"[3] 他们既借鉴中央集权的政令统一又兼顾了地方分权中各地方的自主性，凸显了根据中国国情借鉴西方国家制度的宗旨。奏折也突出地反映了清廷政府官员们重视制度和规则的思想观念，他们通过制度规范在不同部门、不同层级的权力划分，为权力的行使明确了边界，也为政府的管

---

[1] 端方、戴鸿慈:《请改定全国官制以为立宪预备折》，载故宫博物院明清档案部编:《清末筹备立宪档案史料》（上册），中华书局1979年版，第367—368页。
[2] 端方、戴鸿慈:《请改定全国官制以为立宪预备折》，载故宫博物院明清档案部编:《清末筹备立宪档案史料》（上册），中华书局1979年版，第368页。
[3] 端方、戴鸿慈:《请改定全国官制以为立宪预备折》，载故宫博物院明清档案部编:《清末筹备立宪档案史料》（上册），中华书局1979年版，第369—370页。

理提供了制度和法律的保障。

端戴考察团回国后除了上陈的奏折外，还向清廷提交了两本著作，即《欧美政治要义》和《列国政要》。其中《欧美政治要义》是在1906年回国后编成的，[1] 直到1907年才发表。虽然该书并非戴、端两位大臣亲自编写的，但是仍然可以视作二人的作品，因为是他们把书籍上奏给皇上的，他们对所陈述的事实和意见要承担责任。《欧美政治要义》主要包括以下几个方面的内容：皇室典章之发明、国家宪法之制定、宫中与政府之区分、立宪政体君主之权力、君主至高顾问府、政府即责任内阁之编制、国会之设立、会计监督及预算之制、法律命令、立宪国家的行政原则、行政、立法和司法三者的分权、海陆军的组织、中央行政各部之编制、中央行政各省与地方行政官署的关系、地方议会、地方自治制、臣民之权利义务和非常警察及戒严制度等。[2] 书中谈得最多的是宪政的好处，甚至认为宪政的历史也没有必要考察，"一旦改为立宪政体，昭旷人心，而且国是大和，故今欲考求宪政之得失，且不必问其历史，但观各国所以致富的原因，而计可决矣。"[3] 书中认为立宪是提升国力的根本途径，"举国家之全力，提携臣民之生活助其发达，又以臣民之所愿欲相贺为理，而增长国力为其目的者也。……其政策行之无疑者，其国力必充溢；其国力必充溢者，必其为立宪政体也。"[4] 书中还论述了立宪政体国家中君主的权力问题，认为君主"总揽统治权，依

---

〔1〕《欧美政治要义》主要由随员熊希龄负责编辑，而熊希龄主要从日本购买一些欧美国家的书籍，找留学生帮忙翻译，并整理编辑成《欧美政治要义》。(参见周秋光：《熊希龄与清末立宪》，载《湖南师范大学社会科学学报》1996年第5期。)

〔2〕 戴鸿慈、端方：《欧美政治要义》，商务印书馆1908年版，第1—4页。

〔3〕 戴鸿慈、端方：《欧美政治要义》，商务印书馆1908年版，第2页。

〔4〕 戴鸿慈、端方：《欧美政治要义》，商务印书馆1908年版，第1页。

宪法之条规行之，君主一身不可侵犯。……既曰总揽，是以一人专有全部而不分之于人，则仍为专制也。其异于未立宪之时者，仅依宪法之条规行之一语而已。"[1]并进一步指出君主专制国家和君主立宪国家的君权区别就在于立宪国家的君权明确记载在宪法中。

> 君主于宪法制定以前总国政之全权，国家一切政务皆取决于君主，而是宪法制度以后亦非大有变更，君主仍为最高之机关，宪法特就国中各部机关明定其权限而已。故君主之权力明记于宪法者也。
>
> 君主一身不可侵犯，是无责任之义，自存于其中矣。但君主即误政道，或违宪法，终不得加以指斥，是必至于无可匡正其过失之途，则宪法条规亦将有名无实。
>
> 君主有误政道或违宪法，则为辅弼者未尽责任，故政府大臣必代君主负责任，此谓责任大臣。
>
> 以为保持君主之权力，特揭明文于宪法以明君主大权，使他种机关如国会等不得相侵。……凡君主之大权，皆明记于宪法之上，其未明记者，君主绝不得行此。[2]

该书指出，君主的权力明确记载在宪法中，君主依据宪法行使相应的权力。君主在拥有不可侵犯的权力的同时还不承担责任，其施政的失误由责任大臣来承担，从而凸显了君主立宪政体中君主有权力而无责任的美好前景，而只字不提君主的权力会受

---

[1] 戴鸿慈、端方：《欧美政治要义》，商务印书馆1908年版，第30—31页。
[2] 戴鸿慈、端方：《欧美政治要义》，商务印书馆1908年版，第32—33页。

到宪法的制约。

书中关于人民的权利的内容论述，首先列出了人民最基本的人身和个体的权利，即人身之自由、家庭之安全、居住转移之自由、信书之秘密、所有权之保障、信教之自由、言论著作印行之自由、结社之自由、请愿之权利、裁判之公平和登用之均等。[1]然后就对人民的参政权和人民权利的保护予以说明：

> 凡对于臣民之行政事宜，无不准乎法律及法律范围内所发之命令，使有司执行之。又为保护臣民生活之重要权利，不许以行政权有所侵损。又如司法权从一切行政事宜中分划独立，以乎保护臣民之权利。其国务大臣收支国币，又必先预算之数，经国会参与，极其平准乃行，凡此等类，皆为立宪政体最为枢密之要目也。……盖立宪政体，其臣民有参与国政之权，而其国力之充盈即视乎此，故可尚也。
>
> 虽属在边陬之民，亦必使选举国会及地方议会之议员，以间接参与国务；或自被选为议员，以直接参与国务，皆必达其目的也，惟其然也。臣民不能处于国务之外，自能望其视国家为视自己之一家，忧国家如忧自己之族，是使臣民一人生活与国家全体之生活有合为一致之观。[2]

以上可以解读为臣民通过间接或直接的方式参与国务，达到

---

[1] 戴鸿慈、端方：《欧美政治要义》，商务印书馆1908年版，第167—173页。
[2] 戴鸿慈、端方：《欧美政治要义》，商务印书馆1908年版，第1—5页。

家与国合二为一之目的。因此书中明确规定了人民的权利载之于宪法并予以保证,"使无论在何时,不得以行政之目的,而侵此制限。"[1] 臣民受到国家行政的保护是国力增强的重要手段,"国家依于法律命令,行其权力于臣民之上者,欲以之助长民生,即依之以增进国力也",从而表达了增强国力是目标,保护人民是原则的重要思想观念。

从书中关于人民的权利的论述可以看出,他们"把立宪政府看作一种由人民协助而对人民关心的政府。人民可以通过国会发表意见。"[2] 关于书中"立宪有利于君主""君主不负政治责任"的观点,有学者认为反映了考察政治大臣们的"立宪观始终超越不出立宪可使'皇位永固'的樊篱,从而迎合了慈禧太后的心意,为朝廷所采纳"[3]。而从以上考察政治大臣们对宪政的认识和奏折内容的分析中可以看出他们的观点既有文化误读的成分,更多的是有意迎合慈禧太后的心意,从而使清廷能够接受立宪政体改革目标的权宜之计和政治策略。

《列国政要》一书由端方、戴鸿慈等编,商务印书馆于1907年出版,共32册132卷,是清末关于西方法政知识的专科性百科全书。该书虽然署名端方和戴鸿慈,但并非二人亲自编写,二人政务繁忙,况且如此专业性的皇皇巨著,非有专业人才而不能。根据考察团随员施肇基的记载:"端方搜集宪政书籍资料多种,满载而归,原拟编一详尽报告书,以为国内行宪之参考,惜以材

---

[1] 戴鸿慈、端方:《欧美政治要义》,商务印书馆1908年版,第167页。
[2] [瑞士]诺柏尔特·麦恩北:《清政府对立宪的准备——清政府对宪政的理解》,载明清史国际学术讨论会秘书处论文组编:《明清史国际学术讨论会论文集》,天津人民出版社1982年版,第358页。
[3] 刘高葆:《试论端方的立宪渊源及其对宪政的理解》,载《中山大学研究生学刊》(社会科学版)1995年第1期,第77页。

料太多，编译人才难得，报告迄未编成。"[1] 可见此书也非考察团成员所编。看来正如有学者所考察的："《列国政要》只能是在端方、戴鸿慈考察归来后，在端方的倡议下，由陈庆年于焦山松廖阁仓促编就，亦属无奈。"[2]

《列国政要》一书包括宪法（1—10）10卷，官制（11—20）10卷，地方制度（21—25）5卷，教育（26—44）19卷，陆军（45—67）23卷，海军（68—85）18卷，商政（86—92）7卷，工艺（93—94）2卷，财政（95—123）29卷，法律（124—131）8卷，教务（132）1卷，后面附有中外名词对照表。端方在序言中说："夫晋楚二强，同至于不可敌，而二国之所以料敌者，未尝扬诩其兵之雄也，君之明，臣之肃，民生之乐业，法制立而忠勤，徧喻于吏民，有不可败之政，自有不可败之兵，不必其徒云兵也。……欲有以扶长宗邦，远其害渗，则列强确立之格范，必由之术，径固示我周行，行人所咨諏咨询者也。"[3] 端方以春秋时期晋楚争霸的事实比喻当世，并强调了君主圣明、官员肃严敬业、法律明确严格以及政治清明对于国家强盛的重要性。对于《列国政要》的出版，《申报》给予了一定的宣传，不仅刊发了端方的序言，而且配以极高的评价：

> 去年五月，吾国立宪之议起，特派五大臣出洋考察政治，归而浭阳制军就考察之所得，辑为《列国政要》一书，俾商务书馆刊行之，美哉，此诚医国之良剂也！

---

[1] 施肇基：《施肇基早年回忆录》，传记文学出版社1967年版，第48页。
[2] 张生：《从〈列国政要〉看清末宪政》，载《史林》2012年第4期，第118页。
[3] 端方、戴鸿慈：《列国政要》，商务印书馆1907年版，序言。

夫立宪预备期以十年，苟其一无凭借，坐误因循，则十年以后之国民，犹是十年以前之状况耳。且吾国疆宇广衍，诚如浭阳所谓百里以外则病其利而利其病，国俗政典之各殊，非可凭偶然之慧而自谓吾知者也。第我欲更进一言者，即使知之而择要行之，则亦不能斟酌其国俗政教之同异而为适当之措施，故有此书，则在上者既可讨论其利病得失，以决定实行立宪之方针，在下者亦可研究其组织方法，以造成立宪国民之人格。风行一纸，拭目俟之矣。[1]

《申报》的评论可谓精当，《列国政要》一书在当时不仅成为预备立宪的凭借，为决策者提供可以选择的立宪方针，而且成为造就立宪国民人格的依据，为普通民众提供可以研究的组织方法，可见此书在当时的重要影响。《列国政要》中关于宪法和地方制度的相关内容在前文考察团的宪政考察部分已经有所阐述，在此从略。

三、载泽考察团对考察国宪政的认识

载泽考察团于1906年1月14日从上海出洋，两日后到达日本，在日本驻留28天，主要采取邀请政治名家演说的方法了解日本的政治制度。2月13日考察团留部分随员在日本继续考察，随后向美国进发，在美国驻留两周进行简单考察之后，继续向英国进发。驻英公使汪大燮提前为考察团安排了详细的考察计划，并在实地考察之前先邀请政治名家至使馆讲解。这种采用延请专

---

[1]《申报》1907年7月25日。

清朝末年的法治思想

家演讲与实地观览相结合的考察方法被以后的考察团所遵循，考察团在英国共驻留43天。4月18日载泽考察团抵达法国，按照法国政府拟定的考察日程共驻留20天。5月25日到达比利时，驻留13天。

载泽考察团在日本、欧洲等国家进行了广泛深入的考察，对各国的"政教法制之大要"悉心考察记录，译纂成书，自成体系。载泽考察团对各国政体的认识主要如下：

首先，考察团对日本政治制度的认识。考察团在日方的安排下，先后考察了上下议院和法律制度、帝国警察、邮政，帝国大学等各类公私学校、地方行政机关等方面。日本政府安排专家学者为考察团讲解日本宪法和政治制度，随员进行笔录。考察团了解到日本的宪法独具特色，"日本国体，数千年相传为君主之国，人民爱戴甚深，观宪法第一条可知。明治维新，虽采用立宪制度，君主主权，初无所损。……以君主为统治权之总纲，故首列皇位为主权之本体，此数千年相承之治体，不因宪法而移。凡统治一国之权，皆隶属于皇位；此日本宪法之本原也。"[1] 日本在由专制政体向立宪政体转变的过程中，根据日本国体的传统，保留了"君主主权"的结构形式。在统治方法和权力设置上，日本采取了以下方式：

> 至统治方法，……一为统治权，一为统治机关。盖统治必有机关，载于宪法：第一帝国议会，第二国务大臣及枢密顾问，第三裁判所。……统治权之作用有三：

---

[1] 载泽：《考察政治日记》，载钟叔河主编：《走向世界丛书》，岳麓书社1986年版，第575页。

第一立法权，第二大权，第三司法权。如君主行立法权，则国会参与之；君主行大权，则国务大臣、枢密顾问辅弼之；君主行司法权，则有裁判所之审判……

日本采用二院制度，合贵族院、众议院而为帝国议会。议会之权限有实质、形势之分。实质上之权限，一曰参与立法，一曰预算。盖参与立法与立法有别。立法者君主之大权，议会惟议定法案，请君主之裁可而已。议会之权限，须依一定之形式而行。一定之形式者何？法案之议定，预算之议定，上奏、建议、质问等，皆宪法之所许也……

国务大臣辅弼大权之行动，副署法律、敕令。枢密顾问备君主之咨询，议重要之国务。

裁判所之构成，有普通、特别裁判二所。普通裁判所司民事、刑事。特别裁判所，商务、军务等特别事属焉。裁判所之权限在审判民事、刑事及非讼事……

立法权之范围有二：一为宪法上之立法，事必经议会协议，如兵役、纳税诸义务，及人身应得自由之权利等事；一为自由立法事，凡在宪法上立法事之外，可因时制宜，或以大权命令定之，或经议会协议，如教育等事是也。立法权之形式：凡制一法，必经四种阶级——法律案之提出，法律案之议定，法律案之裁可及公布是也。日本宪法，政府与两议院皆有提出法案之权。议定必两院同决，如一可一否，不得为议定。必议定，乃请君主裁可而后公布也。

大权者，君主所独裁，不委任于他种权限之内，非如立法、司法之必经议会裁判也。有宪法上之大权，如召集议会，解散议会，统率海陆军等事，宪法书所载有，非议会所得参与者，此外皆行政之事。大权行动之形式有三：曰诏敕，必经国务大臣之副署；曰命令，有行政命令，大权命令，代法律之命令；曰条约，则国与国所定之约也。

司法权者，民事、刑事裁判之范围。其形式则裁判、诉讼二端也。[1]

通过日本专家的讲解，考察团的成员们知晓了日本统治机关的设置、议会的组成和职权以及三大权力的范围和界限。由此，载泽认为日本成功的秘诀在于"不耻效人，不轻舍己，故能合欧化汉学，熔铸而成日本之特色"[2]。载泽考察团还与日本政府大臣伊藤博文等改革元老们举行了会谈，载泽等就宪政改革等事进行了请教，伊藤博文细致的回答给考察团留下了深刻的印象。

问：敝国考察各国政治，锐意图强，当以何者为纳领？

答：贵国欲变法自强，必以立宪为先务。

问：立宪当以法何国为宜？

答：各国宪政有二种，有君主立宪国，有民主立宪国。贵国数千年为君主之国，主权在君而不在民，实与

---

[1] 载泽：《考察政治日记》，载钟叔河主编：《走向世界丛书》，岳麓书社1986年版，第575—577页。

[2] 鸽子：《隐藏的宫廷档案：1906年光绪派大臣考察西方政治纪实》，民族出版社2000年版，第165页。

日本相同，似宜参用日本政体。

问：立宪后于君主国政体有无窒碍？

答：并无窒碍。贵国为君主国，主权必集于君主，不可旁落于臣民。日本宪法第三、四条，天皇神圣不可侵犯，天皇为国之元首，总揽统治权云云，即此意也。

问：君主立宪与专制有何区别？

答：君主立宪与专制不同之处，最紧要者，立宪国之法律，必经议会协参。宪法第五、六条，凡法律之制定、改正、废止三者，必经议会之决议，呈君主裁可，然后公布。非如专制国之法律，以君主一人之意见而定也。法律当裁可公布之后，全国人民相率遵守，无一人不受治于法律之下。法律之效力及于全国，全国皆同一法律。贵国十八行省，往往各定章程，自为风气，久之成为定例，彼此互为歧异。故立宪国之法律，必全国统一者也……

问：君主立宪国，任命官吏之权如何？

答：宪法第十条，一国官制，有文武之分，中央地方之别。而任命大权，必归之君主。

问：君主立宪，有统帅权否？

答：宪法第十一条，凡编制海陆军及酌定军额，皆君主大权内之事。失此权力，即成共和之国……

少间，复问君主立宪国所予民言论自由诸权，与民主国有何区别？

答：此自由乃法律所定，出自政府之畀与，非人民所可随意自由也……

清朝末年的法治思想

问：敝国立宪，将何以提纲挈领，行之有利无弊？

答：政府必宣布一定之主意，一国方有所率从。若漫无秩序，朝令夕更，非徒无益，反失故步。甚或在下以私意窥度，朝廷既无实心，又无实学，徒事纷纭，反生内乱，更何望于自强耶！[1]

载泽考察团通过"师生问答式的对话"进一步厘清了日本君主立宪国家与君主专制国家的区别。日本作为君主立宪国家，其君主依然拥有任命官吏的权力与统帅权；法律的制度、修改和废止有一套严格的程序，必须经过议会的决议，然后君主才可以裁定后公布；君主拥有主权，但君民必须共同遵守法律。

其次，考察团对英国政治制度的认识。载泽考察团在英国的行程由驻英大臣汪大燮安排，汪大燮为了消除列邦的轻视之心，专门聘请英国的政治名家埃喜排定日期，分类讲座。同时要求英国外交部由英国外交大臣格雷耶会见考察团，与考察团会谈英国的政治制度等内容。英国法学家埃喜给考察团上的第一讲即是英国宪法，"英国宪法，数百年来，逐渐发达，以成今日之治。欲穷其所以然，必于旧日习惯风俗求之。盖英之科律至繁，使非搜求夙昔之各种科律，欲以一科律中求宪法之全体，不可得也。"[2]可见英国宪法并非一蹴而就，而是在原有的风俗习惯的基础上逐渐沿革而成，是社会渐进演化的结果。随后埃喜给考察团解释了英国的君主权限，"君主为一国至尊，法律必经批准而

---

[1] 载泽：《考察政治日记》，载钟叔河主编：《走向世界丛书》，岳麓书社1986年版，第579—582页。

[2] 载泽：《考察政治日记》，载钟叔河主编：《走向世界丛书》，岳麓书社1986年版，第596页。

后颁行。各部院之行政者,奉君主之命而行也。裁判所所执之法,王法也。三者皆然。然君主所为,由各执政大臣担负责任。何以故?凡行政,必有一大臣之责任;各大臣如不申请,君主固无所为也。君主有时或抒己见,实则并不干与。至裁判之权,君主及各部大臣皆从无干与。惟君主有特赦轻减之权,亦须大臣请而后行。君主所为,固须由大臣申请,然其无形隐力极大。"[1]从讲解内容看,英国的君权实际上是名义上的,虽然英王的影响力还是非常大,但他实际上从不干预行政。关于三权之说,即立法权、行政权和执法权,"今日英国宪法之最要者,其惟议院之无量权力乎。无论何律,惟议院能造之,且惟议院有节制政府之全力。略举其概:上议院世爵约五百人,司铎二十六人;下议院议员六百七十人,由民举充。二者以下院权力为最大,盖惟下议院有决夺庶政之权。一则以其议员为庶民所公举,凡议事,上议院员各抒己见,下议院员实代表通国人之意见。再则全国财政之权,独归下议院主持,政府度支及国中赋税,必先经决议乃行,上议院从不干与,其批准特具文尔。盖政府无论何党,如不得下议院员多数扶助,则须请退,否则下议院不任筹款,庶政不能举行。"[2]由此可见,英国下议院执掌行政和财政大权,而下议院的议员是公民选举产生的,充分代表了公民的意见。英国虽然有君主存在,但实质是主权在民,公民受到法律的保护并享有充分的公民权。关于行政权,英国行政分中央和地方两端,中央行政各部主要办理海陆军、财政税务和铁道章程的事务,除此之外都

---

[1] 载泽:《考察政治日记》,载钟叔河主编:《走向世界丛书》,岳麓书社1986年版,第596页。
[2] 载泽:《考察政治日记》,载钟叔河主编:《走向世界丛书》,岳麓书社1986年版,第596—597页。

清朝末年的法治思想

由地方自治局办理，地方自治局的局员由民众选举产生，不领薪俸。可见英国民众富于自治精神。关于执法权，英国"裁判各官，由司法大臣奏任，终身其事，非两议院弹劾，不得黜退。故能独立，不受政府节制，亦不为其无形隐力所动摇。而各裁判亦皆秉正不回，为国人所信服。惟其独立不受制于政府，故能保卫民庶，不使为大臣、勋贵、官吏所强迫、抑制"[1]。可见英国司法权的独立性，能够不受权力的胁迫，应而做到公正地保护民众的权利。

再次，关于法国和比利时的政治制度。载泽考察团在到达法国之前，驻法大臣刘式训已经安排妥当。载泽及考察成员们除了听宪法讲座外，还听取了内务部、农务渔业部、财政部、殖民部、司法部、警察局、教育部、陆军部、海军部、地方自治部等部门的建制和各有关规定的讲座，并考察了上述部门。法国的法学专家在向考察团讲解法国宪法时，详细地介绍了法国宪法的历史。法国没有实行立宪时，也是君主专制，贵族擅权，政治腐败，人民愁苦。当民众自由思想逐渐发展的时候，请求国家实行立宪的议论兴盛。法国1791年颁定宪法，规定实行三权分立，"一立法权，国会主之。……国会有制法律、定国用、立税法、议国政、纠察行政官、决议和战之权，有决定岁计之权。此外新律，仍由君主批准而行。……一行政权，由君主主持，各大臣担任其责，国会可监议各大臣。一司法权，由民人公认之，谳官任理，而君主统治之。"[2]此时君主的权力依然起决定作用，实行

---

[1] 载泽：《考察政治日记》，载钟叔河主编：《走向世界丛书》，岳麓书社1986年版，第598—599页。

[2] 载泽：《考察政治日记》，载钟叔河主编：《走向世界丛书》，岳麓书社1986年版，第631—632页。

的是君主立宪制；1793年，法国政治改革实行民主政体，议院员由民众直接选举组成；1799年，拿破仑一世实行专政，改用新宪法；1814年，拿破仑失败，路易十八再次实行君主立宪制政体；1848年，法国再次实行民主政体，采用总统制，设立国会，议员由民众直接选举产生；1852年，又变民主政体为君主立宪政体；1870年，拿破仑三世战败，法国再次改为民主政体，至今未变。法国"今上下两议院，同有立法权。下议院议员五百九十一人，由民人直接选举，四年为任。选权尽人皆有，惟满二十五岁方能用选。上议院员三百人，九年为任，三年递易员三分之一，用间接选举法，惟本郡下议院员及郡董、县董与各里公董之代表员有选举权"。[1] 综观法国宪政的历史，正是民权与君权相互博弈的复杂过程，最终形成民主政体，这是人民主权的胜利。

载泽考察团访问比利时上下议院时，两院议长及其议员都前来迎接。比利时属于欧洲新建国家，国土偏小，为中立国，不与其他国家争战，其国民休养生息，秩序井然。"比利时以君主立国，其宪法由议院公定，王室之权最尊，以诸法权由是而生。一切管辖国民之权限及人民之权限，均由国王核定，照宪政条例施行。行政之权，则授于执政诸大臣。惟此执政诸大臣，由民公举，及公举地方官长等，如有擅自行权，违背法律者，由议院公论其失，按照宪政条例施行。盖政府为诸法权聚合之地，应尊重国民之利益，保卫地方之治安。"[2] 比利时作为后起的立宪国家，法治非常严密，为保护民众的权利提供了保障。

---

[1] 载泽：《考察政治日记》，载钟叔河主编：《走向世界丛书》，岳麓书社1986年版，第634页。

[2] 载泽：《考察政治日记》，载钟叔河主编：《走向世界丛书》，岳麓书社1986年版，第672页。

载泽考察团专注于考察国家的宪法和政治制度，在学习和考察的过程中，载泽等认识到民德的重要性，"窃观彼富强之故，固三数豪杰政策之所致，而必以民德为之基。其尤强者，国民之程度，必有以过乎人。小德役大德，小贤役大贤，其殆庶乎！运启离明，万物相见，将权量人格以为国势，此我所当惧且奋者矣。"[1] 他们认为中国学习西方当不忘国本国情，"夫法制、政教、兵农、商工，当因时损益，舍短取长，此可得而变易者也；伦常道德，当修我所固有，不可得而变易者也。奈何好为诡异者，未窥古圣人明伦修道之藩，而肆为诬邪，倡狂摧毁，自绝于人群，且浸淫以祸家国也。"[2] 考察团在参观学习的过程中，为考察国制度的完善和对研讨的重视而感慨，"彼国乡曲都邑，议事有会，学科有会，其于事理之真象，群搜冥讨，极深研幾，必得当而后已，未闻孤论独断而见施行者，何其精且慎也！"同时又提出中国士大夫们对探求真知和提升民智的急切期望，"愿我士夫，于事理之曲折，非有真知，勿为高论，务虚中以研究，蕲适用而救时也。又闻彼国俗之胜者，民质直而有耻。古者论才，惟判枉直。三代直道，行于斯民。"[3] 考察团期望通过提升民德使国势日盛，"愿我国人，以明耻励自治之精神，以秉直养高尚之人格。庶国势日进，闻实昭于天壤，传永永而无穷了。"[4] 表

---

[1] 载泽：《考察政治日记》，载钟叔河主编：《走向世界丛书》，岳麓书社1986年版，序，第565页。

[2] 载泽：《考察政治日记》，载钟叔河主编：《走向世界丛书》，岳麓书社1986年版，序，第566页。

[3] 载泽：《考察政治日记》，载钟叔河主编：《走向世界丛书》，岳麓书社1986年版，序，第566页。

[4] 载泽：《考察政治日记》，载钟叔河主编：《走向世界丛书》，岳麓书社1986年版，序，第567页。

达了他们对国家强盛的热切愿望!

四、载泽考察团所上奏折的内容分析

载泽考察团所上的奏折也分为两部分,一是在考察旅途中所上奏的奏折,此类奏折内容简洁,针对性强,一般就针对某个国家的考察情形进行上奏;二是考察团归国后所上的奏折,此类奏折主要针对中国应该借鉴部分的概述和提出的具体建议。以下分别阐述。

(一)载泽考察团在考察期间所上奏折的内容分析

关于日本考察情形,奏折首先记述了关于日本政体的概述,"大抵日本立国之方,公议共之臣民,政柄操之君上;民无不通之隐,君有独尊之权;其民俗有聪强勤朴之风,其治体有画一整齐之象。"突出了日本君民上下相通、君权独尊的权力设置,以及法治严明、社会井然有序的祥和气氛。关于日本富强的根源,"其富强之效,虽得力于改良法律,精练海陆军,奖励农工商各业,而其根本,则尤在教育普及。自维新初,即行强迫教育之制。国中男女皆入学校,人人知纳税、充兵之义务,人人有尚武爱国之精神。法律以学而精,教育以学而备,道德以学而进,军旅以学而强,货产以学而富,工艺以学而兴。不耻效人,不轻舍己,故能合欧化汉学,熔铸而成日本之特色。"[1]考察团考察日本后,其主要领悟在于日本法律的完备和教育的普及,认为这是日本富强的根本。

关于英国考察情形,奏折首先概述了英国政体,"大抵英国

---

[1] 载泽:《考察政治日记》,载钟叔河主编:《走向世界丛书》,岳麓书社1986年版,第588页。

清朝末年的法治思想

政治立法操之议会，行政责之大臣，宪典掌之司法。君主裁成于上，以总核之。其兴革诸政，大都由上下两议院议妥，而后经枢密院呈其君主签押施行。故一事之兴，必经众人之讨论，无虑耳目之不周；一事之行，必由君主之决成，无虑事权之不一。事以分而易举，权以合而易行。所由百官承流于下，而有集思广益之休；君主垂拱于上，而有暇豫优游之乐。"[1]奏折凸显了君主的裁定之权，以及君主的悠闲之乐，而对国民的决策权隐然不彰。

关于英国的立国精神，考察团归结为自治精神，"至其一国精神之所在，虽在海陆军之强盛，商业之经营，而其特色，实在地方自治之完密。全国之制，府分为乡，乡分为区；区有长，乡有正，府有官司。其人率由各地方自行举充，于风土民情，靡不周知熟计。……以地方之人，行地方之事，故条规严密，而民不嫌苛。以地方之财，供地方之用，故征敛繁多，而民不生怨。而又层折曲累，以隶于政府，得稽其贤否而奖督之，计其费用而补助之。厚民生而培民俗，深合周礼之遗制，实为内政之本源。惟设设官分职，颇有复杂拘牵之处，自非中土政体所宜。"[2]考察团把英国的地方自治比拟为"周礼之遗制"，认为它们同样是为了"厚民生而培民俗"，从而把二者之精神合二为一。

关于法国考察情形，奏折对法国政体进行了概述，"法兰西为欧洲民主之国，……知其立国之体，虽有民主之称，统治之权实与帝国相似。条规既整齐完密，精神尤固结流通。……法国地近罗马，政法实得其遗传。而又经拿破仑第一雄才大略，综揽洪

---

[1] 载泽：《考察政治日记》，载钟叔河主编：《走向世界丛书》，岳麓书社1986年版，第629—630页。
[2] 载泽：《考察政治日记，载钟叔河主编：《走向世界丛书》，岳麓书社1986年版，第630页。

纲，以沉毅英鸷之姿，手定立国治民之法。公私上下，权限分明。……是其所变者官家之局，其不变者立法之精。故观其现行成法，大权仍集中于政府，居中驭外，条理秩如。其设官分职，则三权互相维系，无轻重偏倚之嫌；其地方自治，则都府秉成中枢，有指臂相联之效。比之英吉利，一则人民先有自治之功，而后政府握其纲；一则政府实有总制之权，而后人民贡其议。施之广土众民之国，自以大权集一为宜。"[1] 考察团把实行民主政体的法国说成"统治之权实与帝国相似"，认为其"大权仍集中于政府"，并将法国实行的地方自治中地方与都府的关系认为是"指臂相联之效"。由此可见在考察团成员的心目中，是难以接受民众拥有管理国家的各项权利的，因此对民主政体的认识也差之甚远。关于比利时的考察情形，奏折的内容非常简略，"大抵比国行政之体，取则法国者居多。"

(二) 载泽考察团归国后所上奏折的内容分析

载泽考察团归国后所上奏折主要有《吁请立宪折》和《奏请宣布立宪密折》，两折都是载泽一人署名，并且以密折形式上陈。《吁请立宪折》极为隐秘，[2] 却的确存在，载泽在《奏请宣布立宪密折》中曾经提到"窃奴才前次回京，曾具一折，吁恳改行立

---

[1] 载泽：《考察政治日记》，载钟叔河主编：《走向世界丛书》，岳麓书社1986年版，第657—658页。

[2] 《东方杂志》记者称："其第一折因外间绝少传抄，是以从阙。"据康继祖记载，7月24日（六月初四），两宫"召见泽、尚，是日泽公上封奏一件"，所言"封奏一件"即为载泽归国后的首次入奏，而对其内容并没有记录。《宪政杂志》曾披露载泽所上第一折的核心内容为"请定立宪之期，并用君权立国宗旨"，所言并不详细。显然，即便是当时著名的《东方杂志》亦未能觅到载泽归国后所上的第一折，其事之隐秘可见一斑。另外，现今出版的各类史料集亦未收录载泽归国后所上第一折。（参见潘崇：《清末五大臣出洋考察研究》，南开大学历史学院2010年博士论文，第191页。）

清朝末年的法治思想

宪政体,以定人心,而维国势"[1]。这一奏折后来被杨寿楠所著的《思冲斋文别钞》所收录。该折的核心内容是陈请尽快立宪和仿行日本的政体选择,"总览东西各国富强之策,千绪万端莫不以宪法为纲领。宪法者,明秩序、定纪纲,使举国之人咸受制裁于法律之中,视为神圣不可侵犯,故国本愈固,君统亦愈尊。"载泽根据中国国情,认为中国欲实行立宪,应模仿日本所推行的君主立宪制模式。

> 我朝则宽仁节俭,远迈汉唐,敬天爱人,省刑薄赋,一切举措无不附顺舆情,骎骎乎与唐虞三代同风,而与宪法之精理隐相符合,徒以惠裒而威不振,法宽而令不行,忠厚之祸渐流于积弱,而轻贱之徒乃反藉口于专制政体,倡为民权自由之说。……今日之事,非行宪法不足以靖人心,非重君权不足以一众志。外察列邦之所尚,内觇我国之所宜,则莫如参用日本严肃之风,不必纯取英法和平之治。法兰西为共和政府,宪法虽称完备,而治体与我不同;英之宪法略近尊严,然由民俗习惯而来,出于自然,亦难强效。惟日本远规汉制,近采欧风,其民有畏神服教之心,其治有画一整齐之象,公论虽归之万姓,而大政仍出自亲裁,盖以立宪之精神实行其中央集权之主义,施诸中国尤属相宜。

奏折将"宪法之精理"与中国传统的"宽仁节俭""敬天爱

---

[1]《出使各国考察政治大臣载泽奏请宣布立宪密折》,载故宫博物院明清档案部编:《清末筹备立宪档案史料》(上册),中华书局1979年版,第173页。

230

人""省刑薄赋"等理念相比附,认为二者相符合,从而认为宪法是笼络人心的重要方法,而重君权是统一民众思想的重要基础,因而奏折认为采用日本式的君主立宪政体,"以立宪之精神实行中央集权主义",以此达到尊君权,维护国家统一秩序的目的。

在《奏请宣布立宪密折》中,载泽阐述道:"君主立宪,大意在于尊崇国体,巩固君权,并无损之可言"。奏折中列举了日本宪法中规定君主统治大权的条文,共十七条,并指出:"凡国之内政外交,军备财政,赏罚黜陟,生杀予夺,以及操纵议会,君主皆有权以统治之。论其君权之完全严密,而无丝毫下移,盖有过于中国者矣。"[1] 在点明君主立宪的实质之后,载泽根据中国当时的国情,指出实行君主立宪最重要的三大好处:

一曰皇位永固。立宪之国君主,神圣不可侵犯,故于行政不负责任,由大臣代负之。即偶有行政失宜,或议会与之反对,或经议院弹劾,不过政府各大臣辞职,别立一新政府而已。故相位旦夕可迁,君位万世不改。大利一。

一曰外患渐轻。今日外人之侮我,虽由我国势之弱,亦由我政体之殊,故谓为专制,谓为半开化,而不以同等之国相待。一旦改行宪政,则鄙我者转而敬我,将变其侵略之政策为平和之邦交。大利二。

一曰内乱可弭。海滨洋界,会党纵横,甚者倡为革

───────
[1]《出使各国考察政治大臣载泽奏请宣布立宪密折》,载故宫博物院明清档案部编:《清末筹备立宪档案史料》(上册),中华书局1979年版,第173—174页。

命之说，顾其所以煽惑人心者，则曰政体专务压制，官皆民贼，吏尽贪人，民为鱼肉，无以聊生，故从之者众。今改行宪政，则世界所称公平之正理，文明之极轨，彼虽欲造言，而无词可藉，欲倡乱，而人不肯从，无事缉捕搜拿，自然冰消瓦解。大利三。[1]

载泽关于立宪"三大利"的阐述深合慈禧太后的心思。在考察团出国之前，慈禧太后就表示如果确实能够证明立宪可以使满族皇位永固的话，就可以决定实行，而载泽关于"皇位永固"的论述对慈禧太后消除关于清廷立宪后皇权失落的疑虑起到非常重要的作用。当时的中国对于清廷来说，内忧外患是最大的忧虑，如何消除内忧外患是清廷最重要的政务，而载泽关于"外患渐轻""内乱可弭"的论述可谓直接找到了清廷解决问题的方法。载泽的奏折句句说到慈禧太后的痛处，字字点到慈禧太后的穴位，怪不得慈禧太后看了此折"大为动容"。

针对朝廷内部反对立宪的言论，载泽在奏折中一针见血地指出："宪法之行，利于国，利于民，而最不利于官。"因为宪法确立之后，"在外各督抚，在内诸大臣，其权必不如往日之重，其利必不如往日之优"[2]。虽然相似的观点在驻外大臣的联衔奏折中曾经出现过，但载泽在此提出对于反驳反对立宪的言论更加有力，更能够消除慈禧太后的疑虑，对最终确立立宪政体做出了非常重要的贡献。舆论界对载泽敢大胆提出立宪制度不利于官的观

---

[1]《出使各国考察政治大臣载泽奏请宣布立宪密折》，载故宫博物院明清档案部编：《清末筹备立宪档案史料》（上册），中华书局1979年版，第174—175页。

[2]《出使各国考察政治大臣载泽奏请宣布立宪密折》，载故宫博物院明清档案部编：《清末筹备立宪档案史料》（上册），中华书局1979年版，第173页。

点极为赞赏,《北京日报》发表了一篇题为《论立宪制度利于政府而不利地方官》的文章,指出:

> 日前泽公上一折,言立宪之制,利于国,利于君,利于民,而不利于官。请两宫乾纲独断实行。深服泽公高见远识,洞见隐微。且能言人之所不敢言。近支王公,乃有此人,大清国其有赖矣。
>
> 我国政治之腐败,在于君民之情不通,官吏蒙蔽,从中作弊。故虽有维新之善政,而在外国行之,则有益,我国效之则不特无益,而且有损。朝廷多一章程,则官吏多一作弊。故破除官吏蒙蔽与作弊,非君与民通不可。君民相通,则非立定宪法,联君民为一体不可。此立宪之制度所以利于君,利于民,而独不利于蒙蔽作弊之官。
>
> ……
>
> 如果实行立宪制度,则联君民为一体,联中央政府与各省绅商为一体,立宪后,中央政府的权力必十倍于往日。[1]

文章认为中国官吏的腐败导致君民不通,而要实现君民相通,只有实行立宪。由此说明立宪制度最不利于官。文章同时指出实行立宪后,君民联为一体,中央政府的权力将加强,这一观点也印证了载泽关于"以立宪精神行中央集权主义"的观点,进一步增强了立宪"利于国、利于君、利于民,而不利于官"之论的说服力。

---

[1] 原载《北京日报》,《申报》1906年9月9日转载。

以上通过对端戴考察团和载泽考察团在考察期间对诸国政治的认识可以看出，他们对所考察国的立宪政体的认识非常细致和详尽，基本能够认识到立宪政体的实质，对立宪政体中民权的落实和法治的严整都有翔实的记录，并且由衷地赞叹。在对两个考察团所上奏折的内容分析中，可以发现他们对纯任民权的政体即民主政体都予以了排除，而对保留君主的立宪政体予以了充分地关注，尤其对君主拥有重要权力的日本和德国强烈推荐。在归国后的奏折中，他们迎合了慈禧太后的忧虑和关注，对立宪政体偏重于君主有权而无责、君主地位受到宪法的保障神圣不可侵犯的部分着重论述，而对民权则轻描淡写，甚至"把立宪政府看作一种由人民协助因而关心人民的政府。人民可以通过国会发表意见"。[1] 由此可见，政府官员们根深蒂固的君主主权观念使他们对立宪政体的实质——人民主权的思想产生了文化上的误读。也正因为如此，他们忽视了宪法对君权的制约，忽视了宪法对人民权利的保障。他们从慈禧太后能接受的角度在奏折中对立宪政体的三大利进行了详细的阐述，从而使慈禧太后接受了他们的建议，并最终推动了宪政改革的决定，但是他们对宪政的理解却是有所偏颇的。

第三节 立宪政体的确定和预备

在五大臣出洋考察之前，要求立宪的呼声已经响彻中华大

---

[1] [瑞士] 诺柏尔特·麦恩北：《清政府对立宪的准备——清政府对宪政的理解》，载明清史国际学术讨论会秘书处论文组编：《明清史国际学术讨论会论文集》，天津人民出版社1982年版，第358页。

第五章　清政府官员政体选择的思考和实践

地，不仅立宪人士和革命人士的立宪诉求强烈，而且清政府内部要求立宪的声音也逐渐兴起，从督抚大臣、驻外公使到政府廷臣都有立宪的言论出现。慈禧太后以待出洋考察大臣回国后再行议决为由暂时搁置宪政改革。五大臣出洋考察历时半年之久，终于满载而归。考政大臣周游列国，亲历各国的政治制度和风土人情，对于立宪问题最有发言权，他们的建言也最有影响力，这从他们归国后受到清廷的频繁召见可见一斑，他们成为清政府内部宪政改革的中坚力量。清廷在充分考量考政大臣的奏折后对立宪改革消除了顾虑，很快颁布了预备立宪的上谕，使立宪改革成为清廷的基本国策，实行立宪政体成为时代的最强音。随后清廷开展预备立宪的一系列改革措施，为实施立宪政体做准备。随着预备立宪措施逐渐开展，特别是1908年后资政院和谘议局设立，广大工商界人士和士绅知识分子随之而来，纷纷加入到立宪政体改革的筹备中，立宪政体的内涵发生了根本性的改变，预备立宪政体的相应举措也发生了变化。

一、立宪政体的最终确定和反响

考察政治大臣回国之后，朝野上下的立宪呼声高涨。《时报》曾记载："五大臣次第回国后，立宪、立宪之声腾跃于朝野上下，国民热情之高涨殆达于最高之度，商榷期限之电交驰，考查政治之馆开幕，立宪起草、谕定国是为时当不远矣。"[1] 国内日益高涨的立宪氛围和考政大臣进行宪政改革的陈奏相互配合，形成了一股相对强势的合力，最终促使慈禧太后对于立宪的态度发生了

---

[1]《论立宪亟宜预备者二事》，载《时报》1906年8月17日、18日（光绪三十二年六月二十八日、二十九日）。

根本性的转换。

考察政治大臣回国后受到清廷的召见,在召见中痛陈中国不立宪之害以及实行立宪之利。两宫极为感动,表示"只要办妥,深宫初无成见"。然而顽固守旧诸大臣也次第陈奏,"或以立宪有妨君主大权为说,或以立宪利汉不利满为言,肆其簧鼓,淆乱群听"。[1]考察政治大臣几乎处于孤立之势,考察政治大臣次第陈奏,载泽上两折,端戴上三折,同时军机大臣也各有陈奏,历陈立宪之利,廷臣与考察大臣意见逐渐归于统一,清廷立宪的意向才决定。1906年8月25日,朝廷命召开廷臣会议,传阅和讨论考察政治大臣所上的奏折。廷臣会议所传阅和讨论的奏折主要是载泽的两折和端戴的三折,即《吁请立宪折》《奏请宣布立宪密折》《回京覆命胪陈应办事宜折》《请定国是以安大计折》《请改定官制以为立宪预备折》。由于奏折较长,当天阅毕后已近黄昏,第二天廷臣针对奏折内容展开讨论。

  庆邸(奕劻)先言:"今读泽公及戴端两大臣折,历陈各国宪政之善,力言宪法一立,全国之人,皆受治于法,无有差别,既同享权利,即各尽义务。且言立宪国之君主,虽权力略有限制,而威荣则有增无减等语。是立宪一事,固有利而无弊也。比者全国新党议论,及中外各报海外留学各生所指陈所盼望者,胥在于是。我国自古以来,朝廷大政,咸以民之趋向为趋向,今举国趋向在此,足见现在应措施之策,即莫要于此。若必舍

---

[1]《立宪纪闻·考政大臣之陈奏及廷臣会议立宪情形》,载《东方杂志》1906年第3卷,临时增刊,第2页。

此他图,即拂民意,是舍安而趋危,避福而就祸也。以吾之意,似应决定立宪,从速宣布,以顺民心而副圣意。"

孙中堂(家鼐)即起而言曰:"立宪国之法,与君主国全异,而其异之要点,则不在形迹而在宗旨。宗旨一变,则一切用人行政之道,无不尽变。譬之重心一移,则全体之质点,均改其方面,此等大变动,在国力强盛之时行之,尚不免有骚动之忧。今国势衰弱,以予视之,变之太大太骤,实恐有骚然不靖之象,似但宜革其业弊太甚诸事,俟政体清明,以渐变更,似亦未迟。"

徐尚书(世昌)驳之曰:"逐渐变更之法,行之既有年矣,而初无成效,盖国民之观念不变,则其精神亦无由变,是则惟大变之,乃所以发起全国之精神也。"

孙中堂曰:"如君言,是必民之程度渐已能及,乃可为也。今国民能实知立宪之利益者,不过千百之一,至能知立宪之所以然而又知为之之道者,殆不过万分之一。上虽颁布宪法,而民犹懵然不知,所为如是,则恐无益而适为厉阶,仍宜慎之又慎乃可。"

张尚书(百熙)曰:"国民程度,全在上之劝导,今上无法以高其程度,而日俟国民程度高,乃立宪法,此永不能必之事也。予以为与其俟程度高而后立宪,何如先预备立宪而徐施诱导。使国民得渐几于立宪国民程度之为愈乎?"

荣尚书(庆)曰:"吾非不深知立宪政体之美,顾以吾国政体宽大,渐流驰紊,今方宜整饬纪纲,综核名实,立居中驭外之规,定上下相维之制,行之数年,使官吏尽知奉法,然后徐议立宪,可也。若不察中外国势之异,而徒徇立宪之美名,势必至执政者无权,而神奸巨蠹,得以栖息其间,日引月长,为祸非小。"

瞿中堂(鸿禨)曰:"惟如是,故言预备立宪,而不能遽立宪也。"

铁尚书(良)曰:"吾闻各国之立宪,皆由国民要求,甚至暴动。日本虽不至暴动,而要求则甚力,夫彼能要求,固深知立宪之善,即知为国家分担义务也。今未经国民要求,而辄授之以权,彼不知事之为幸,而反以分担义务为苦,将若之何?"

袁制军(世凯)曰:"天下事势,何常之有?昔欧洲之民,积受压力,复有爱国思想,故出于暴动以求权利。我国则不然,朝廷既崇尚宽大,又无外力之相迫,故民相处于不识不知之天,而绝不知有当兵纳税之义务。是以各国之立宪,因民之有知识而使民有权。我国则使民以有权之故而知有当尽之义务,其事之顺逆不同,则预备之法亦不同,而以使民知识渐开,不迷所向,为吾辈莫大之责任,则吾辈所当共勉者也。"

铁尚书曰:"如是,则宣布立宪后,宜设立内阁,厘定官制,明定权限,整理种种机关,且须以全力开国民之知识,涉及普通教育,派人分至各地演说,使各处绅士商民,知识略相平等,乃可为也。"

袁制军曰:"岂特如是而已,夫以数千年未大变更之政体,一旦欲大变其面目,则各种问题,皆当相连而

第五章 清政府官员政体选择的思考和实践

及……"

……

于是诸王大臣之意见,大略相同,遂于次日而奏两宫,请行宪政。[1]

从清政府诸王大臣对立宪的讨论中可以看出,首先,诸王大臣认同立宪政体的美善,其分歧主要在于是立即施行还是缓行;其次,诸王大臣认识到立宪政体要"授民以权",民有权然后知道应当承担相应的义务;再次,诸王大臣认识到法律的重要性,认为立宪政体中君权受到宪法的限制,但君主的殊荣仍在;最后,诸王大臣认识到国民教育的普及是能否实行立宪政体的重要条件,国民教育欠缺,需要通过预备立宪尽快推行普及教育,提升民众的知识水平。由此可见,清政府官员们通过对宪政的了解和学习,已经认识到立宪政体中民权和法律的重要性,对民权和法治有了更加深入的理解。

廷臣会议之后,清廷于1906年9月1日正式发布了仿行立宪的上谕,"我国政令,日久相仍,日处阽危,忧患迫切,非广求智识,更订法制,上无以承祖宗缔造之心,下无以慰臣庶治平之望。……而各国之所以富强者,实由于实行宪法,取决公论,君民一体,呼吸相通,博采众长,明定权限。……时至今日,惟有及时详晰甄核,仿行宪政,大权统于朝廷,庶政公诸舆论,以立国家万年有道之基。但目前规制未备,民智未开,若操切从事,徒饰空文,何以对国民而昭大信。故廓清积弊,明定责成,必从

---

[1]《立宪纪闻·考政大臣之陈奏及廷臣会议立宪情形》,载《东方杂志》1906年第3卷,临时增刊,第2—5页。

清朝末年的法治思想

官制入手，亟应先将官制分别议定，次第更张，并将各项法律详慎厘订，而又广兴教育，清理财务，整饬武备，普设巡警，使绅民明悉国政，以预备立宪基础。著内外臣工切实振兴，力求成效，俟数年后规模粗具，查看情形，参用各国成法，妥议立宪实行期限，再行宣布天下，视进步之迟速，定期限之远近。"[1] 上谕确定了政治改革的方向是"仿行宪政"，并提出改革官制、拟定法律、兴办教育、清理财务、整顿军队、普设警察等一系列改革措施，以作为实行宪政的预备和基础，并提出根据预备事务的执行状况，再议定立宪实行的期限，公布天下。

预备立宪的诏书一颁布，各大报纸纷纷刊登并发表评论，上海《申报》《同文沪报》《中外日报》《时报》《南方报》等各大报馆于1906年9月4日联合登出广告："朝廷特颁明昭宣布立宪，此乃吾国旷古未有之幸福，现闻北京已经举行庆祝大会，本埠及各省绅士商民允宜特开大会，以伸庆贺，而留纪念。谨此布告。"表达了知识阶层和工商界对立宪的热切期待。《申报》还有专文评论舆论界在推动朝廷宣布预备立宪中所起的重要作用，"自七月十三日上谕宣布立宪，海内士夫，凡知专制国不足以立于20世纪者，莫不奔走相告，额手相庆，曰：立宪矣，立宪矣。转弱为强，萌芽于此。夫报纸者，国民之向导，由其力可疏通国政也。在数年以来，报纸以中国专制之政体，实为贫弱之一大原因。东西强国，其政体无有不立宪者。乃时时以改立宪政，聒其朝野。久而国民知识大开，朝廷之制治，亦渐知所变。今遂于出洋考政大臣回国后，毅然决然，宣示立宪之谕。虽非尽报纸之

---

[1]《清德宗实录》卷562，华文书局1985年版，第8—9页。

240

功，而亦未始非报纸之有意发挥思想感情也。"[1] 从而彰显了舆论对国家政治的重要影响。

二、立宪政体的预备和进展

清廷关于立宪的准备工作早在 1905 年就开始了，1905 年 11 月 25 日，内阁接到上谕，"著即派政务处王大臣设立考察政治馆，延揽通才，悉心研究，择各国政法之与中国治体相宜者，斟酌损益，纂订成书，随时进呈，候旨裁定。"[2] 此上谕发布之后，相关大臣开始着手准备。据《广益丛报》记载："连日某京卿与政务王大臣会商，京卿请先设考察政治馆于政务处，凡有通达东西各邦宪法人员及程度最高之留学生，由王大臣随时保调，奏充考察政治馆之议员，王大臣均以为然，大约所拟设立政治馆不久即可施行矣。"[3] 这时的预备工作主要是为推行立宪准备必要的人才，而所延请的人才主要是"通达东西各邦宪法人员及程度最高之留学生"，考察政治馆中成员的主要思想倾向可见一斑。预备立宪的真正推行是 1906 年 9 月 1 日朝廷发布的仿行宪政的上谕，"应先将官制分别议定，次第更张，并将各项法律详慎厘订，而又广兴教育，清理财务，整饬武备，普设巡警，使绅民明悉国政，以预备立宪基础"[4]，明确指出立宪预备从改革官制开始，

---

[1]《申报》1906 年 9 月 16 日。
[2]《设立考察政治馆参酌各国政法纂订成书呈进谕》（光绪三十一年十月二十九日），载故宫博物院明清档案部编：《清末筹备立宪档案史料》（上册），中华书局 1979 年版，第 43 页。
[3]《纪闻·中国部·京师·立宪之预备》，载《广益丛报》1906 年第 119 期，第 1 页。
[4]《宣示预备立宪先行厘定官制谕》（光绪三十二年七月十三日），载故宫博物院明清档案部编：《清末筹备立宪档案史料》（上册），中华书局 1979 年版，第 44 页。

清朝末年的法治思想

将在法律改革、教育更新、财务改革、巡警设立等几个方面次第开展。这对于清政府来说是一个艰巨的任务。正如美国驻华公使柔克义在9月4日致清政府的电文中所说:"清政府9月1日上谕中所罗列的改革内容如果能够得到推行,将会使中国人引以为豪。我认为如果时限太短,这些改革将不会收到实效。当然,如果改革能够成功,带给清国的好处是令人满意和长久的。然而,摆在清政府面前的任务是相当艰巨的。"[1]

(一) 中央与地方官制的改革

1906年9月2日,即清廷颁布预备立宪上谕的第二天,清廷紧接着又颁布了改革官制的上谕,"饬令先行厘定官制,事关重要,必当酌古准今,上稽本朝法度之精,旁参列邦规制之善,折衷至当,织悉无遗,庶几推行尽利。著派载泽、世续、那桐、荣庆、载振、奎俊、铁良、张百熙、戴鸿慈、葛宝华、徐世昌、陆润庠、寿耆、袁世凯公同编纂。……并著端方、张之洞、升允、锡良、周馥、岑春煊选派司道大员来京随同参议。并著派奕劻、孙家鼐、瞿鸿禨总司核定,候旨遵行,以昭郑重。"[2] 9月4日,编纂官制大臣在颐和园召开第一次会议。9月6日,设立编制馆,以孙宝琦、杨士琦为提调,分设各课,各课中亦有多名考察团随从人员,如评议课中有陆宗舆、邓邦述;审定课中有周树模。[3] 六部及财务处、练兵处亦有京曹与议。关于制定官制,编纂大臣

---

[1] September 4, 1906. Minister Rockhill to the Secretary of state, *Paper relating to the foreign relations of the United States*, With the annual message of the president transmitted to Congress, December 3, 1906, Washington: Government Printing Office, 1909, P349.

[2] 《派载泽等编纂官制奕劻等总司核定谕》(光绪三十二年七月十四),载故宫博物院明清档案部编:《清末筹备立宪档案史料》(上册),中华书局1979年版,第385页。

[3] 《京师近信》,载《时报》1906年9月23日(光绪三十二年八月初六)。

242

们拟定了五条基本原则：一、此次厘定官制为立宪预备，"应参仿君主立宪国官制厘定，以符圣训而利推行"，"现拟官制应就行政、司法各官以次厘定，此外凡与司法、行政无甚关系各衙门，一律照旧"；二、此次改革要做到"官无尸位、事有专司，以期各符责成"，从而消除"事无专责致生推诿，或人无专事致多废弛"的弊端；三、"立宪国通例俱分立法、行政、司法为三权，各不相侵，互相维持，用意最善。立法者，议院公议全国通行之法律，而奏请君主裁定颁布之事也；行政者，阁部按法律命令而施行之国家政务也；司法者，裁判官纠判臣民有无违背法律命令之事也，三权分立而君主大权统治。现在议院遽难成立，先从行政、司法厘定，当采用君主立宪国制度，以仰合大权统于朝廷之谕旨"[1]。四、钦差官、阁部院大臣、京卿以上各官作为特简官，部院所属三四品人员作为请简官，五品至七品人员作为奏补官，八九品人员作为委用官；五、在京城设立集贤院、资政院，安置改革后的闲散官员，"妥筹位置，分别量移，仍优予俸禄"。从这五条基本原则可见，此次官制改革以建立立宪政体为宗旨，并为立宪政体中三权分立奠定基础，同时原则也体现了官制改革必须符合大权统于朝廷的谕旨。

官制改革是政治权力在君主与官吏之间以及官吏与官吏之间的再分配，牵涉到君主和所有官吏的切身利益，因此所遇到的阻力特别强大。尽管编纂官制的大臣已经为因改革而闲散的官员安置了去处，官员们之间的利益之争依然非常激烈。现就官员们关

---

[1]《编制官制大臣奏厘定官制宗旨折》，载《时报》1906年9月24日（光绪三十二年八月初七）；《泽公等会奏厘定官制宗旨折》，载《申报》1906年9月25日（光绪三十二年八月初八）；《编纂官制大臣镇国公载等奏厘定官制宗旨大略折》，载《东方杂志》1907年第4卷，临时增刊《宪政初纲》。

清朝末年的法治思想

于责任内阁和地方督抚权限问题的不同观点进行梳理。在官制改革中，编纂官制大臣主要依据端戴所上的《请改定官制以为立宪预备折》的奏折展开，在这一奏折中端戴对责任内阁和中央与地方的权限划分进行了详细的阐述，这在上一节中已经进行了论述。持反对意见的官员们提出了质疑，他们认为设立责任内阁，由总理大臣代替君主负责，实际上是"率天下士夫，内背朝廷"[1]；在内阁中设置总理，"是忌军机之守之谨而不能自恣也，是名为复内阁之旧，而实以藉以自便其私也。……是阳以分军机之任，而实阴以夺朝廷之权也"[2]。有大臣认为中国现时还不能设立责任内阁和总理大臣，因为"民智未开，下议院一时未能成立，则无以为行政之监督，一切大权皆授诸二三大臣之手。……然行之日久，内外皆知有二三大臣，不知有天子。……夫立宪本欲尊君，而其弊乃至陵君，立宪本欲保民，而其弊乃至虐民，此所谓大臣专制政体也。民不堪其虐，揭竿起事，海外会党利而用之，必有以更宪法伸民权为名，阴行其革命之术者。与言及此，臣为中国危，臣为民生恸矣。故今日而言立宪必自地方官自治始，使地方议会组织完密，逐渐而组织下议院，一面就内外官制因名核实，各定办事之权限，无事过为纷更也。"[3] 这一见解可谓深刻，充分认识到下议院对政府的监督作用。这部分官员都是积极赞成立宪的，他们不是认为责任内阁不好，而是认为不到设

---

[1]《御史刘汝骥奏总理大臣不可轻设以杜大权旁落折》，载故宫博物院明清档案部编：《清末筹备立宪档案史料》（上册），中华书局1979年版，第423页。

[2]《内阁中书王宝田等条陈立宪更改官制之弊呈》，载故宫博物院明清档案部编：《清末筹备立宪档案史料》（上册），中华书局1979年版，第157页。

[3]《御史章炳麟奏立宪有大臣陵君郡县专横之弊并拟预备立宪六事折》，载故宫博物院明清档案部编：《清末筹备立宪档案史料》（上册），中华书局1979年版，第124—125页。

立的时候；他们虽然反对此时设立责任内阁，但是却极力主张实行地方自治，主张召开下议院，给予民权，并说："立宪精神全在议院，今不筹召集议院，徒将君主大权移诸内阁，此何心哉！连疏论之。"[1] 可见随着对立宪政体知识的了解加深，官员们对立宪内涵的认识逐渐深刻。

面对反对派的阻挠，载泽又上一折《申明厘定官制要旨折》。关于责任内阁，他论述道："内阁之设，实各部尚书会合而成，人数且视今日军机大臣而加倍，不过设总理大臣及左右副大臣为之表率，以当承宣诏旨之责，若夫天下大政出自亲裁，彼固不得而专之也。部院大臣皆由特简，彼固不得而私之也。而又有重臣顾问于上以备要政之咨询；言路纠弹于下，而为公共之监视。法制之密，实过于前，何嫌何疑？故作影响之词以为淆惑之地乎？"[2] 载泽认为责任内阁有上下两方面的监督和严密法制的约束，因而不可能出现专权的情况。载泽的言论导向性很强，虽理论论述并不完善，但影响力还是很强。同一时期御史赵炳麟的论述可谓略胜一筹，他在《奏组织内阁宜明定责任制度确立监督机关以杜专权流弊折》中坚持议院与内阁同时成立的观点，认为大臣的责任实际是以立宪和法律为依据，只有明确制定责任制度、监督制度，组织内阁才能维持秩序而无专权的后患。关于责任制度和监督制度，他提出了五条建议，一是"政权、兵权不可混合"，即凡担任内阁总理大臣和副大臣的官员不得拥有兵权，统帅海陆军的权力专属于君主；二是"资政院宜实有议院之性质"，即资政院应为国会中上议院之预备，与政府机关分离，对内阁实

---

[1] 赵柏岩：《光绪大事汇鉴》卷12，广文书局1978年版，第3—4页。
[2] 载泽：《申明厘定官制要旨折》，载中国第一历史档案馆编：《光绪朝朱批奏折》（第33辑），中华书局1979年版，第52页。

清朝末年的法治思想

行监督职能；三是"审计院及行政裁判院宜同时设立"，以行使其监督机关的职能；四是"都察院必须整顿"，与资政院一起立于监督行政机关的地位；五是"内阁大臣必定任限"，以避免权力过大出现专横的现象。充分彰显其对于民权和法制重要性的认识。

中央官制的改革步履维艰，各方论争非常激烈。慈禧太后对设立责任内阁充满疑惑，害怕责任内阁成立后君权潜移。最终在1906年11月6日的拟中央各衙门官制的上谕中，要求内阁、军机处照旧；外务部、吏部、学部均照旧；巡警不改为民政部；户部改为度支部，财政处并入等等，设立责任内阁的请求并未获得通过。关于中央与地方权限的划分，主张立宪政体的官员认为应该仿行立宪国家实行地方自治，而军机大臣铁良表示："立宪非中央集权不可，实行中央集权非剥夺督抚兵权财权、收揽于中央政府则又不可。"[1]

在中央各衙门官制的改革完成之后，朝廷紧接着发布了《续订各省官制并会商督抚筹议预备地方自治》上谕，明确提出地方官制改革是为地方自治做准备，应做到"严防流弊，务通下情"。[2] 编纂大臣在接到上谕后开始讨论改革地方体制的大纲，在各抒己见的基础上，出现了两种改革办法，他们电告各省督抚，征求意见。电文中提到地方行政划分为府、州、县三等，并着重指出："另设地方审判厅，受理诉讼。府州县各设议事会，由人民选举议员，公议应办之事；设董事会，由人民选举会员，辅助地方官办理议事会议决之事。以后再加推广，设立下级自治

---

[1]《时报》1906年9月30日。
[2]《著奕劻等续订各省官制并会商督抚筹议预备地方自治谕》，载故宫博物院明清档案部编：《清末筹备立宪档案史料》（上册），中华书局1979年版，第473页。

机关。适当增减巡道，并置曹佐。"[1] 这几项制度的设置最能体现地方自治的本质。各省督抚的回电却并不乐观，比如关于设立审判厅，大都以司法人才不足而主张缓办，或逐渐推行；关于府州县设曹佐分司治事，所属同意，但都强调增官过多，财政拮据，人才难得，不能马上实行，应先培养人才，或先从富庶地方办起；关于府州县设议事会、董事会，绝大多数都认为有必要，然又说教育未普及，民智未开，各地情形悬殊，实行尚非其时，有的主张先普及教育，有的主张先在民智高的地方试办。[2] 例如张之洞在回复的电文中说："议事、董事两会未尝不可设立，但一须正其名义，二须定其权限。名义者，只可名局不可名会。查各省府县多有绅局，或主捕盗清匪，如广东之安良局、沙田局之类；或主筹费济公，如四川之三费局、夫马局，陕西、河南之车马局之类……权限者，议事之员但许有议事之职，不予以决断之权。其议决之可否悉由官定，以审度其可行与否。至董事之员，只可供地方官之委任调度，不宜有加以辅助地方官办事之名……故议事之员，能议而不能决；董事之员，宜听官令而不宜听绅令。"[3] 议事会、董事会的设立，本意在于扩张基层民权，但是张之洞却规定了它们的权限，可见其根本不允许民权扩张到威胁官权的地步，更不用说把议院办成代表民权的国家权力机关

---

[1]《厘定官制大臣致各省督抚通电》1906年11月5日（光绪三十二年九月十九日），载《各省督抚请厘定官制电稿》，中国社会科学院近代史研究所档案。转引自侯宜杰：《二十世纪初中国政治改革风潮：清末立宪运动史》，中国人民大学出版社2011年版，第63页。

[2] 各督抚将军的复电载《各省督抚请厘定官制电稿》，中国社会科学院近代史研究所档案。转引自侯宜杰：《二十世纪初中国政治改革风潮：清末立宪运动史》，中国人民大学出版社2011年版，第63页。

[3]《致军机处、厘定官制大臣电》，载《张之洞电稿甲编》卷65。

了。在1907年2月6日的电文中,张之洞对议院的职能作了明晰的界定:"地方要政准其入告,时政阙失准其陈言,京外大臣有不职者准其举发上闻。"[1] 由此可见,议院充其量是一个咨议性质的中间机构。各省督抚对地方自治在理论上是认同的,而实际推行却有敷衍推脱之嫌,他们并不公开反对,却主张先在一些地方试办或缓办。可见他们认识到立宪政体中地方自治的重要性,但是在触及自身权力和利益时又是极其谨慎的。在收集了各督抚的意见后,编纂官制大臣奕劻、孙家鼐向朝廷提交了奏折,在奏折中指出此次厘定直省官制主要关注两点:一是"分设审判各厅以为司法独立之基础",认为"现在法部、大理院,既经分设,外省审判之事,自应由此划分权限,别立专司,俾内外均归一律。此各省审判各厅不能不按级分立者也"。二是"增易佐治各员,以为地方自治之基础",认为"今使州县各官,不司审判,则尽有余力,以治地方。又于佐治各员,各畀以相当责任,更次第组织议事董事各会,期如谕旨所云,严防流弊,务通下情者,则其收效之多,或不致如今日之敷衍从事,而自治范围,亦必能渐求恢扩"。[2] 该奏折体现了地方官制改革中的地方自治倾向,体现了给予民众参与政事的权利观念。朝廷在收到奏折后颁发了谕旨,准予在东三省先行开办,在直隶、江苏两省也可以择地先为试办,然后逐渐推广,限十五年全国一律实行,"总期上合政体,俯顺舆情,朝野联为一气,君民得以相安,以为实行宪政之

---

[1]《致军机处、官制大臣、袁世凯电》,载《张之洞电稿甲编》卷65。
[2]《总司核定官制大臣奕劻等奏续订各直省官制情形折》,载故宫博物院明清档案部编:《清末筹备立宪档案史料》(上册),中华书局1979年版,第504—505页。

预备"。[1]可见朝廷实行地方官制改革的宗旨是要符合立宪政体，以实行地方自治，但是这里的立宪政体和地方自治却是清廷所理解的涵义。在得知地方改革的具体内容后，张之洞曾说："外官改制，窒碍万端。若果行之，天下立时大乱，鄙人断断不敢附和。倡议者必欲自召乱亡，不解是何居心！京电催迅速作复，尤怪！"[2]"方今天灾迭乘，民穷财匮，乱匪四起，士气浮嚣……若改变太骤，全翻成局，需费太多，课虚责有，不惟官吏耳目眩惑，无从措手，权力改变，呼应不灵；窃恐民心惶惑，以为今日即是官民平权，刁民地棍藉端鼓众，抗粮不完，厘税不纳，缉盗匪则抗匿不服，筹赔款则抗欠不交，传讯不到，断案不遵，一切纲纪法度立致散乱逾越。国纪一失而难收，民气一纵而难靖，恐眉睫之祸将有不忍言者。"[3]张之洞对官民的对立和矛盾的认识可谓深刻，对民权依然抱持着"有百害而无一利"的否定观念。对于司法独立，张之洞极力反对，他认为"中国糜烂，利归渔人，是本意欲创立宪之善政，反以暗助革命之逆谋。"[4]

预备立宪的首要举措即改革官制已经在中央和地方全面展开。在如此短的时间内进行如此大范围的改革，涉及官员众多，权力争夺激烈，其在全国所造成的影响是巨大和复杂的。对于立宪人士来说，他们的失望情绪浓厚。徐佛苏说道："政界事反动复反动，竭数月之改革，迄今仍是本来面目。……政界之难望，

---

[1]《各直省官制先由东三省开办俟有成效逐渐推广谕》，载故宫博物院明清档案部编：《清末筹备立宪档案史料》（上册），中华书局1979年版，第511页。
[2] 许同莘编：《张文襄公年谱》，商务印书馆1944年版，第206页。
[3]《致军机处、厘定官制大臣电》，载《张之洞电稿甲编》卷65。
[4]《致军机处、官制大臣、袁世凯电》，载《张之洞电稿甲编》卷65。

今可决断。"[1] 杨度也曾说："去年五大臣归朝后，不费若何之气力，而使朝廷颁出一预备立宪之空文，至于官制改革之实事，则盈廷反对，卒无丝毫之效果，致使预备立宪之谕，亦几于虽有若无，……盖政府宁肯与人民以一尺之空文，不肯与人民一寸之实事。"[2] 当时处于官僚阶层的孙宝瑄也有深刻的体认，他指出："我国此次议宪法，厘定官制，政党中有无形之冲突。相持不下者，几月馀矣。卒之两党人皆失所望，而成今日之结果，抑亦奇矣。"[3] 可见官制改革在官僚中所引起的冲突是非常激烈的，致使慈禧太后对官僚的内讧中疲于应付，乃召见张之洞商量对策。1907年9月14日，张之洞与慈禧太后的一场对话，颇能反映慈禧太后对预备立宪的担忧和张之洞对立宪政体的积极态度。对话原文如下：

皇太后旨：大远的道路，叫你跑来了，我真是没有办法了。今日你轧我，明日我轧你；今天你出了一个主意，明天他又是一个主意，把我闹昏了。叫你来问一问，我好打定主意办事。对：自古以来，大臣不和，最为大害。近日互相攻击，多是自私自利。臣此次到京，愿极力调和；总使内外臣工，消除意见。

问：出洋学生，排满闹得凶，如何了得？对：只须速行立宪，此等风潮自然平息。出洋学生其中多可用之

---

[1] 丁文江、赵丰田编：《梁任公先生年谱长编（初稿）》，中华书局2010年版，第368页。
[2] 刘晴波主编：《杨度集》（第1册），湖南人民出版社2008年版，第400—401页。
[3] 孙宝瑄：《忘山庐日记》，上海古籍出版社1983年版，第942页。

材，总宜破格录用。至于孙文在海外，并无魄力，平日虚张声势，全是臣工自相惊扰，务请明降恩旨，大赦党人，不准任意株连，以后地方闹事，须认明民变与匪乱，不得概以革命党奏报。

旨：立宪事，我亦以为然。现在已派汪大燮、达寿、于式枚三人出洋考察，刻下正在预备；必要实行。对：立宪实行，越速越妙；预备两字，实在误国。派人出洋，臣决其毫无效验。即如前年派五大臣出洋，不知考察何事？试问言语不通，匆匆一过，能考察其内容？臣实不敢相信。此次三侍郎出洋，不过将来抄许多宪法书回来塞责，徒靡多金，有何用处？现在日日言预备，遥遥无期。臣恐革命党为患尚小。现在日法协约、日俄协约，大局甚是可危。各国视中国之能否实行立宪，以定政策。臣愚以为，万万不能不速立宪者，此也。

问：现在用人很难，你看究竟能大用者有几人？对：此事仓猝间不敢妄对。

问：徐世昌何如？近来参他的人很多。对：徐世昌未始不可用，总之太得意，阅历太浅。

问：岑春煊何如？对：岑春煊极有血性，办事勇敢，但稍嫌操切，然当今人才难得，投闲置散，亦殊可惜。

问：林绍年何如？对：林绍年才具开展，操守极好。

问：庆亲王何如？对：奕劻阅历甚深，当有余。

问：赵尔巽能胜湖广总督之任否？对：赵尔巽才堪应变，任湖北绰绰有余。但臣愚见，鹿传霖拜跪维艰，不如简任湖北，以赵尔巽调度支部，使之整顿财政，载

清朝末年的法治思想

泽人极开通，可调农工商部。溥颋人极颟顸，公事不甚了了，农工商部诸事废弛，部务非其所长。

问：再派王公出洋如何？对：王公出洋，匆匆游历，决不能有所得，侍从多人，徒招外人訾议，不如减少随从，宽以时日，留学数年，庶有心得，亦可省经费。

旨：你说的何尝不是。他们这班人享惯的福，如何办得到。[1]

该对话真实地反映了张之洞对立宪政体的积极态度，他认为速定立宪是中国的当务之急，速行立宪政体不仅是抵御革命党排满风潮的有力武器，而且是防御西方列强侵夺国家主权的有效工具。

1907年7月8日，清廷发布了《立宪应如何预备施行准各条举以闻》的上谕，向广大官员征集关于预备立宪的建议。上谕中写道："惟立宪之道，全在上下同心，内外一气，去私秉公，共图治理。自今以后，应如何切实预备，乃不徒托空言，宜如何逐渐施行，乃能确有成效，亟宜博访周谘，集思广益，凡有实知所以预备之方施行之序者，准各条举以闻。……此事既官民各有责任，即官民均应请求，务使事事悉合宪法，以驯致富强，实有厚望。"[2] 表明立宪政体中官民都有参与政事的责任，以及对立宪政体中上下相通、共同在宪法的框架下谋求国家富强的期待。清

---

[1]《八月初七日张之洞入京奏对大略》，载《时务汇录》（抄本），转引自孔祥吉：《张之洞与清末立宪别论》，载《历史研究》1993年第1期，第106页。在该文中，孔祥吉还对该项史料的真实性进行了扎实的考证。

[2]《立宪应如何预备施行准各条举以闻谕》（光绪三十三年五月二十八日），载故宫博物院明清档案部编：《清末筹备立宪档案史料》（上册），中华书局1979年版，第44页。

廷的这一上谕掀起了官员们研究立宪、积极陈奏献计献策的高潮。

(二) 再次派大臣出洋考察宪政

1907年9月9日，清政府又派遣外务部右侍郎汪大燮、邮传部右侍郎于式枚、学部右侍郎达寿分别充任出使英国、德、日本考察宪政大臣。这是清政府第二次派大臣出洋考察宪政，与五大臣出洋考察政治的宗旨不同，这一次的目标很明确，即考察宪政，并且主要考察英、德、日三个君主立宪制国家。时论有评论："日、英、德为君主之国，朝廷遣派大员，前往考察，用意极为深远。"[1] 在第二次宪政考察中，日本成为考察的重中之重，考察团归国后的建言对清政府预备立宪的具体运作产生了巨大影响。正如有学者指出："如果说，载泽等五大臣出洋考察政治促成了清廷宣布预备立宪，并初步确定模仿日本立宪模式的意向，那么，达寿等第二次出洋考察宪政则进一步促使清廷预备立宪按照日本立宪模式进行具体运作。"[2]

在考察宪政的大臣中，达寿对日本的考察报告和于式枚对德国的考察报告对清廷的预备立宪影响较大。达寿回国后将考察情形迅速编辑提交朝廷，督促清廷仿行日本实行宪政。在奏折中他指出有两件重要的事："一曰政体之急宜立宪也，一曰宪法之亟当钦定也。政体取于立宪，则国本固而皇室安。宪法由于钦定，

---

[1]《内阁会议政务处酌定日英德宪政大臣考察宪政要目》，《申报》1907年12月5日（光绪三十三年十一月初一）。

[2] 李细珠：《清末两次日本宪政考察与预备立宪的师日取向》，载中国社会科学院近代史研究所编：《中国社会科学院近代史研究所青年学术论坛（2007年卷）》，社会科学文献出版社2009年版，第289页。

清朝末年的法治思想

则国体存而主权固。此皆有百利而无一害之事。"[1] 在论述中，首先，他指出国体和政体不同，"夫所谓政体者何也？政体云者，盖别乎国体而言。所谓国体者，指国家统治之权，或在君主之手，或在人民之手。统治权在君主之手者，谓之君主国体，统治权在人民之手者，谓之民主国体。而所谓政体者，不过立宪与专制之分耳。国体根于历史以为断，不因政体之变革而相妨。政体视乎时势以转移，非如国体之固定而难改。……国体既为君主，则无论其政体为专制，为立宪，而大权在上，皆无旁落之忧。"达寿关于国体和政体的论说虽然有失偏颇，但却消除了慈禧太后害怕大权旁落的顾虑，坚定了其实行立宪政体的决心。接着他论述了立宪政体能够巩固国体、安皇室。立宪政体之精神在于三权分立，他认为三权分立不会减少君权，如司法独立，"其法律本为君主所定，裁判官特以君主之名，执行法律，故裁判官直辖于天皇，不受他机关之节制"，因此司法独立不会减少皇权；"至于立法之议会，在日本议会，不过有协赞立法之权耳，其裁决与否，属天皇之大权。"可见立法权也不会减少君权；关于行政权，"日本宪法，国务大臣之负责任也，非对于议会负责任，实对于天皇负责任，故天皇有任命大臣更迭内阁之权。"由此可知行政权不会减少君权。其次，达寿指出中国应该采用钦定宪法。他认为从宪法制定的历史可知，宪法有三种形式，"即钦定宪法、协定宪法、民定宪法是也。钦定宪法出于君主之亲裁。协定宪法由于君民之共议。民定宪法则制定之权利在下，而遵行之义务在君。大抵君主国体未经改革，或改革未成之国家，其宪法仍由钦

---

[1]《考察宪政大臣达寿奏请考察日本宪政情形折》，载故宫博物院明清档案部编：《清末筹备立宪档案史料》（上册），中华书局1979年版，第25页。

定，如日本与俄是也。"[1] 宪法制定的形式不同，相应的政治运行实际是"大权政治、议院政治、分权政治"，他认为中国应该实行大权政治，即以君主为权力中心。日本宪法即是钦定宪法，君上大权在宪法已经列明，而其他如臣民的权利、政府、议会和军队的权力虽然在宪法中有规定，但是都有一定的限制条件，因此都"无害于国体，而无损于主权"。达寿认为"盖民主国以主权在民，故以代表人民之议会为主权之主体。而君主国则主权在君，人民实居于客体，虽以代表人民之国会，亦不得不居于主权之客体焉"。[2] 关于君主与国会的关系，在德国考察宪政的于式枚也有同样的论述，"故现行宪法之定义得从两关系推论，曰个人与国家关系，曰王统与代表关系。第一关系国家有直接之行为，政府司之；国民有间接之意思，议会代表之，而主权在国家，国家有权废个人之权利，然必据法律，而个人亦有不承认非法强迫之权。第二关系当决以三义：第一义，王有宪法所明定之权，宪法所不备载者一切归国会，比利时宪法是也；第二义，宪法者非君主所创造，非国民所创造，而创造于两者之集合体，今日德意志帝国宪法是也，而尤适普鲁士宪法之性质；第三义，国会有宪法所明定之权，宪法所不备载者，一切归国王，此则学说纷複要必征证普鲁士现行有效国法与宪法成典符合一致，不得背驰而已。"[3] 他们的论述体现了清廷对立宪政体的真正理解，符

---

[1]《考察宪政大臣达寿奏考察日本宪政情形折》，载故宫博物院明清档案部编：《清末筹备立宪档案史料》（上册），中华书局1979年版，第33—34页。
[2]《考察宪政大臣达寿奏考察日本宪政情形折》，载故宫博物院明清档案部编：《清末筹备立宪档案史料》（上册），中华书局1979年版，第37页。
[3] 于式枚：《考察宪政大臣于式枚考察宪政奏折》1908年9月27日（光绪三十四年九月初三），台湾故宫博物院藏，第89—90页。

合清廷所能接受或者说所理解的立宪政体的内涵。达寿的陈奏，使清廷最后确定选择日本模式，并以日本宪法为蓝本，出台了《钦定宪法大纲》。

（三）筹备与立宪政体相关的机关

1. 宪政编查馆的设立

宪政编查馆的前身是考察政治馆，清廷预备立宪的谕旨颁布后，庆亲王奕劻等上奏请改考察政治馆为宪政编查馆，宪政编查馆将专办编制法规、统计政要各事项，"嗣后遇有关系宪政及各种法规条陈，并请饬交该馆议覆，以归一律"。[1] 清廷收到奏折后很快发布谕旨，准予实行，并指出宪政编查馆在资政院未设立以前，暂时由军机处王大臣督饬原派该馆提调详细调查编定，以便逐渐推行。

宪政编查馆成立之后，成为预备立宪推行宪政的重要机关。责任也愈来愈重，一切组织逐渐完备。奕劻等奏请制定宪政编查馆章程，并应以完善法治为宗旨，"伏查立宪各国，无不以法治为主义，而欲达法治之域，非先统一法制不可。各项法制规模大具，然后宪法始有成立之期，故各国政府大都附设法制局，以备考核各处法案，而统一法案核定以后，始付议院议决。臣馆职司编制，应一面调查各国宪法成例，拟定草案，一面于各部院、各省所订各项法制，悉心参考，渐谋统一方法。俟资政院设立后，随时将臣馆核定之稿送由院中陆续议决，盖一司编纂，一主赞定，庶政府尽提议法案之责，而国民有参豫立法之机，立宪之基

---

[1]《庆亲王奕劻等奏请改考察政治馆为宪政编查馆折》，载故宫博物院明清档案部编：《清末筹备立宪档案史料》（上册），中华书局1979年版，第45页。

第五章 清政府官员政体选择的思考和实践

将由此以巩固。"[1] 此论述彰显出立宪政体中法治重中之重的地位,并充分遵循了法治国家法律核定的程序。宪政编查馆的设立以及章程的制定体现了清廷正向法治之路迈进。奏折陈请在宪政编查馆分设编制、统计两局,各派局长和科员等组成,分别办理应办之事。章程中提到附设官报局,专门处理所上奏折和谕旨的编辑、校对、印刷、发行等事情,《政治官报》的设置对于民众知晓政府政策法规起到重要的作用。

随着地方官制改革的开展,宪政编查馆陈请在各省设立调查局和统计局,中国疆域广阔,风俗各不相同,"虽国家之政令,初无不同,而社会之情形,或多歧异。现在办法,必各省分任调查之责,庶几民宜土俗,洞悉靡遗。将来考核各种法案,臣馆得有所据依,始免两相牴迕。"[2] 可见宪政编查馆在制定各地法案时所起的作用。清廷立刻下谕旨应允了在各省设立调查局的奏请。随着清廷对法律法规的重视,宪政编查馆的地位受到重视。1907年12月24日清廷下谕旨,令宪政编查馆会同民政部拟定政事结社条规。谕旨中写道:"惟各国君主立宪政体,率皆大权统于朝廷,庶政公诸舆论,而施行庶政,裁决舆论,仍自朝廷主之。民间集会结社,暨一切言论著作,莫不有法律为之范围,各国从无以破坏纲纪干犯名义为立宪者。况中国从来敦崇礼让,名分严谨,采列邦之法规,仍须存本国之礼教。"[3] 民间集会结社

---

[1]《宪政编查馆大臣奕劻等拟呈宪政编查馆办事章程折》,载故宫博物院明清档案部编:《清末筹备立宪档案史料》(上册),中华书局1979年版,第48页。
[2]《宪政编查馆大臣奕劻等请饬各省设立调查局折》,载故宫博物院明清档案部编:《清末筹备立宪档案史料》(上册),中华书局1979年版,第51页。
[3]《令宪政编查馆会同民政部妥拟政事结社条规奏请颁行谕》(光绪三十三年十一月二十日),载故宫博物院明清档案部编:《清末筹备立宪档案史料》(上册),中华书局1979年版,第53页。

需要法律的规范,这是立宪政体讲求法治的应有之义,清廷认识到了这一点,可见其法治观念的提升。奏折中强调了"立宪国之臣民,皆须尊崇秩序,保守平和",然后着令宪政编查馆会同民政部将关于政事结社的条规,在斟酌中外法规的前提下,迅速奏请颁行。1908年7月22日发布上谕,"著宪政编查馆、资政院王大臣督同馆院谙习法政人员,甄采列邦之良规,折衷本国之成宪,迅将君主宪法大纲暨议院、选举各法择要编辑,并将议院未开以前,逐年应行筹备各事,分期拟议,胪列具奏呈览。"[1] 宪政编查馆和资政院接到上谕后积极准备,他们在陈奏中写道:"夫宪法者,国家之根本法也,为君民所共守,自天子以至于庶人,皆当率循,不容逾越。东西君主立宪各国,国体不同,宪法互异,论其最精之大义,不外数端:一曰君主神圣不可侵犯,二曰君主总揽统治权,按照宪法行之,三曰臣民按照法律,有应得应尽之权利义务而已。……故一言以蔽之,宪法者,所以巩固君权,兼保护臣民者也。臣等谨本斯义,辑成宪法大纲一章,首列大权事项,以明君为臣纲之义,次列臣民权利义务事项,以示民为邦本之义。虽君民上下同处于法律范围之内,而大权仍统于朝廷,虽兼采列邦之良规,而仍不悖本国之成宪。"[2] 由此可知,宪法大纲的制定以巩固君权为宗旨,所给予臣民的权利仅仅是出于保护臣民的考虑,其思维依然是民本思想,并不曾有民权思想。宪政编查馆和资政院所制定的宪法大纲是中国第一部宪法即

---

[1]《宪政编查馆资政院会奏宪法大纲暨议院法选举法要领及逐年筹备事宜折》(光绪三十四年六月二十四日),载故宫博物院明清档案部编:《清末筹备立宪档案史料》(上册),中华书局1979年版,第55页。

[2]《宪政编查馆资政院会奏宪法大纲暨议院法选举法要领及逐年筹备事宜折》,载故宫博物院明清档案部编:《清末筹备立宪档案史料》(上册),中华书局1979年版,第56页。

《钦定宪法大纲》的雏形。从宪政编查馆的设立到其受到朝廷重视的过程中，可见清廷官员们的法治思想日益浓厚。

2. 资政院的筹备

清廷预备立宪的上谕发布之后，改革中央官制的举措次第展开。首次提出设立资政院的是奕劻和孙家鼐，他们在《厘定中央各衙门官制缮单进呈折》中提出："立法当属议院，今日尚难实行，拟暂设资政院以为预备……此外有资政院以持公论，有都察院以任纠弹，有审计院以查滥费"。[1] 可见他们设想的资政院既无立法权，又不得干涉行政，仅仅是"持公论，资参考"的机关。

随着官制改革的深入展开，1906年10月至11月间，考察政治馆起草了《拟设资政院节略清单》和《拟具资政院官制清单》，清单点明了设立资政院的意图："国民义务以纳税为一大宗，现在财政艰难，举行新政何一不资民力，若无疏通舆论之地，则抗粮闹捐之风何自而绝？营业税、所得税等法必不能行……近日民智渐开，收回路矿之公电，告讦督抚之公呈，纷纷不绝，若听其漫无归宿……政府将应接不暇。惟专设一舆论总汇之地，非得由资政院不得上闻……通国之欲言于政府者，移而归诸资政院，化散为整，化嚣为静，又限制该院只有建言之权，而无强政府施行之力，使资政院当舆论之冲，政府得安行其政策。"[2] 显示出清廷设立资政院的目的有三：一是通过资政院来增加捐税；二是借资政院疏通舆论，汇集下层的建言，使其成为一个舆论总汇的地

---

〔1〕《庆亲王奕劻等奏厘定中央各衙门官制缮单进呈折》，载故宫博物院明清档案部编：《清末筹备立宪档案史料》（上册），中华书局1979年版，第464页。
〔2〕《宪政初纲·官制草案》，载《东方杂志》1907年第4卷，临时增刊《宪政初纲》，第57—58页。

方；三是消除民乱，维持社会秩序。由此可见清廷设立资政院，根本不是为了扩大民权，更不是为了起到监督行政机关的作用。

  清政府官员要求开国会的呼声日盛，加之国会请愿运动的发起，清廷于1907年9月20日发布设立资政院的谕旨，"立宪政体取决公论，上下议院实为行政之本。中国上下议院一时未能成立，亟宜设资政院以立议院基础，著派傅伦、孙家鼐充该院总裁。所有详细院章，由改总裁会同军机大臣妥慎拟定，请旨施行。"[1] 这里明确表示设立资政院是为将来成立议院做准备的。上谕发布不久，御史陆宝忠陈奏改都察院为国议会，在奏折中说道："臣等以为今日新设之资政院，即各国上议院之制也，而旧有之都察院，即各国下议院之制也。现在资政院既经设立，是上议院已有基础，似应将都察院改为国议会，以立下议院基础。"[2] 可见官员们已经将资政院看作上议院了。御史赵炳麟陈奏资政院必须严定选举章程，对入选该院的人员必须有严格的个人资格限制，奏折中还列举了日本贵族院对互选人员的资格限制，并认为资政院应该"先将选举章程严加订定，明布天下切实奉行，然后再定议事之权限"。[3] 资政院的人员组成受到了官员们的关注。这一时期，官员们陈请设立民选议院的呼声甚高，从而推进了清廷对资政院和谘议局的筹备工作。1908年7月8日资政院陈奏所拟订的资政院章程，列举了资政院章程的目次，"首

---

  [1]《设立资政院派傅伦孙家鼐为总裁并会同军机大臣拟订院章谕》（光绪三十三年八月十三日），载故宫博物院明清档案部编：《清末筹备立宪档案史料》（下册），中华书局1979年版，第606页。

  [2]《御史陆宝忠等奏请改都察院为国议会以立下议院基础折》，载故宫博物院明清档案部编：《清末筹备立宪档案史料》（下册），中华书局1979年版，第607页。

  [3]《御史赵炳麟奏资政院开办伊始严定选举章程折》，载故宫博物院明清档案部编：《清末筹备立宪档案史料》（下册），中华书局1979年版，第609页。

总纲，次选举，次职掌，次资政院与行政衙门之关系，次资政院与各省谘议局之关系，次资政院与人民之关系，次会议，次纪律，次秘书厅官制，次经费，凡十章，事求其可行，理求其至当，以为他日议院法之初基。"[1] 奏折中附有总纲和选举部分，其内容已经编纂完成，其他各章次第厘定。在资政院的职掌部分列举了应该议决的事件，"一、国家岁出入预算事件，二、国家岁出入决算事件，三、税法及公债事件，四、新定法典及嗣后修改事件，但宪法不在此限，五、其余奉特旨交议事件。"[2] 资政院具有了处理财政预决算和制定新法律的权限。1910年9月28日资政院总裁溥伦陈奏，资政院举行召集之典，所有议员齐集到会，按照议事细则推选股长和理事，资政院也于当日成立，"本年九月初一日，为开会之期。"[3] 资政院正式成立。

资政院从开始筹备到最终设立，从开始设想为舆论的收集之地到成为上议院的雏形，其职权和地位都发生了很大的变化。这一变化也正说明了清廷在筹备立宪政体过程中对立宪政体内涵的理解在逐渐发生转变。

3. 谘议局的设立

随着中央和地方官制改革的次第展开，官员们对立宪政体的认识逐渐加深，他们认识到召开国会才是立宪政体的精神所在。

---

[1]《资政院等奏拟订资政院院章折》（光绪三十四年六月初十），载故宫博物院明清档案部编：《清末筹备立宪档案史料》（下册），中华书局1979年版，第627页。

[2]《资政院会奏续拟院章并将前奏各章改订折》，载故宫博物院明清档案部编：《清末筹备立宪档案史料》（下册），中华书局1979年版，第632页。

[3]《资政院总裁溥伦等奏资政院成立暨开会日期折》（宣统二年八月二十五），载故宫博物院明清档案部编：《清末筹备立宪档案史料》（下册），中华书局1979年版，第646页。

资政院的筹备进一步激发了官员们在地方设立民选机构的想法，官员中请开国会的奏折骤增，但清廷依然认为："今资政院既经议设，实为议院之基础，并非贵族之更名，并令各省酌开董事会、议事会，以办理地方自治，应俟议事会、董事会办有成效，再行议开国会，庶免欲速不达之弊。"[1] 清廷认定，立宪必须循序渐进，先设资政院作为预备议院的基础，而真正的民选议院只能等待议事会、董事会卓有成效后再议。

1907年10月19日，清廷颁布上谕，表示中央已经设立资政院以作为议院的基础，地方各省也应该有采集舆论的地方，鉴于此，"著各省督抚均在省会速设谘议局，慎选公正明达官绅创办其事，即由各属合格绅民公举贤能作为该局议员，断不可使品行悖谬营私武断之人滥厕其间。凡地方应兴应革事宜，议员公同集议，候本省大吏裁夺施行。"[2] 谘议局的设立正式进入议事议程，其作为绅民参与政事的基础，是施行地方自治的重要举措。清廷颁布上谕之后，宪政编查馆拟定各省谘议局章程，在奏折中说明谘议局的宗旨和要义，"臣等窃维立宪政体之要义，在予民人以与闻政事之权，而使为行政官吏之监察，故不可无议院以为人民闻政之地。"立宪政体中民众的权利即是闻政之权，因此谘议局有三大要义，"谘议局之设，为地方自治与中央集权之枢纽，必使下足以哀集一省之舆论，而上仍无妨于国家统一之大权。此其要义一也。夫议院乃民权所在，然其所谓民权者，不过言之权而非行之权也。议政之权虽在议院，而行政之权仍在政府。……

---

[1] 一档档案：《会议政务处奏议复萧鹤详请开国会折附片》，录副奏折档1907年6号。

[2] 《著各省速设谘议局谕》（光绪三十三年九月十三日），载故宫博物院明清档案部编：《清末筹备立宪档案史料》（下册），中华书局1979年版，第667页。

第五章　清政府官员政体选择的思考和实践

则其言与行之界限，尤须确切订明，不容稍有逾越。此其要义二也。……今资政院、谘议局已次第建立，为议院之基础矣。基础既立，则朝廷自将宣布开设议院年限，以定人心而促进步，……故议员资格，议事权限，皆当于此时早为厘定。此其要义三也。"[1] 由此可知，朝廷设立谘议局的实质只是各省舆论的汇集，其所体现的民权只是言论的权利而不是实行的权利。在坚持以上三大宗旨的基础上，宪政编查馆拟定了各省谘议局章程十二章六十二条。朝廷接到奏折后认为"尚属周妥"，答复为"均照所议办理"，"即著各督抚迅速举办，实力奉行，自奉到章程之日起，限一年内一律办齐"。可见朝廷对谘议局的重视。

各省按照谕旨的要求次第开始谘议局的筹备工作，根据谘议局的选举法章程，入选到各省谘议局的议员大都受过旧式教育或曾任过职官。正如有学者所说，"议员不一定全是立宪派，但活跃的立宪派人士大部分都进入了谘议局，他们具有新思想和宪政理论知识，又值春秋鼎盛时期，活动能量很大，这就使他们自然地成为谘议局的中坚，决定着谘议局活动的方向，甚至左右全局。"[2] 1909年10月14日，除新疆的谘议局暂时缓办外，全国21个行省的谘议局如期成立，一律开议。这一天是一个特别值得庆贺的日子，《时报》发表预祝文章，称这一天是"我国人民获有参政权之第一日"[3]，将第一、二两版均以红色印刷，并在第一版以全版篇幅刊登了"敬祝各省谘议局开局纪念"的宣传画。

---

[1]《宪政编查馆等奏拟订各省谘议局并议员选举章程折》，载故宫博物院明清档案部编：《清末筹备立宪档案史料》（下册），中华书局1979年版，第669页。

[2] 侯宜杰：《二十世纪初中国政治改革风潮：清末立宪运动史》，中国人民大学出版社2011年版，第169页。

[3]《预祝本年之九月》，载《时报》1909年10月14日。

清朝末年的法治思想

《申报》亦以红色印刷版面，发表了热情洋溢的敬祝谘议局成立的祝辞。《大公报》把谘议局的成立看做"否极泰来，上下交通之气象"[1]而加以讴歌。谘议局的成立及其随后开展的工作，为清廷筹备立宪政体输入了新鲜血液和活力，对清廷立宪政体内涵的转变起到了决定性的作用。正如美国著名汉学家史景迁所评论的："1909年召开了第一次会议的谘议局是令人惊异的新机构，对国家的政治生活产生了巨大影响。虽然这些谘议局仍是精英团体，仅对男性开放，并有严格的年龄、财富和教育程度等标准，但是它将不仅关心自己家庭和地方利益，也关心国家命运的男子们集聚起来，共商事务。很多人参与了这一次全新机构的选举。"[2]

三、立宪政体内涵的转换

清政府在1906年9月1日颁布仿行宪政的上谕时强调，"大权统于朝廷，庶政公诸舆论"。这一信条成为清廷预备立宪的宗旨，清廷在预备立宪的一系列政策中始终坚守这一信条，如中央和地方官制的改革，筹备立宪机关的设立等等，特别是清廷制定的《钦定宪法大纲》更是体现了清廷对立宪政体的理解，以及清廷能够认同和接受的立宪概念。但是在清廷预备立宪的过程中，特别是1908年之后，随着政府官员中对立宪政体认识的深入，官员中要求设立民选议院的呼声日盛。加之谘议局的设立和谘议局议员传入的新思想新观念，清廷对立宪政体的筹建逐渐失去了控制，立宪政体的内涵在逐渐演变，直至武昌起义对清廷的统治形成巨大的威胁，清廷在仓皇和忙乱中制定了新的宪法重大信

---

[1] 《祝谘议局之前途》，载《大公报》1909年10月14日。
[2] [美]史景迁：《追寻现代中国》，黄纯艳译，上海远东出版社2005年版，第300页。

条，从而使清廷的立宪政体内涵发生了根本性的转变。

1908年7月22日，宪政编查馆、资政院接到朝廷的上谕，要求他们在坚持"行政之权在官吏，建言之权在议员，而大经大法，上以之执行罔越，下以之遵奉勿违"原则的基础上，"甄采列邦之良规，折衷本国之成宪，迅将君主宪法大纲暨议院、选举各法择要编辑"。[1] 宪政编查馆和资政院经过一个多月的准备，于8月27日会奏宪法大纲。在奏折中他们申明："大凡立宪自上之国，统治根本，在于朝廷，宜使议院由宪法而生，不宜使宪法由议院而出，中国国体，自必用钦定宪法，此一定不易之理。"中国实行钦定宪法，这是一项不容怀疑的原则，但这项原则根本剥夺了人民或民选代表对宪法发表意见的权利。宪法的实质在于："夫宪法者，国家之根本法也，为君民所共守，自天子以至于庶人，皆当率循，不容逾越。……论其最精之大义，不外数端：一曰君主神圣不可侵犯，二曰君主总揽统治权，按照宪法行之，三曰臣民按照法律，有应得应尽之权利义务而已。"[2] 宪法是国家的根本大法，人人必须遵守，臣民按照宪法享受应得的权利，履行应尽的义务，却对宪法"不可妄加评论"，从而人民又被剥夺了修订宪法的权利。中国制定钦定宪法的宗旨在于"巩固君权，兼保护臣民者也"。在此原则和宗旨的指导下，他们编辑了宪法大纲，这就是有名的《钦定宪法大纲》。朝廷接到陈奏的当天即颁发谕旨，表示陈奏获得通过，并规定"自本年起，务在

---

[1]《宪政编查馆资政院会奏宪法大纲暨议院选举法要领及逐年筹备事宜折》（光绪三十四年六月二十四日），载故宫博物院明清档案部编：《清末筹备立宪档案史料》（上册），中华书局1979年版，第55页。

[2]《宪政编查馆资政院会奏宪法大纲暨议院选举法要领及逐年筹备事宜折》，载故宫博物院明清档案部编：《清末筹备立宪档案史料》（上册），中华书局1979年版，第55—56页。

第九年内将各项筹备事宜一律办齐，届时即行颁布钦定宪法"。[1]

《钦定宪法大纲》中规定了"君上大权"的条文有十四条，关于"臣民权利义务"有九条，《大纲》附有《议院法要领》、《选举法要领》和有关这些文件的说明。可以说《钦定宪法大纲》真实地反映了清廷对立宪政体和宪政的认识和理解。首先，根据《大纲》，君主居于神圣不可侵犯的尊位上对国家进行统治。在立法方面，君主钦定法律，议院议决的法律必须经过君主钦定。在行政方面，君主拥有设置官制和任免官员的权力。在司法方面，君主任免法官，总揽司法权；君主可以召集、开闭、中止、延长及解散议院；君主拥有统率陆海军的权力。在外交方面，君主具有宣战、讲和、订立条约和派遣使臣等权力，在危机时刻，君主有权发布诏令限制人民的自由；君主拥有赦免、授衔和决定皇室费用、安排庆典的权力。由此可见，君主不仅是立法、行政、司法三权的首席长官，而且对国家的内政、外交拥有无上的权力。不仅如此，《大纲》中着重强调了君主的权力，却未规定义务。这或许是制定宪法大纲的官员们有意为之。其次，《大纲》中规定臣民的权利义务的条文共九条，其中六条权利三条义务，六条权利分别是：担任官吏和议员的权利；言论、出版、著作和集会、结社的自由；不受无故逮捕、监禁、处罚的权利；请法官审判所诉案件的权利；财产和居住不受无故侵扰的权利。但这些权利似乎不是人民天生就有的，而是君主恩赐给他们的特权。也就是说，在他们的思想观念里，并不承认民权的存在，在把君权放

---

[1]《九年预备立宪逐年推行筹备事宜谕》，载故宫博物院明清档案部编：《清末筹备立宪档案史料》（上册），中华书局1979年版，第68页。

置在至尊地位的同时,也就否定了人民与君主的分权。民众所拥有的只是君主恩赐的特权而已。最后,《钦定宪法大纲》的颁布本身就彰显了清廷对法治的认可。君主同意遵照宪法的规定实行统治,从而服从了法统。虽然君主可以颁布法律,但是他不可武断地立法了,他必须按照宪法的规定,在议院协商议决之后才能颁布法律。此外宪法大纲规定,人人必须遵守宪法,臣民所拥有的权利是法律范围内的权利,从而在君主和全体民众的心目中体现了法律的重要性。

1911年10月10日,武昌革命军起义,国家秩序发生动摇。以梁启超和张謇为首的立宪人士认为是国会请愿运动失败所致,因此希望促成清政府的立宪,从而消除内乱。他们乃联合地方督抚陈奏清廷改组内阁,宣布立宪,"今舆论所集,如亲贵不宜组织内阁,如阁臣应负完全责任,……先将现在亲贵内阁解职,特简贤能另行组织。"[1] 10月26日,由世续领衔上奏,"拟请朝廷斟酌情势,迅速组织完全责任内阁,以一事权,而明责任,并于明年提前召集国会,共筹大局,俾人心有所维系。内阁国会为行政立法之根本,而宪法尤为行政立法上根本之根本,关系甚重。"[2] 官员的陈请促动了朝廷,迫于形势,朝廷于10月30日颁布了《实行宪政谕》和《著傅伦等迅拟宪法条文交资政院审议谕》,谕旨写道:"兹特布告天下,誓与我国军民维新更始,实行宪政。凡法制之损益,利病之兴革,皆博采舆论,定其从违。""著傅伦等敬遵钦定宪法大纲,讯将宪法条文拟齐,交资政院详

---

[1] 《代鲁抚孙宝琦苏抚程德全奏请改组内阁宣布立宪疏》,载《张季子九录》(政闻录卷三),文海出版社1965年版。

[2] 军机处折包档。

慎审议。"[1] 11月2日，清廷再颁布谕旨，"内阁总协理大臣及各国务大臣昨已具奏辞职，均经降旨允准，并另简袁世凯为内阁总理大臣，组织完全内阁。所有大清帝国宪法著即交资政院起草，奏请裁夺施行，用示朝廷好恶同民，大公无私之至意。"[2]可见清廷迫于形势，不得不迁就舆论，改变立宪政体的内涵，还权与民，实行真正的宪政。11月3日，陆军统制官张绍曾等奏陈请愿意见政纲十二条，其政纲十二条"以英国之君主宪章为准"。朝廷接到陈奏后下达了著令《资政院总裁李家驹等草拟宪法内重大信条先行颁示》的谕旨，资政院所提交的《重大信条十九条》参照了张绍曾等的政纲十二条，这就是重大信条十九条的形成过程。

《重大信条十九条》采用英国的君主立宪政体，与梁启超等立宪人士提倡的虚君共和有很大的相似性。首先，关于君主的地位，君主万世不易，神圣不可侵犯，但同时君权受到宪法的限制，皇位的继承由宪法规定，国会议决的事项，由皇帝颁布。其次，关于宪法的制定，宪法由资政院议决，修改权属于国会。再次，关于国会的组成和权力，国会议员由国民公举，总理大臣由国会公举，陆海军的使用权归国会所有，国际条约须经国会议决才能缔结，政府年度预算由国会，皇室的经费由国会议决，宪法的修改权殊异国会。最后，关于法律，宪法限制皇帝的权力，规

---

[1]《著溥伦等迅拟宪法条文交资政院审议谕》（宣统三年九月九日），载故宫博物院明清档案部编：《清末筹备立宪档案史料》（上册），中华书局1979年版，第96—97页。

[2]《陆军统制官张绍曾等奏陈请愿意见政纲二十条折》（宣统三年九月十三日），载故宫博物院明清档案部编：《清末筹备立宪档案史料》（上册），中华书局1979年版，第98页。

范皇位的继承;法律规范官制官规,总理大臣不得以命令代替法律。《重大信条十九条》是宪法大纲,其规定了政治权力的划分,从其内容可以看出,政治权力由君主转移到了国会,而国会代表的是国民,即政治权力由君主转移到国民,由君权转向了民权。

《钦定宪法大纲》体现了清廷所理解和认同的立宪政体的内涵,但是这一内涵的维持也仅仅截止到1908年底。1909年后,省谘议局作为新生力量登上了历史舞台,在各省谘议局议员的参与下,清廷筹备立宪的工作计划和发展发生了很大变化,也正如前文所论述的,清廷的立宪政体内涵在发生转移。这种转移在《重大信条十九条》中体现得非常明显。正如有学者所说:"三年之中,省谘议局成功地改变了政府的立场,并和革命党人一起开始主张实行立宪,其主要精神是将主权从天上转到了人间,从皇室手中转到百姓手中。"[1]

小　结

清朝末年的庚子国变,清政府及其官员们惶惶如丧家之犬,心灵受到的冲击是空前的。本章主要阐述清政府官员在清末新政改革过程中对政体选择的思考、观察和认识,以及对清廷预备立宪的倡导、督促和实践,并分为三部分展开论述,即政体选择的先声和酝酿、政体考察中对民权和法治的认识以及立宪政体的确定和预备。

---

[1] [瑞士]诺柏尔特·麦恩北:《清政府对立宪的准备——清政府对宪政的理解》,载明清史国际学术讨论会秘书处论文组编:《明清史国际学术讨论会论文集》,天津人民出版社1982年版,第356页。

关于清政府官员政体选择的先声和酝酿。本部分首先考察了清末新政中重要的奏折《江楚会奏变法三折》的主要内容和形成过程。该奏折是督抚大臣们多数意见的集中体现，其主要内容中"采用西法"部分包含了对西方政体学术优越性的论述，并提出仿行西方议院和公举各级官员的主张，倡议研究西方立法的深意。可以看出某些官员形成了将中国官僚系统民主化的构思。对该奏折形成过程的研究也显示出督抚大臣在准备奏折内容时已经考虑到设立议院，触及到政体选择的内容。其次，驻外公使和政府官员也发出了他们请求实行宪政的声音，政府官员们提出了颁布宪法、明定国是的主张，认为应由君主掌握国家主权，宪法成为沟通下情和规范一切的公约。日俄战争爆发后，驻外公使反应迅速，率先向清廷发出了请求宪政的呼吁，他们提出实行立宪政体能够实现君民上下一心的目的，关于上下议院的设计显示了他们对官权和绅权的认同。驻外公使和政府官员的陈请直接影响了清廷派遣大臣出洋考察的决策。最后，炸弹案的发生引发了驻外公使和官员们新一轮的陈奏风潮，驻外公使联衔奏请宣布立宪，陈请朝廷宣示立宪政体的宗旨，设计地方自治制度，制定集会、言论、出版的相关法律等，完善具体宪政事项的准备工作。在驻外公使和官员们的陈请下，清廷设立了考察政治馆，引发了官员们对宪法和立宪政体的广泛研究，有的官员已经认识到立宪政体的实质是限制君权扩张民权，并认识到立宪政体法度严明的重要性。

关于出洋考察五大臣在考察西方政体过程中对民权和法治的认识。本部分主要通过研究两大考察团考察日记的内容探究他们对西方政体的认识程度，并且与他们所上奏折的内容进行对比以展开研究。端戴考察团在对欧美国家的考察中，认识到民权不是分权，自由是法律范围内的自由，以及美国、英国、意大利等国家议院的设计、人员组成等，并认识到法治的重要性等。在对他们给清廷的奏折内容的分析中发现，奏折的内容是从清廷能接受的角度考虑问题的，用以说明立宪政体对清廷的好处，而不是从政权的划分来说明立宪政体的实质。奏折的内容还突出了立宪政体中宪法的重要地位，宪法是君主和人民都必须遵守的国家根本大法，国家机构的组织等事项都必须在宪法中得以规定。奏折内容还凸显了君主立宪政体中君主有权力而无责任的美好前景，却只字不提君主的权力会受到宪法的制约。载泽考察团在日记中详细记录了在日本、英国、法国和比利时的考察情形和它们的宪政情况，因为载泽考察团主要通过聘请外国宪政专家讲解的方式进行考察，所以他们对所考察国家的宪政记录和了解可谓详尽和抓住了实质。载泽考察团所上奏折的内容主要论述了实行立宪政体的三大好处，旨在消除清廷对立宪政体的疑惑，对推动清廷实行立宪起到了决定性的作用。

关于立宪政体的确定和预备。本部分首先考察了清廷确定立宪政体的过程，清廷召开廷臣会议，大臣们对出洋考察大臣的奏折进行讨论，他们认识到立宪政体是一种优良的政体，立宪政体需要给予民众一定的权利，允许他们参与政事；立宪政体重视法律；宪法在政体设计中的重要作用以及国民知识普及对实行立宪政体的重要。其次，在立宪政体的预备和进展中，本部分主要关注中央和地方的官制改革、再次派遣大臣出洋考察宪政、筹备相关机关的考察。最后，在立宪政体的内涵转换中，本部分主要考察了《钦定宪法大纲》和《宪法重大信条十九条》中所规定的内容的差别，前者重视君权的规定，后者重视国会的权力设计，从而使国家主权由君主的手里转到了国民的手里，立宪政体的内涵发生了根本转变。

第六章
结　论

本书以民权和法治思想为中心展开关于清朝末年中国法治思想研究，以西方政体、民权和法治思想的理论渊源和19世纪后期在中国的移植为研究背景，展开关于清朝末年立宪人士对君主立宪政体的构想研究、革命人士对民主共和政体的构想研究和清政府及官员对政体选择的思考与实践的研究。结论部分将总结民权和法治思想的移植和演变特点，并分析政体变革失败的原因。

一、民权思想的移植和演变

在前文研究过程中，民权思想的移植和演变在不同派别的人士中呈现出某些差别。日本学者沟口雄三认为中国民权具有四种解读，即"作为反君权的民权""作为地方分权的民权""作为国民权的民权""作为生民权的民权"。[1]民权在19世纪后期更多呈现出与君权相对的属性，即"作为反君权的民权"的历史性特色。虽然民权都是与君权相对，但是对其的理解却出现两种含义，一种是清政府官员对民权的理解，他们更多地认为民权是从君权分化出来的，民权是对君权的分享，也可以更进一步地说，

---

[1] [日]沟口雄三：《中国民权思想的特色》，孙歌译校，载夏勇编：《公法》（第1卷），法律出版社1999年版，第1—14页。

是对君主专制政体的改善。如薛福成于1890年的日记里使用了民权一词，"西洋各邦立国规模，以议院为最良。然如美国则民权过重"[1]；谈及欧洲的君民共主之国，他写道"其政权亦在议院，大约民权十之七八，君权十之二三"[2]。即使最强烈反对民权的张之洞也认为民权是对君权或官权的分享，只是他认为民众并不能分享君权或官权，因为如果民有权则官就会无权，秩序就会大乱，因而民权"有百害而无一利"。另一种就是如同日本学者所认为的"作为反君权的民权"，即中国清末所独有的"对皇帝（王朝体制）的反乱权"[3]。戊戌时期的维新人士大多持有这种观点，他们对君主专制政体的批判，对君主特权的颠覆都属于这种"反乱权"。但是他们在不同地方的表达有差别，有时也表现出对君权分享的理解，如对议院的设置就体现了士绅阶层对君权的分享。这两种主张虽然严格来说都可以作为对君权的反抗，但是对君权的分享和对君权的反乱毕竟存在程度上的差别，笔者认为需要加以区分。到了清朝末年，随着立宪政体的倡导和宣传，清政府官员逐渐接受了民众能够部分分享官权或君权的主张，因为民权意味着民众参与议院表达民意的权力。这种最低限度的民权是清政府能够接受君主立宪政体原因。

清朝末年，随着西方民族国家思想和政治思想的传入，立宪人士所使用的民权具有两种含义，一种是"作为地方分权的民权"。这既与西方立宪政体中地方自治的理论相一致，也与晚清地方的分权这一特有的状况不期而合，因而受到士绅阶层的广泛

---

[1] 薛福成：《出使四国日记》（卷三），湖南人民出版社1981年版，第134页。
[2] 薛福成：《出使四国日记》（卷五），湖南人民出版社1981年版，第225页。
[3] [日] 沟口雄三：《中国民权思想的特色》，孙歌译校，载夏勇编：《公法》（第1卷），法律出版社1999年版，第1页。

拥护。因为这种民权倡导实行的地方自治并不与官员对立，实质上反而增强了地方权力，因而更加有利于地方实力派对君权的分享。立宪人士所提倡的这种类型的民权与清政府地方官员的利益不谋而合，正如有学者所说："官的地方权限的增大，实际上意味着绅担任地方行政量的增加。而地方行政随着以省为单位的自主程度的增大，所谓绅也由乡绅、局绅之称渐至发展为所谓'省绅'阶层，并以省为单位形成官与绅之地方分权。清末时，在开设议会舆论的推动下，清廷建立的各省咨议会，即是此种趋势的官、绅合议机关。"[1] 因而获得了地方实力派官员的广泛支持，这也是立宪人士能够与清政府官员联合向清廷陈奏的一个重要因素。另一种是"作为国民权的民权"。西方民族国家思想的传入和西方列强对中国主权的侵蚀，使中国民众产生了国家处于存亡时刻的危机意识。国家所包含的国民概念经过有识之士的发挥演变为国家是君主所有还是国民所有之争，也自然产生了"中国人的中国"对"君主的中国"[2]的批判和议论，在国家危亡时刻也引发了"国家兴亡谁之责"的质疑和讨论。"欧美诸国，有政治思想普及之法。故三尺童子皆知有国家，皆知国家非朝廷之私物，……中国之人，以国家为朝廷之私物，……故于国家之兴亡亦视为朝廷之私事。于是国家之土地听朝廷之割让，……国家之政治听朝廷之败坏，国家之主权听朝廷之放弃。"[3] 立宪人士强烈的国民意识已经充分彰显了他们坚持以"国民之公国"代替

---

[1] [日]沟口雄三：《中国民权思想的特色》，孙歌译校，载夏勇编：《公法》（第1卷），法律出版社1999年版，第9页。

[2]《公私篇》，载张枬、王忍之编：《辛亥革命前十年间时论选集》（第一卷下册），生活·读书·新知三联书店1960年版，第493页。

[3] 沈翔云：《复张之洞书》，载张枬、王忍之编：《辛亥革命前十年间时论选集》（第一卷下册），生活·读书·新知三联书店1960年版，第771—772页。

"朝廷之私国"的主张,体现了他们已经接受西方的国民主权观念。而关于这一点,立宪人士与革命人士出现了一定的偏差,革命人士也主张"作为国民权的民权",但是他们从国家所包含的民族和国民概念的演变中所探究的主要是,中国是满人朝廷所有还是汉民族所有?他们指出:"中国者中国人之中国。……以群中国之人,居中国之土,始有国家之名词,始有国家之资格。"[1]从而提出了强烈的民族主义主张。而清末革命人士和立宪人士都曾经将国家比喻为公司,他们把人民或者是国民比喻为股东,把朝廷、君主、政府分别比喻为"掌柜""会计""司理人"等,以此来说明两者之间的关系。以此可见,无论是革命人士还是立宪人士都把立宪政体作为共同的追求。在清末,"作为国民权的民权"的另一个特点就是"国民权非个人之人权,而是群众之民权,否定个人的专横、个人的利己之团体权。"[2]立宪人士虽然接受了西方的天赋人权,并提出过"人人有自主之权"的民权,但是随着国家危亡的加重,随着进化论观念的形成,他们逐渐放弃了对天赋人权的个人权利的追求,转而追求集体之权的国民权了。

关于革命人士所接受并予以发展的民权思想,除了前面提到的"作为国民权的民权"之外,革命人士还认同作为生民权的民权观念。关于生民权的民权观念包含两层意思,一是民众的生存权,即平均分配财富的权利,也是中国儒家思想中"不患寡而患

---

[1] 自然生(张继):《读"严拿留学生密谕"有愤》,载张枬、王忍之编:《辛亥革命前十年间时论选集》(第一卷下册),生活·读书·新知三联书店1960年版,第686页。
[2] [日]沟口雄三:《中国民权思想的特色》,孙歌译校,载夏勇编:《公法》(第1卷),法律出版社1999年版,第13页。

第六章 结 论

不均"[1]的体现。二是平民对绅民权利的分享,清末实行地方自治,享受到权利的是士绅,而普通平民并没有获得真正的利益。生民权是否定绅士权利的一种民权,"所谓民权者,实富权也。初以为民主最平等,共和最自由,殊不知自由者,富者之自由也,平等者,富者之平等也。而贫民之困苦如故,……吾敢断言曰:自利主义也。"[2]革命人士代表了底层平民的利益,而立宪人士更多的代表士绅阶层的利益和思想,这也是革命人士和立宪人士难以融洽的重要原因之一。

关于清廷及其官员们的民权思想,前文已经提及。在19世纪后期,官员们根本不认同民权的合法性,这从张之洞的《劝学篇》中的民权思想以及《劝学篇》被推广和流行可见一斑。20世纪初,随着时局的变化,官员们特别是驻外公使亲身经历西方国家的政治制度,认识到西方国家议院所起的重要作用,逐渐接受了立宪政体的制度模式,再加上立宪人士对立宪政体的倡导和宣传,接受立宪政体的官员逐渐增多。这时他们所接受的民权主要是对君权的分享,认为君主专制造成君民上下阻隔,适当给予一部分民权有利于民意的上达,有利于国家的富强。然而官员们设计的预备立宪初期实行的官制改革,更多体现了官权对君权的分享,使官员们在改革中能够获得更多的权力,这是官员们初期积极参与预备立宪的重要原因。而对于清廷来说,对立宪对君权和君位的影响存在非常大的顾虑,随着预备立宪的推进,清廷特

---

[1] 子曰:"丘也闻有国有家者,不患寡而患不均,不患贫而患不安。盖均无贫,和无寡,安无倾。"(《论语·季氏将伐颛臾》)
[2]《伸论民族、民权、社会三大主义之异同》,载张枬、王忍之编:《辛亥革命前十年间时论选集》(第二卷下册),生活·读书·新知三联书店1960年版,第1007页。

别是满族权贵在逐渐推行中央集权，逐渐并有意将兵权和财政权收归中央，可见清廷对民权和官权的认同是有限的，如果侵犯到他们的利益，他们是不能接受的。这是后期部分官员和立宪人士对清廷失望的重要原因。

二、法治思想的移植和演变

不同的派别对法治思想的理解和认识程度不同。19世纪后期，由于与西方国家接触的深入，维新派人士和官员们已经认识到西方"法律至上""法律统治"的原则、观念和制度，以及西方法律的严明、秩序的整齐。特别是黄遵宪还认识到西方法律对权力的限制和对民众的保护作用，因此他们把法治观念和立宪政体一起作为一种政治原则来接受，希望中国通过变法实现西方的法治精神。

清朝末年立宪人士在认识民权、自由、平等等价值观念时逐渐接受了法治思想，认为法律是权利的保障，法律对民权、自由等的限定和保障是立宪政体的精髓，立法权属于国民，从而制定出良善的宪法和法律，起到保护权利的重要作用。这一时期，立宪人士充分认识到了法治精神的内涵和重要性，它作为一种价值法则和政治法则被接受。在此基础上，立宪人士在用西方法治精神批判中国传统的"法治理念"的同时，将民权自由的精神注入到传统的法治理念中，提出了变法的主张。因而彰显了清末提倡法治和主张变法并存的中国法治思想的特点。[1] 革命人士在对国民国家和民族国家改造中对法治精神的认识并不是太深刻，即使是对作为民权的自由、平等的认识中也很少提到法治的规范和制约。但是在新政府的建设中，清政府官员则注意到了法治主义，认识到法律至上和宪法的重要性。清政府官员对法治精神的认识也非常深刻，但是他们大多从法律对社会的规范方面去论述，而对权力的限制方面却极少关注，对法治精神中所包含的民权、自由等内涵则根本没有提及，特别是在制定《钦定宪法大纲》中，他们只是把宪法作为保障君权和君位的一种工具。

从以上的分析可以看出，清朝末年中国的法治思想更多关注的是法治的价值理念和政治法则，而对程序法则却极少关注或根本还没有精力去关注。也即关注"法"而忽视"治"。所谓的"法"主要指政治制度、政策等"大经大法"和法律法规；所谓的"治"，主要是法律的具体程序。由此可见，清朝末年的法治思想和建设存在很大的缺陷，而这种缺陷也是清末变法失败的重要原因。

从以上对民权和法治思想的移植和演变特点的分析中，可以看出，清朝末年立宪人士、革命人士和清政府及其官员们关于政体选择的构想产生巨大差异，这导致他们之间很难形成合力进行

---

[1] 关于这一特点，夏勇说过，在中国近代历史上，法治与变法这两个看似抵触的事物却是奇妙地交织在一起。……法治论和变法论往往是同一个群体在同一时间发出的同一种声音，这是耐人寻味的。……这样的情形，一方面，使得法治这个先秦法家的词语"好风凭借力"，裹挟到共和、自由、民主、民权等口号里，在呼风唤雨的同时，也实现自身的脱胎换骨；但另一方面，又使得法治这个极讲究确定性和可预期性的原则，裹挟到变法的不确定和不可预期里面，犹如一部本该作为国之经纬、万世之则的宪法却不时生变，总不免显得自相矛盾，飘飘忽忽。（参见夏勇：《文明的治理：法治与中国政治文化的变迁》，社会科学文献出版社2012年版，第100—101页。）

政体的变革和建设，以致各种力量在无尽的猜疑和斗争中消耗了变革的资源，不仅直接造成清廷预备立宪的失败，而且造成中华民国建立之后建设的挫折。

参考文献

一、文献、文集与档案资料

1. 《大公报》
2. 《东方杂志》
3. 《各省督抚请厘定官制电稿》，中国社会科学院近代史研究所档案。
4. 《广益丛报》
5. 《国闻报汇编》
6. 《民报》
7. 《南方报》
8. 《清议报》
9. 《申报》
10. 《时报》
11. 《时报》
12. 《实学报》
13. 《孙中山全集》，中华书局 1981 年版。
14. 《孙中山选集》，人民出版社 1956 年版。
15. 《万国公报》
16. 《张文襄公全集》，中国书店 1990 年版。
17. 《张之洞电稿甲编》
18. 蔡尚思、方行编：《谭嗣同全集》，中华书局 1981 年版。

19. 岑春煊:《乐斋漫笔》,中华书局 2007 年版。
20. 陈锡祺主编:《孙中山年谱长编》(上册),中华书局 1991 年版。
21. 陈铮编:《黄遵宪全集》,中华书局 2005 年版。
22. 戴鸿慈、端方:《欧美政治要义》,商务印书馆 1908 年版。
23. 戴鸿慈:《出使九国日记》,载钟叔河主编:《走向世界丛书》,岳麓书社 1986 年版。
24. 丁守和主编:《辛亥革命时期期刊介绍》,人民出版社 1982 年版。
25. 丁守和主编:《中国近代启蒙思潮》,社会科学文献出版社 1999 年版。
26. 丁文江、赵丰田编:《梁任公先生年谱长编(初稿)》,中华书局 2010 年版。
27. 端方:《端忠敏公奏稿》
28. 冯自由:《革命逸史》,新星出版社 2009 年版。
29. 何启、胡礼垣:《新政真诠》,郑大华点校,辽宁人民出版社 1994 年版。
30. 黄兴涛等译:《辜鸿铭文集》,海南出版社 1996 年版。
31. 黄遵宪:《日本国志》,羊城富文斋 1890 年版。
32. 康有为:《大同书》,中州古籍出版社 1998 年版。
33. 康有为:《康有为文集》,线装书局 2009 年版。
34. 梁启超:《戊戌政变记》,广西师范大学出版社 2010 年版。
35. 梁启超:《新民说:少年中国的国民性改造方案》,中州古籍出版社 1998 年版。
36. 林志均编:《饮冰室合集》,中华书局 1986 年版。
37. 刘坤一、张之洞:《江楚会奏变法三摺》,文海出版社 1977 年版。
38. 刘晴波主编:《杨度集》,湖南人民出版社 2008 年版。
39. 荣孟源、章伯锋主编:《近代稗海》,四川人民出版社 1985 年版。

40. 施肇基：《施肇基早年回忆录》，传记文学出版社 1985 年版。

41. 孙宝瑄：《忘山庐日记》，上海古籍出版社 1983 年版。

42. 汤志钧编：《康有为政论集》，中华书局 1981 年版。

43. 王蘧常：《严几道年谱》，商务印书馆 1936 年版。

44. 王栻主编：《严复集》，中华书局 1986 年版。

45. 王韬：《弢园文录外编》，中州古籍出版社 1998 年版。

46. 王元化主编：《学术集林》，上海远东出版社 1995 年版。

47. 吴松等点校：《饮冰室文集点校》，云南教育出版社 2001 年版。

48. 薛福成：《出使四国日记》，湖南人民出版社 1981 年版。

49. 颜昌峣：《管子校释》，岳麓书社 1996 年版。

50. 张謇：《张季子九录》，文海出版社 1965 年版。

51. 张孝若：《南通张季直先生传记》，上海书店 1993 年版。

52. 张枬、王忍之编：《辛亥革命前十年间时论选集》，生活·读书·新知三联书店 1960 年版。

53. 张之洞：《劝学篇：中体西用的强国策》，中州古籍出版社 1998 年版。

54. 赵柏岩：《光绪大事汇鉴》，广文书局 1978 年版。

55. 赵炳麟：《赵柏岩集》，广西人民出版社 2001 年版。

56. 赵树贵、曾丽雅编：《陈炽集》，中华书局 1997 年版。

57. 郑观应：《盛世危言》，中州古籍出版社 1998 年版。

58. 中国第一历史档案馆编：《光绪朝朱批奏折》，中华书局 1995 年版。

59. 中国第一历史档案馆编：《光绪宣统两朝上谕档》，广西师范大学出版社 1996 年版。

60. 中国史学会主编：《辛亥革命》，上海人民出版社 2000 年版。

二、中文专著类

1. 蔡尚思等：《论清末民初中国社会》，复旦大学出版社 1983 年版。
2. 陈旭麓：《近代史两种》，华东师范大学出版社 1996 年版。
3. 陈旭麓：《近代中国社会的新陈代谢》，上海人民出版社 1992 年版。
4. 丁伟志、陈崧：《中体西用之间——晚清中西文化观论述》，中国社会科学出版社 1995 年版。
5. 董方奎：《清末政体变革与国情之论争——梁启超与立宪政治》，华中师范大学出版社 1991 年版。
6. 杜亚泉等著：《辛亥前十年中国政治通览》，周月峰整理，中华书局 2012 年版。
7. 冯江峰：《清末民初人权思想的肇始与嬗变（1840—1912）》，社会科学文献出版社 2011 年版。
8. 付春杨：《民国时期政体研究（1925—1947 年）》，法律出版社 2007 年版。
9. 鸽子：《隐藏的宫廷档案：1906 年光绪派大臣考察西方政治纪实》，民族出版社 2000 年版。
10. 耿云志等：《西方民主在近代中国》，中国青年出版社 2003 年版。
11. 谷宇：《轴心制度与帝国的政治体系——中国传统官僚制度的政治学解读》，上海人民出版社 2011 年版。
12. 郭世佑：《晚清政治革命新论》，中国人民大学出版社 2010 年版。
13. 侯宜杰：《二十世纪初中国的政治改革风潮——清末立宪运动史》，人民出版社 1993 年版。
14. 侯宜杰：《二十世纪初中国政治改革风潮：清末立宪运动史》，中国人民大学出版社 2011 年版。
15. 黄克武：《一个被放弃的选择：梁启超调适思想之研究》，新星出版社 2006 年版。

16. 金观涛、刘青峰：《观念史研究：中国现代重要政治术语的形成》，法律出版社 2009 年版。

17. 金观涛、刘青峰：《中国现代思想的起源——超稳定结构与中国政治文化的演变》（第一卷），香港中文大学出版社 1999 年版。

18. 金观涛：《探索现代社会的起源》，社会科学文献出版社 2010 年版。

19. 金耀基：《从传统到现代》，法律出版社 2010 年版。

20. 李细珠：《张之洞与清末新政研究》，上海书店出版社 2003 年版。

21. 李晓东：《东亚的民本思想与近代化——以梁启超的国会观为中心》，"中央研究院"东北亚区域研究 2001 年版。

22. 梁景和：《清末国民意识与参政意识研究》，湖南教育出版社 1999 年版。

23. 梁启超：《先秦政治思想史》，天津古籍出版社 2004 年版。

24. 林存光、侯长安：《与权力对话——儒家政治文化》，山东教育出版社 2011 年版。

25. 林存光主编：《先秦诸子政治哲学研究》，辽海出版社 2006 年版。

26. 刘禾：《跨语际实践——文学、民族文化与被译介的现代性（中国，1900—1937）》，生活·读书·新知三联书店 2002 年版。

27. 刘泽华、张分田：《思想的门径：中国政治思想史研究方法论》，天津古籍出版社 2006 年版。

28. 刘泽华：《中国政治思想史集》，人民出版社 2008 年版。

29. 闾小波：《近代中国民主观念之生成与流变——一项观念史的考察》，江苏人民出版社 2011 年版。

30. 陈弱水：《公共意识与中国文化》，新星出版社 2006 年版。

31. 钱穆：《中国文化史导论》（修订本），商务印书馆 1994 年版。

32. 桑兵：《庚子勤王与晚清政局》，北京大学出版社 2004 年版。
33. 石文玉：《儒家道统与晚清社会制度变革——张之洞〈劝学篇〉研究》，吉林大学出版社 2011 年版。
34. 汤志钧：《戊戌变法史》，上海社会科学院出版社 2003 年版。
35. 田为民、张桂琳：《外国政治制度理论与实践》，中国政法大学出版社 1998 年版。
36. 汪荣祖：《晚清变法思想论丛》，新星出版社 2008 年版。
37. 王尔敏：《晚清政治思想史论》，广西师范大学出版社 2007 年版。
38. 王尔敏：《中国近代思想史论》，社会科学文献出版社 2003 年版。
39. 王汎森：《晚清的政治概念与"新史学"》，河北教育出版社 2001 年版。
40. 王汎森：《中国近代思想与学术的系谱》，吉林出版集团有限责任公司 2011 年版。
41. 王人博：《宪政的中国之道》，山东人民出版社 2003 年版。
42. 王人博：《宪政文化与近代中国》，法律出版社 1997 年版。
43. 王人博：《中国近代宪政史上的关键词》，法律出版社 2009 年版。
44. 韦政通：《中国的智慧》，岳麓书社 2003 年版。
45. 韦政通：《中国十九世纪思想史》，东大图书公司 1992 年版。
46. 韦政通编：《中国思想史方法论文选集》，上海人民出版社 2009 年版。
47. 夏勇：《文明的治理：法治与中国政治文化变迁》，社会科学文献出版社 2012 年版。
48. 萧公权：《中国政治思想史》，辽宁教育出版社 1998 年版。
49. 谢扶雅：《中国政治思想史纲》，正中书局 1954 年版。
50. 熊月之：《中国近代民主思想史》，上海人民出版社 1986 年版。
51. 许纪霖、宋宏编：《现代中国思想的核心观念》，上海人民出版社

2011 年版。

52. 余英时:《历史与思想》,联经出版事业公司 1976 年版。

53. 余英时:《士与中国文化》,上海人民出版社 2003 年版。

54. 余英时:《中国思想传统的现代诠释》,江苏人民出版社 1989 年版。

55. 余英时:《中国文化的重建》,中信出版社 2011 年版。

56. 元冰峰:《清末革命与君宪的论争》,"中央研究院"近代史研究所专刊 1980 年版。

57. 张桂琳:《西方政治哲学——从古希腊到当代》,中国政法大学出版社 1999 年版。

58. 张朋园:《立宪派与辛亥革命》,吉林出版集团有限责任公司 2007 年版。

59. 张师伟:《民本的极限——黄宗羲政治思想新论》,中国人民大学出版社 2004 年版。

60. 张玉法:《清季的革命团体》,北京大学出版社 2011 年版。

61. 张玉法:《清季的立宪团体》,北京大学出版社 2011 年版。

62. 朱浤源:《同盟会的革命理论——"民报"个案研究》,"中央研究院"近代史研究所专刊 1995 年版。

三、中文译著类

1. [德] 马克思:《哥达纲领批判》,中共中央马克思恩格斯列宁斯大林著作编译局译,人民出版社 1997 年版。

2. [法] 卢梭:《论人类不平等的起源和基础》,李常山译,东林校,商务印书馆 1982 年版。

3. [法] 卢梭:《社会契约论》,何兆武译,商务印书馆 1980 年版。

4. [法] 孟德斯鸠:《论法的精神》,许明龙译,商务印书馆 2012 年版。

5. ［古希腊］亚里士多德:《政治学》,吴寿彭译,商务印书馆1965年版。

6. ［荷］斯宾诺莎:《神学政治论》,温锡增译,商务印书馆1997年版。

7. ［美］H. S. 康马杰:《美国精神》,南木等译,光明日报出版社1988年版。

8. ［美］本杰明·史华兹:《寻求富强:严复与西方》,叶凤美译,江苏人民出版社1990年版。

9. ［美］费正清:《中国:传统与变迁》,张沛、张源、顾思兼译,吉林出版集团有限责任公司2008年版。

10. ［美］约瑟夫·列文森:《儒教中国及其现代命运》,郑大华、任菁译,广西师范大学出版社2009年版。

11. ［美］费正清编:《剑桥中国晚清史（1800—1911）》,中国社会科学出版社1985年版。

12. ［美］柯文:《在传统与现代性之间——王韬与晚清改革》,雷颐、罗检秋译,江苏人民出版社2006年版。

13. ［美］莱斯利·里普森:《政治学的重大问题——政治学导论》,刘晓等译,华夏出版社2001年版。

14. ［美］迈克尔·罗斯金等:《政治科学》,林震等译,华夏出版社2001年版。

15. ［美］墨子刻:《摆脱困境——新儒学与中国政治文化的演进》,颜世安、高华、黄东兰译,江苏人民出版社1996年版。

16. ［美］任达:《新政革命与日本——中国,1898—1912》,李仲贤译,江苏人民出版社1998年版。

17. ［美］塞缪尔·亨廷顿:《变化社会中的政治秩序》,王冠华等译，三联书店 1989 年版。

18. [美] 塞缪尔·亨廷顿：《文明的冲突与世界秩序的重建》，周琪、刘绯、张立平、王圆译，新华出版社 1998 年版。

19. [美] 施密特、谢利、巴迪斯：《美国政府与政治》，梅然译，北京大学出版社 2005 年版。

20. [美] 史景迁：《追寻现代中国》，黄纯艳译，上海远东出版社 2005 年版。

21. [美] 徐中约：《中国近代史》，计秋风、朱庆葆译，香港中文大学出版社 2001 年版。

22. [美] 约瑟夫·列文森：《梁启超与中国近代思想》，刘伟、刘丽、姜铁军译，四川人民出版社 1986 年版。

23. [美] 张灏：《梁启超与中国思想的过渡（1890—1907）》，崔志海、葛夫平译，新星出版社 2006 年版。

24. [美] 张灏：《烈士精神与批判意识》，新星出版社 2006 年版。

25. [美] 张灏：《危机中的中国知识分子：寻求秩序与意义》，新星出版社 2006 年版。

26. [美] 张灏：《幽暗意识与民主传统》，新星出版社 2006 年版。

27. [瑞士] 诺柏尔特·麦恩北：《清政府对立宪的准备——清政府对宪政的理解》，载明清史国际学术讨论会秘书处论文组编：《明清史国际学术讨论会论文集》，天津人民出版社 1982 年版。

28. [意] 但丁：《论世界帝国》，朱虹译，商务印书馆 1985 年版。

29. [英] 洛克：《政府论》，叶启芳、瞿菊农译，商务印书馆 1964 年版。

30. [英] 密尔：《代议制政府》，汪瑄译，商务印书馆 1982 年版。

31. [英] 詹姆士·哈林顿：《大洋国》，何新译，商务印书馆 1963 年版。

32. 李峰：《西周的政体：中国早期的官僚制度和国家》，吴敏娜、胡晓军、许景昭、侯昱文等译，生活·读书·新知三联书店 2010 年版。

四、中文期刊类

1. ［德］方维规：《论近现代中国"文明"、"文化"观的嬗变》，载《史林》1999 年第 4 期。

2. ［美］张灏：《再认戊戌维新的历史意义》，载《二十一世纪》1998 年 2 月号。

3. ［美］张灏：《中国近代思想史的转型时代》，载《二十一世纪》1999 年 4 月号。

4. ［日］沟口雄三：《中国民权思想的特色》，孙歌译校，载夏勇编：《公法》（第 1 卷），法律出版社 1999 年版。

5. 陈丹：《百年前北京正阳门车站爆炸案的反响》，载《北京社会科学》2008 年第 2 期。

6. 郭双林：《驻外公使与清末立宪运动》，载《中国人民大学学报》2013 年第 2 期。

7. 李守孔：《论清季之立宪运动——兼论梁启超张謇之立宪主张》，载中华文化复兴运动推行委员会主编：《中国近代现代史论集》第十六编，台湾商务印书馆 1986 年版。

8. 梁治平：《中国法的过去、现在与未来：一个文化的检讨》，载《比较法研究》1987 年第 2 期。

9. 林存光：《思想、社会与历史——刘泽华先生的"王权主义"说评析》，载《天津社会科学》2009 年第 3 期。

10. 林存光：《维新运动与孔子观念的裂变》，载《齐鲁学刊》2005 年第 5 期。

11. 林存光：《转换视角，重读诸子——评刘绪义的〈天人视界：先秦诸子发生学研究〉》，载《中国图书评论》2009 年第 9 期。

12. 刘高葆：《试论端方的立宪渊源及其对宪政的理解》，载《中山大学研究生学刊》（社会科学版）1995 年第 1 期。

13. 罗华庆：《论清末五大臣出洋考政的社会影响》，载《中国社会科学院研究生院学报》1992 年第 4 期。

14. 潘崇：《何以张冠李戴：再论〈出使各国大臣奏请宣布立宪折〉署名错误》，载《保定学院学报》2013 年第 2 期。

15. 潘崇：《清末五大臣出洋考察研究》，南开大学历史学院 2010 年博士论文。

16. 苏云峰：《张之洞的中国官僚系统民主化构思——对张之洞的再认识》，载《近代中国史研究通讯》1989 年第 8 期。

17. 王人博：《论民权与人权在近代的转换》，载《现代法学》1996 年第 3 期。

18. 王人博：《民权词义考论》，载《比较法研究》2003 年第 1 期。

19. 王人博：《庶民的胜利——中国民主话语考论》，载《中国法学》2006 年第 3 期。

20. 王人博：《中国宪政文化之自由理念》，载《现代法学》1997 年第 6 期。

21. 夏晓虹：《梁启超代拟宪政折稿考》，载《现代中国》第十一辑，北京大学出版社 2008 年版。

22. 谢放：《"张之洞反对民权"说剖析——兼析 19 世纪后期中文词汇"民权"与"民主"的涵义》，载《社会科学研究》1998 年第 2 期。

23. 谢放：《戊戌前后国人对"民权"、"民主"的认知》，载《二十一世纪》2001 年 6 月号。

24. 徐德刚:《西方人权理论评析》,载《湖南科技大学学报》(社会科学版) 2004 年第 5 期。

25. 伊杰:《〈出使各国大臣奏请宣布立宪折〉非载泽等所上》,载《社会科学研究》1989 年第 2 期。

26. 张分田、张鸿:《中国古代"民本思想"内涵与外延刍议》,载《西北大学学报》(哲学社会科学版) 2005 年第 1 期。

27. 张生:《从〈列国政要〉看清末宪政》,载《史林》2012 年第 4 期。

28. 周秋光:《熊希龄与清末立宪》,载《湖南师范大学社会科学学报》1996 年第 5 期。

29. 祖金玉:《清末驻外使节的宪政主张》,载《南京社会科学》2005 年第 4 期。

五、外文资料类

1. Peter Zarrow, *The Search for Political Modernity in the Late Qing*, Constitutionalism and the Imagination of the State, "中央研究院"近代史研究所主办:"生活、知识与中国现代性国际学术研讨会", 2002 年 11 月 21 日—23 日。

2. J. O. P Bland and E. Backhouse, *China under the Empress Dowager*. Henri Vetch, Peking, 1939.

3. September 19, 1905. Minister Rockhill to the Secretary of State, Papers Relating to the Foreign Relations of United States, With the Annual Message of the President Transmitted to Congress, No. 69, p. 182, Washington Government Printing Office, 1909.

4. Gilbert Rozman, *The Modernization of China*, 1981, the Free Press.

5. *Proposed Parliament for the China*, The Times, August 30, 1905.

6. *Bomb Outrage in Peking*, The Times, September 25, 1905.

7. *China and Reform*, The Times, September 26, 1905.

8. Editor: A. E. Winship, Jan. 11, 1906, No. 2. Journal of Education, vol. 1562, Boston, The Week in Review.

9. *China's Envoys at Capital*, New York Times, Jannury 24, 1906.

10. September 4, 1906. Minister Rockhill to the Secretary of state, Paper relating to the foreign relations of the United States, With the annual message of the president transmitted to Congress, December 3, 1906, Washington: Government Printing Office, 1909.

11. Sheng-hsiung Liao, *The Quest for Constitutionalism in Late Ch'ing China. The Pioneering Phase.* The Florida State University, PH. D., 1978.

12. Norbert Meienberger, *The Emergence of Constitutional Government in China (1905-1908). The Concept Sanctioned by the Empress Dowager Tz'u-hsi.* Bern, Peter Lang, 1980.